KB065684

우리가 알아야 할 이스라엘-팔레스타인 분쟁의 모든 것

THE ISRAELI-PALESTINIAN CONFLICT

- WHAT EVERYONE NEEDS TO KNOW®

우리가 알아야 할

이스라엘-팔레스타인 분쟁의 모든 것

도브 왁스만 지음 | 장정문 옮김

THE ISRAELI-PALESTINIAN CONFLICT
- WHAT EVERYONE NEEDS TO KNOW

소우주

저에게 이 주제를 처음 소개해 주신 아버지 데니스 왁스만과
집필을 할 수 있게 도와준 아내 스테파니에게 이 책을 바칩니다.

CONTENTS

한국어판 서문

내 책이 한국어로 번역되어 매우 기쁘게 생각한다. 이 책을 통해 한국의 독자들이 이스라엘-팔레스타인 분쟁에 대해 더 많이 배우고, 항상 논란이 되는 이 복잡한 분쟁에 대한 의문에 명확하고 간결한 해답을 찾을 수 있기를 바란다.

이스라엘-팔레스타인 분쟁은 한반도에서 수천 킬로미터 떨어진 곳에서 벌어지고 있지만, 한국인들은 이 분쟁과 결코 무관하지 않다. 중립적인 관찰자 역할을 해온 한국과 달리, 북한은 수십 년 동안 팔레스타인 무장 단체(초기에는 팔레스타인해방기구PLO, 최근에는 하마스)를 지원해 왔다. 북한은 1973년 아랍-이스라엘 전쟁에서도 당시 동맹국이었던 이집트를 지원하기 위해 파일럿과 비전투 요원을 파견했고, 최근에는 이스라엘의 주적인 이란과 긴밀한 동맹을 맺고 군사 기술을 제공했다. 반면 한국은 1962년부터 이스라엘과 공식적인 외교 관계를 유지해 왔으며, 현재 이스라엘과 자유무역협정을 체결해 양국 간 교역 증진을 도모하고 있다. 이스라엘과 한국은 비슷한 시기에 독립했고, 가장 가까운 이웃 국가와 오랜 기간 분쟁을 겪었으며, 민주주의를 확립했고, 미국의 긴밀한 동맹국이라는 공통점을 지닌다. 그럼에도 불구하고 수십 년 동안 일본의 식민 통치를 견뎌온 한국인들은 이스라엘의 군사 지배를 받으며 수십 년을 살아온 팔레스타인 사람들의 처지에도 공감할 수 있을 것이다.

이 책의 목적은 독자들이 어느 한쪽에 동정심을 갖도록 하는 것이 아니라, 양쪽 모두를 더 잘 이해하도록 안내하는 데 있다. 양측 모두 각자의 입장에서는 충분히 납득할 만한 주장을 펼치고 불만을 제기하며, 길고 격렬한 분쟁의 과정에서 엄청난 고통을 겪었다. 특히 지난 몇 달 동안(이 서문을 쓰고 있는 시점을 기준으로) 이들의 고통은 극에 달했다. 2023년 10월 7일, 하마스의 무장 대원 약 3000명(그리고 하마스에 소속되지 않은 일부 팔레스타인인)이 각종 첨단 장비를 갖춘 스마트 펜스를 뚫고 이스라엘로 넘어가 약 1200명(대부분 이스라엘 민간인)을 살해하고 끔찍한 잔학 행위를 저지른 후 240여 명을 인질로 붙잡아 가자지구로 데려갔다. 이스라엘이 겪은 최악의 기습 테러 공격이었다. 역사상 가장 참혹한 하루를 보낸 이스라엘은 하마스에 대한 전면전을 개시했고, 그 결과 가자지구에 대한 대규모 공중 폭격과 지상 침공으로 지금까지 2만 3000명 이상의 팔레스타인인이 사망했다(그중 상당수는 여성과 어린이였다). 전쟁이 시작된 이후 가자지구 주민 220만 명 대부분이 난민이 되었으며, 현재 이 지역에는 식량, 의약품, 연료가 턱없이 부족해 많은 사람들이 기아와 질병의 위험에 처해 있다.

현재 전 세계의 이목은 가자지구에서 벌어지고 있는 파괴적인 전쟁과 이로 인해 팔레스타인 민간인들이 입은 끔찍한 피해에 집중되고 있다. 서울을 비롯한 전 세계 여러 도시에서는 즉각적인 휴전을 요구하는 시위가 벌어지고 있다. 이러한 시위, 그리고 국제 언론과 각국 정부가 보이는 관심은 이스라엘-팔레스타인 분쟁이 전 세계에 미치는 영향력을 다시 한

번 여실히 보여준다. 전 세계 어디에서나 사람들은 이 분쟁에 대해 나름의 의견을 가지고 있는 것 같다. 그러나 안타깝게도 이러한 의견은 분쟁과 그 역사, 다양한 쟁점에 대한 폭넓은 지식보다는 현재 언론 보도나 소셜 미디어에 의해 형성된, 잘못된 정보에 기반한 것일 수 있다. 나는 이 책이 사람들이 분쟁에 대해 쉽게 다가갈 수 있으면서도 양측의 관점과 서술에 적절한 균형을 맞춘 입문서 역할을 함으로써 이러한 상황을 바로잡길 바란다.

이 책은 2019년에 처음 출간되었기 때문에 10월 7일 공격과 현재 진행 중인 이스라엘과 하마스 간의 전쟁, 그리고 2021년 5월에 발생한 소규모 전쟁(이스라엘 내 유대인과 팔레스타인 시민 간 폭력 사태도 포함된다)과 같은 최근의 사건과 상황은 다루지 않았다. 이스라엘과 일부 아랍 국가(아랍에미리트, 바레인, 수단, 모로코)의 관계가 이뤄진 2020년 아브라함 협정도 다루지 않는다. 책이 출간된 이후 많은 변화가 있었지만, 본문에 제시된 모든 해답은 오늘날에도 여전히 유효하다. 하지만 머지않은 미래에 분쟁이 평화적으로 해결되어 이 책이 더 이상 필요하지 않게 되기를 진심으로 기원한다.

도브 왁스만
2024년 1월 로스앤젤레스에서

서문

이스라엘-팔레스타인 분쟁은 세계에서 가장 치명적인 분쟁도, 가장 불안정한 분쟁도 아니다. 시리아 전쟁만 해도 불과 몇 년 만에 이스라엘-팔레스타인 분쟁이 수십 년 동안 초래한 것보다 더 큰 혼란을 일으켰고, 훨씬 더 많은 사람이 희생되었다. 그러나 이 분쟁은 세계에서 가장 오래 지속되는 분쟁 중 하나이며 가장 해결하기 어렵다. 수많은 외교적 노력과 평화 회담이 오랜 기간 이어졌으나 분쟁은 여전히 해결되지 않았고, 거의 매일 폭력 사태가 발생하고 양측 모두에 극심한 적대감을 불러일으킨다. 실제로 많은 사람들은 이스라엘-팔레스타인 분쟁이 끝없이 지속되며 해결의 실마리가 보이지 않는 것으로 여긴다.

이스라엘-팔레스타인 분쟁은 세계에서 가장 다루기 힘들고 논란이 많은 분쟁이다. 또한 많은 관심을 끌고, 격렬한 논쟁을 불러일으키며, 뉴스 헤드라인을 장식하는 분쟁이기도 하다. 이스라엘-팔레스타인 분쟁이라는 주제를 놓고 전 세계 의회와 국제기구에서 열띤 토론이 벌어지고, 대학 캠퍼스에서는 치열한 논쟁이 오가며, 심지어 친구와 가족 간에 격렬한 의견 충돌이 일어나기도 한다. 비교적 좁은 지역에서, 상대적으로 적은 수의 사람들이 관련된 이 분쟁에 이토록 많은 관심과 논란이 있다는 사실은 매우 주목할 만하다. 훨씬 규모가 크고 심각한 다른 분쟁도 이보다 관심을 덜 받는 경우가 많기 때문이다.

하지만 이러한 관심에도 불구하고, 아니 어쩌면 이러한 관심 때문에 이 분쟁은 여전히 제대로 이해되지 않고 있다. 이는 이스라엘-팔레스타인 분쟁이 고도로 정치화되었기 때문이기도 하다. 사람들은 갈등이 있을 때 그 안에 숨겨진 복잡성을 이해하려고 노력하는 대신 어느 한쪽 편을 드는 경향이 있다. 분쟁에 대해 단순하고 편향된 관점을 취할 뿐 아니라, 선과 악 사이의 일종의 도덕적 게임으로 간주하는 것이다. 이러한 관점은 분쟁의 세부적인 측면을 파악하고 양측의 인식과 서사, 경험을 이해하는 데 방해가 된다. 우리는 모두 개인적인 배경과 신념, 편견을 가지고 있기 때문에 이 분쟁을 완전히 객관적으로 바라보는 것은 불가능하겠으나, 선입견과 편견을 버리고 개인적인 의견을 재검토하며 정치적, 종교적, 사회적 이해관계를 떠나 분쟁을 합리적이고 공정하게 이해하려고 노력할 수는 있다. 정치적 당파성과 양극화가 심화되는 이 시기에 이러한 노력은 분명 더 어려워졌지만, 더욱 필요한 일이다.

분쟁에 대한 오해가 많은 또 다른 이유는 사람들이 분쟁에 대한 정보를 미디어에 의존하기 때문이다. 문제는 미디어가 편향되어 있다는 것이 아니라(물론 그럴 때도 있지만), 피상적이며 현재의 사건에만 초점을 맞춘다는 사실이다. 오늘날 분쟁에 대한 보도와 논평에는 분쟁 이전의 오랜 역사를 포함해 사건의 맥락과 배경이 누락되는 경우가 많다. 따라서 사람들 대부분은 현재의 분쟁에만 신경을 쓰고 그 기원과 역사에 대해서는 잘 알지 못한다. 그저 이스라엘 정착촌, 팔레스타인 테러리즘 등 뉴스에 나오는 것만 주요 이슈라고 생각하는 경우가 많다.

한 발 나아가, 사람들이 분쟁에 대해 더 깊이 파악하고 편견 없이 이해하려 하더라도 관련된 사건, 이슈 및 인물에 대해 알아야 할 것이 너무 많아 금세 압도당하기 쉽다. 이는 분쟁에 대해 자세히 알고 싶어 하는 사람들조차 포기하는 경우가 많다는 의미다. 또한 논란이 많은 분쟁의 특성상 조심스럽거나 두려워서 질문조차 못하는 경우도 있다.

이러한 이유로 이스라엘-팔레스타인 분쟁에 대한 궁금증에 답하고 이 문제를 이해하는 데 도움이 되는 책이 절실히 필요했다. 나는 이 책에서, 수년간 대학에서 이스라엘-팔레스타인 분쟁에 대해 가르치고 공개 강연을 하면서 가장 자주 받았던 질문들에 대해 명확하고 간결한 답변을 제시하려고 노력했다. 이 책의 목적은 매우 복잡하고 어려운 문제에 대한 중요한 사실과 지식, 그리고 기본적인 통찰을 제공함으로써, 분쟁과 그 주체에 대한 오해와 편견을 바로잡아 사람들이 이 문제를 보다 정확하고 사실적으로 이해할 수 있도록 돕고자 함이다. 이를 위해 문답 형식으로 기술해 독자들이 쉽게 접근할 수 있도록 했다. 따라서 분쟁에 대한 배경 지식이 없는 독자도 이 책을 통해 궁금증을 해소할 수 있으며, 이미 어느 정도 지식이 있는 독자라면 원하는 내용을 빠르게 찾아볼 수 있을 것이다. 처음부터 끝까지 읽어도 좋고 관심 있는 질문과 답변을 골라서 읽어도 된다.

이 책의 각 장은 19세기 후반 시온주의 운동의 발흥부터 여러 아랍-이스라엘 전쟁과 평화 프로세스를 거쳐 현재에 이르기까지, 분쟁의 변천 과정을 다룬다. 그러나 기존의 역사서처럼 모든 사건과 전개 과정을 상세히 설명하기보다는 주요 사건과 그 사건이 분쟁에 미친 영향을 설명하는 데 중점을 두었다. 이스라엘인과 팔레스타인인은 동일한 사건을 매우 다른 시각에서 바라보기 때문에 이 책에서는 이러한 대조적인 서사에 대해서도 주목한다. 이것이 분쟁에 대한 집단적 신념을 형성하는 데 중요한 역할을 할 뿐만 아니라 분쟁 자체에도 동력을 제공하기 때문이다. 중요한 것은 단순히 어떤 일이 어떻게, 왜 일어났는가 만이 아니라, 양쪽 집단이 그 사건을 어떻게 해석하고 기억하는가 하는 것이다. 이 책은 이스라엘-팔레스타인 분쟁을 형성한 주요 사건과 그에 수반되는 서사를 분석하는 것 외에도 분쟁을 평화적으로 종식하기 위해 해결해야 할 주요 쟁점을 살펴본다. 이를 통해 분쟁이 끝나지 않는 이유를 설명할 것이다. 그러나 이 책이 분쟁의 전모를 다루거나 모든 측면을 검토할 수는 없다. 부득이하게 주요 사건과 쟁점에만 집중하고 세부적인 내용은 많이 생략했다. 또한 이 책은 분쟁에 대한 연대기적 역사를 다루지 않으며(이미 그런 책은 많이 나와 있다) 분쟁의 여러 쟁점을 심도 있게 분석하지도 않았음을 이해하길 바란다.

이 책은 분쟁을 선택적으로 다루었기 때문에 생략되거나 주의를 덜 기울인 부분에 대해 비판을 받을 수 있다. 특히 주제 자체가 논란의 대상이기 때문에 비판의 여지는 더욱 크다. 사실 이스라엘-팔레스타인 분쟁에 대해 '모든 사람이 알아야 할 정보'를 제공하겠다고 선언하는 책은 말할 것도 없고, 이 주제에 관한 책을 쓴다는 것 자체도 쉽지 않은 일이다. 양측 지지자들이 일부 답변에 문제를 제기하거나, 불공정성이나 편견에 대해 비난하는 것도 피할 수 없을 것이다. 최대한 객관적으로 쓰려고 노력했지만, 내가 자라온 환경과 교육, 경험에 의해 형성된 나의 가치관이 책에 영향을 끼쳤을 수도 있다. 내가 선택한 단어와 용어조차도 본질적으로 정치적일 수밖에 없다(예를 들어, 성경에 기술된 명칭인 '유대와 사마리아' 대신 '서안'이라는 용어를 사용한 것). 그럼에도 불구하고 책 전반에 걸쳐 이스라엘인과 팔레스타인인의 다양한 관점과 이야기를 제시하고 '비난 게임'을 피하려고 노력했음을 알아주기 바란다. 그 이유는 이 책이 논쟁을 위한 책이 아니라 입문서이기 때문이기도 하지만, 양측 다 충분히 책임이 있다고 믿기 때문이기도 하다. 어느 쪽도 전적으로 결백하거나 완전히 유죄가 아니며, 양쪽 모두 정당한 권리와 요구를 지닌다.

최근 사망한 이스라엘 소설가 아모스 오즈는 다음과 같이 말했다. "이스라엘-팔레스타인 분쟁은 비극이며, 정의와 정의의 충돌이다. 따라서 흑백으로 구분할 수 없다. 하지만 최근에는 불의와 불의의 충돌이기도 하다." 이 책을 통해 독자들이 현재 진행 중인 이 비극을 더 잘 이해하고 그러한 이해가 언젠가 분쟁을 종식하는 데 도움이 되길 바란다.

지도

지도 1. 현재 이스라엘과 그 이웃 국가들

레바논

ㅇ다마스쿠스

ㅇ마르자윤

ㅇ쿠네이트라

시리아

사페드ㅇ

티베리아스
호수

ㅇ이즈라

하이파ㅇ

ㅇ이르비드

ㅇ다르아

야르묵강

지중해

하데라ㅇ

제닌ㅇ

ㅇ아즐룬

여르단강

나블루스ㅇ

ㅇ살트

텔아비브ㅇ

라말라ㅇ

예리코ㅇ

ㅇ암만

예루살렘ㅇ

ㅇ마다바

베들레헴ㅇ

가자ㅇ

ㅇ헤브론

사해

라파ㅇ

베르셰바ㅇ

ㅇ카라크

트랜스요르단

이집트

ㅇ아카바

아카바만

유대인 구역

아랍인 구역

국제 관할 구역
(예루살렘)

0 km 15   30

0 miles   15   30

지도 2. 1947년 유엔 분할 계획

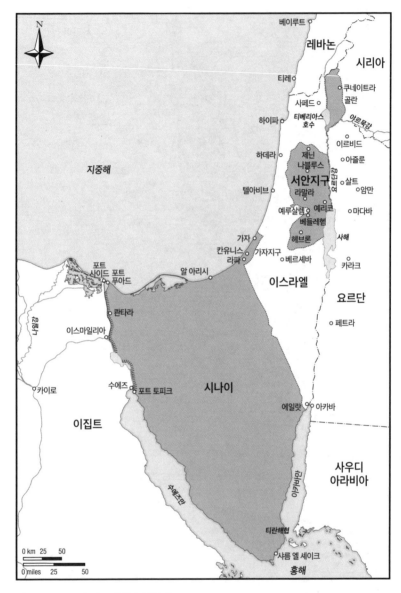

베이루트

레바논

시리아

티레

쿠네이트라
골란

사페드

하이파

티베리아스
호수

이르비드

아즐룬

하데라

제닌
나블루스

살트

암만

지중해

서안지구

텔아비브

라말라

마다바

예루살렘

예리코

베들레헴

헤브론

사해

가자

칸유니스

라파

가자지구

베르셰바

카라크

알 아리시

이스라엘

포트
사이드

포트
푸아드

요르단

콴타라

페트라

이스마일리아

카이로

수에즈

포트 토피크

시나이

에일랏

아카바

이집트

사우디
아라비아

티란해협

샤름 엘 셰이크

홍해

0 km 25   50

0 miles 25   50

지도 3. 1967년 이스라엘과 점령지

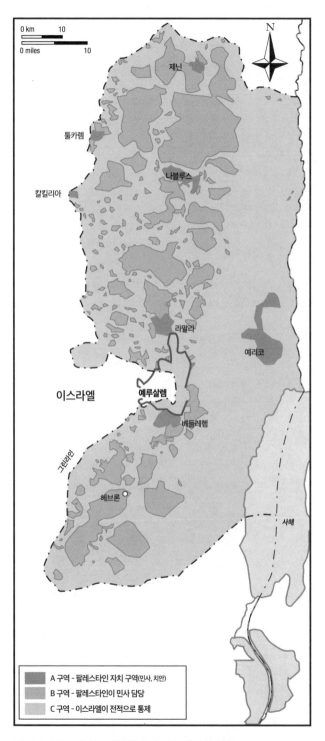

지도 4. 1995년 서안지구를 A, B, C 구역으로 분할

기본 정보

분쟁의 주체는 누구인가?

분쟁을 이해하기 위한 가장 기본적인 작업은 관련 당사자를 정확하게 파악하는 것이다. 그러나 이스라엘-팔레스타인 분쟁의 경우, 이것은 생각만큼 간단하지 않다. 우선 분쟁의 주체가 누구인지에 대해 의견이 분분하다. 이스라엘과 팔레스타인 간의 분쟁인가, 아니면 이스라엘과 아랍 세계 간의 분쟁인가? 아니면 전 세계 유대인과 무슬림 간의 광범위한 분쟁인가? 이 질문에 어떻게 답하느냐에 따라 분쟁을 인식하는 방식뿐만 아니라 누구에게 동정을 표할지도 결정된다. 사람들은 스포츠 경기에서 약팀을 응원하는 것처럼 본능적으로 약자로 여겨지는 쪽을 동정하는 경향이 있다. 이스라엘을 22개 아랍 국가와 3억 명이 넘는 아랍인으로 구성된 아랍 세계의 막강한 힘에 맞서 싸우는 중동의 작은 국가로 인식한다면, 이스라엘은 약자로 보일 것이다. 이는 대부분의 이스라엘인과 전 세계의 많은 이스라엘 지지자가 이 분쟁을 바라보는 일반적인 시각이다. 반대로 분쟁을 단순히 이스라엘과 팔레스타인의 대립으로 본다면 동정심은 약자인 팔레스타인에 옮겨간다. 최근 수십 년 동안 대부분의 팔레스타인인과 팔레스타인 지지자들은 이런 시각을 갖고 있다.

　그렇다면 누가 옳을까? 사실 어느 정도는 둘 다 옳다. 이들 두 분쟁은 서로 겹치며 상호 연관되어 있기 때문이다. 이들은 종종 혼동되기도

하고, 때로는 의도적으로 통합되기도 한다. 이 책에서 중점적으로 다루는 분쟁은 이스라엘인(주로 이스라엘 유대인)과 팔레스타인인 사이의 분쟁이다. 주요 분쟁 가운데 가장 오래 지속되고 있는 이 분쟁은 약 1세기 전 당시 팔레스타인으로 알려진 영토에 살던 아랍인과 시온주의 유대인의 공동체 간 갈등으로 시작되었다. 근본적으로 이것은 두 공동체가 같은 땅에 대해 민족 자결권을 행사하고 주권을 주장하며 벌인 분쟁이다. 1948년 시온주의자들이 이스라엘 국가 수립에 성공한 후, 국가 지위를 놓고 대립하던 두 집단 간의 분쟁은 이스라엘이라는 국가와 무국적 상태인 팔레스타인 간의 분쟁으로 발전했다(국가적 실체로서의 팔레스타인State of Palestine은 1988년 스스로 독립 국가를 선포함으로써 수립되었다 – 옮긴이). 이러한 역학 관계는 팔레스타인 사람들이 여전히 민족 자결권을 열망하는 오늘날까지도 계속된다. 그러나 토지, 자원, 그리고 성지聖地 관할권을 둘러싼 갈등은 1948년 이전의 팔레스타인 영토보다 훨씬 작은 지역, 즉 3차 중동전쟁('6일 전쟁', 1967)에서 이스라엘이 점령한 서안지구와 동예루살렘, 가자지구에 집중된다.

한편, 이스라엘-팔레스타인 분쟁과는 별개이지만 서로 연결되어 있는 또 다른 분쟁이 있다. 이는 이스라엘과 중동 아랍 국가 간의 분쟁으로, '아랍-이스라엘 분쟁'이라고 부르는데, 1948년 이스라엘 건국 직후 시작된 아랍-이스라엘 분쟁은 이후 30년 동안 광범위하게 진행되며 그보다 규모가 작은 이스라엘-팔레스타인 분쟁을 압도하고 완전히 덮어 버리기도 했다. 수년 동안 아랍 국가들은 이스라엘의 생존권을 단호하게 거부했고, 자신들이 '시온주의자 단체'라고 부르던 이스라엘을 쫓아낼 것을 요구했다. 이는 부분적으로는 아랍 세계의 일원인 팔레스타인에 대한 국가적 연대감에서 비롯된 것이었지만, 한편으로는 아랍 세계가 비록 독재정권 국가이긴 했으나 친팔레스타인 성향이 강한 자국 내 여론을 무시할 수 없었기 때문이기도 하다. 범아랍주의를 비롯한 아랍 민족주의 사상에 충실했던 아랍 국가들은 이스라엘 건국을 서구 열강이 아랍 땅을 식민지화하고 아랍 세계를 약화하고 분열시키려는 시도로 간주했다. 따라서 이스라엘의 존재 자체를 아랍의 존엄성에 대한 모독이자, 아랍의 단합을 가로막고 권위에 저항하는 장애물로 여겼다.

아랍 국가들은 자신들이 팔레스타인을 대신하여 행동한다고 주장했지만, 사실 각국의 행동은 (각 정권이 추구하는) 자국의 국익에 따라 결정되었다. 겉으로는 팔레스타인과의 연대와 아랍의 단결이라는 수사를 내세우면서도 국가마다 이스라엘에 대한 독자적인 정책을 추구했고, 그 과정에서 일부 국가는 다른 국가보다 훨씬 더 전투적이고 공격적인 태도를 보였다. 같은 맥락에서 모든 아랍 국가가 (정도의 차이는 있을지라도) 팔레스타인 대의를 지지하고 수십 년 동안 이스라엘을 집단으로 보이콧했지만, 실제로 모든 아랍 국가가 이스라엘에 맞서 싸운 것은 아니다. 이스라엘과 전면전을 벌인 아랍 국가는 이스라엘의 인접 국가인 이집트, 시리아, 요르단 등 소수에 불과했고, 레바논, 이라크, 알제리, 모로코, 예멘, 사우디아라비아 같은 다른 아랍 국가들은 소규모의 병력만 파견했다. 아랍 국가들이 팔레스타인에 제공한 가장 일반적인 형태의 지원은 외교적, 재정적 지원이었다. 부유하고 석유가 풍부한 아랍 걸프 국가들은 팔레스타인의 가장 큰 후원자였다. 그중 가장 많은 원조를 제공한 것은 사우디아라비아였는데(지난 수년간 수십억 달러), 여기에는 몇 가지 의미가 있다. 우선 이러한 대규모 원조는 아랍 및 이슬람 대의에 대한 사우디의 헌신을 드러내는 것으로, 사우디 왕실의 국내 위상을 강화하고 사우디 내 와하비파(이슬람 수니파의 한 종파로, 매우 엄격하고 보수적인 이슬람 근본주의를 지향한다 – 옮긴이) 지도자들과의 파트너십을 강화하는 일이기도 하다. 사우디아라비아에 이슬람교의 발상지이자 가장 성스러운 두 모스크(메카와 메디나에 하나씩 있다)가 있다는 점에서 이러한 행동은 수니파 무슬림 세계를 선도하려는 사우디의 전략적 이익과 열망에도 부합한다.

사우디아라비아는 여전히 팔레스타인에 많은 돈을 기부하고 있지만, 이스라엘에 대한 태도는 시간이 지나면서 바뀌었다. 이는 처음에 이스라엘의 존재를 완전히 거부했던 것과 달리 2002년 평화 이니셔티브(이후 아랍 연맹이 채택하고 이슬람협력기구가 승인했다)를 제안한 것에서도 드러난다. '아랍 평화 이니셔티브'로 알려진 이 제안에서는 이스라엘이 점령한 모든 영토에서 철수하고 팔레스타인 국가 수립을 수용하며 '팔레스타인 난민 문제에 대한 정의로운 해결책'을 내놓으면, 아랍-이스라엘 분쟁을 종식하고 이스라엘과 완전한 외교 관계를 수립하겠다고 약속했다. 아랍 평화 이니셔티브는 이스라엘이 팔레스타인과의 갈등과 시리아 및 레바논과의 영토 분쟁을 해결한다면 아랍 세계가 이스라엘과 화해할 준비가 되어 있음을 분명히 했다. 당시 이스라엘 정부는 이 제안을 일축했지만, 이는 여전히 협상 테이블 위에 남아 있다.

사우디아라비아는 이스라엘에 화해를 제안하고 다른 아랍 국가에도 이스라엘과 화해할 것을 종용했을 뿐만 아니라, 공식적으로 인정하지는 않지만 최근 몇 년 동안 은밀하게 이스라엘과의 관계를 발전시켜 왔다. 이는 사우디아라비아와 이스라엘이 이란에 대한 반감을 공유하고 있기 때문이다('내 적의 적은 내 친구'라는 속담도 있으니). 이란에 대한 적대감은 사우디아라비아와 이스라엘 정부 간의 관계를 변화시켰고, 아랍-이스라엘 분쟁을 넘어 중동의 전략적 지형을 재편할 새로운 반反이란 동맹에 대한 기대감까지 불러일으켰다. 물론 이스라엘-팔레스타인 분쟁이 해결되지 않는 한, 이러한 기대는 시기상조일 것이다. 그럼에도 불구하고 이스라엘과 사우디아라비아 및 기타 아랍 걸프 국가(특히 아랍에미리트와 오만)와의 관계가 급성장하고 있는 것은 이 지역에서 아랍-이스라엘 분쟁의 중요성이 줄어들고 있음을 분명히 보여준다. 실제로 1970년대 후반부터 아랍-이스라엘 분쟁은 (완전히 종식되지는 않았지만) 점차 진정되고 있다. 1979년 이집트에 이어 1994년에는 요르단이 이스라엘과 수교를 맺었다. 시리아와 레바논은 여전히 이스라엘과 공식적으로 전쟁 중인 이른바 최전방 아랍 국가로 남아 있지만, 대부분의 아랍 국가는 마지못해서라도 이스라엘의 존재를 인정하고 있으며, 몇몇 국가는 이스라엘과 조심스럽게 외교적, 상업적, 심지어 안보적 관계를 유지하고 있다. 그러나 아랍의 대중 정서는 여전히 팔레스타인을 강력하게 지지하며 이스라엘에 적대적인 태도를 보인다.

한편, 지난 40년 동안 이스라엘과 아랍 국가와의 관계가 점진적으로 개선된 것과는 달리(물론 후퇴한 때도 있었지만), 이스라엘과 이란의 관계는 극도로 악화되었다. 두 나라는 한때 동맹국이었지만, 1979년 이란 혁명 이후 새롭게 등장한 이란 정부는 이스라엘에 대한 적대감과 팔레스타인 지원을 급진적 이념의 핵심 신조이자 외교 정책의 중심축으로 삼았다(이란 정권이 국내 지지 기반을 다지고 이슬람 세계에서 호감도를 높이며, 지역적 야망을 강화하려는 방법이었다). 이란 정권은 공식 담화에서 이스라엘을 악마화하고(이스라엘을 '작은 사탄'이라고 지칭했다), 이스라엘의 생존권을 거부하고, 이스라엘 파괴를 반복적으로 주장해 왔다. 이스라엘에 대한 이란의 반대는 단순한 수사적 표현을 넘어선다. 이란은 이스라엘에 맞서 싸우는 무장 이슬람 단체(특히 레바논의 헤즈볼라와 팔레스타인의 하마스) 및 이스라엘의 적대국인 시리아에 막대한 자금과 무기를 지원해 왔다. 이란이 시리아, 헤즈볼라, 하마스와 함께 구축한 이른바 '저항의 축Axis of Resistance'은 이스라엘에 가장 큰 위협이 되고 있다. 실제로 이스라엘 정부와 대부분의 이스라엘인은 현재 이스라엘과 팔레스타인 사이에서 일어나는 분쟁보다 이란의 위협에 더 신경을 쓴다. 오늘날 이스라엘의 최대 관심사는 팔레스타인이나 아랍 국가가 아닌 이란이다.

이스라엘인은 누구인가?

이스라엘인은 이스라엘 국가의 시민을 말한다. 이스라엘 시민권은 이스라엘 출생 여부와 관계없이 이스라엘인 부모를 두었거나, 이스라엘에서 태어나 18세에서 25세 사이에 시민권을 신청하고 5년 연속 이스라엘에 거주한 사람, 그리고 귀환법(이스라엘이 유대인의 조국이라는 전제를 바탕으로 이스라엘 정부가 모든 유대인에게 이스라엘 이민권과 시민권을 획득할 권리를 부여한다는 내용. 1950년에 통과되었다 - 옮긴이)에 따라 이스라엘로 이주한 모든 유대인에게 부여된다. 1970년 개정된 귀환법은 유대인의 자녀와 손자, 그리고 그들의 배우자에게도 이스라엘로 이주하면 시민권을 취득할 수 있는 권리를 부여했다. 이로 인해 수십만 명의 비유대인(정통파 유대교 기준)이 이스라엘로 유입되었는데, 대부분 구소련 출신이었다. 1970년대에 시작된 소련에서의 이주는 냉전 종식과 소련 붕괴를 거치며 1990년대에 더욱 가속화되었다.

    오늘날 이 지역에는 약 120만 명의 '러시아계' 이스라엘인(소련 및 그 후신 국가 출신 이민자)이 거주한다. 이스라엘 전체 인구(서안지구에 거주하는 이스라엘인을 포함하면 890만 명)의 약 15%에 해당하는 이들은 이스라엘에서 가장 큰 이민자 공동체이자 세계에서 세 번째로 큰 구소련 외부 러시아어권 공동체를 형성한다. 러시아계 이스라엘인은 이스라엘 사회에 통합되어 있으면서도 러시아 신문과 텔레비전 방송을 통해 자신들만의 문화를 유지한다. 이들은 이스라엘 베이테이누('이스라엘은 우리의 집'이라는 뜻)라는 자체 정당도 보유하고 있는데, 우파 세속 민족주의 성향의 이 정당은 이스라엘의 지배적 우파 정당인 리쿠드당과 정치적 동맹을 맺고 있다(물론 선거에서는 경쟁 상대다). 러시아계 이스라엘인 대부분은 이스라엘-팔레스타인 분쟁에 대해 강경한 태도를 고수하고 팔레스타인에 영토를 '양보'하는 것에 반대하는 경향이 있으므로 정치적으로 우파에 속한다. 따라서 이 공동체는 이스라엘 내에서 상당한 정치적 영향력을 행사하고 있으며, 지난 10년 동안 이스라엘 유권자를 우경화하는 데 중요한 역할을 해왔다.

그 외 에티오피아(약 12만 5000명), 인도(약 8만 명)를 비롯해 다른 국가에서 유입된 이스라엘인 공동체도 구소련 출신 이민자 공동체보다는 작지만 그 규모가 상당하다. 우리는 일반적으로 이스라엘인이라고 하면 대부분 유럽계일 것으로 생각한다. 그러나 이스라엘 인구는 매우 다양한 인종으로 구성된 모자이크와도 같다. 1948년 이스라엘이 건국될 무렵에는 유럽 출신 유대인이 다수를 차지했지만, 이민자가 늘어나면서 이스라엘의 인구는 급격히 증가했고 그 구성도 다양해졌다. 현재 이스라엘의 유대인 수는 1948년에 비해 10배 이상 증가했으며, 절반 이상이 중동 또는 북아프리카 출신이다.

오늘날 이스라엘 유대인은 크게 유럽계(아슈케나짐Ashkenazim)와 중동 또는 북아프리카계(미즈라힘Mizrahim, 즉 동방 유대인, 또는 세파르딤Sephardim이라고도 한다)로 구분된다. 두 민족 간의 결혼이 증가함에 따라 젊은 세대에

Chapter 1. 기본 정보

는 미즈라히-아슈케나지 혼합 혈통도 많다. 이는 이스라엘에서 아슈케나짐과 미즈라힘 사이의 오랜 민족적 분열이 점차 완화되는 이유 중 하나다(전통적으로 아슈케나짐이 이스라엘 사회의 상층부를 차지하고 이스라엘 정치를 지배해 왔다. 아슈케나짐에 비해 미즈라힘은 여전히 덜 부유하고 인구 대비 대표성이 떨어지는 편이다).

이스라엘 인구 구성에서 나타난 또 다른 변화는 히브리어로 사브라Sabra라고 불리는 토착 이스라엘인의 수가 증가하고 있다는 점이다. 국가 설립 당시에는 대부분의 국민이 외국 태생이었고 이스라엘에서 태어난 유대인은 35%에 불과했지만, 2017년에는 이스라엘 국민의 약 4분의 3이 이스라엘에서 태어났으며 그중 절반 이상이 이스라엘 태생의 부모에게서 태어났다. 따라서 이스라엘 사회는 더 이상 과거와 같은 이민자 사회가 아니다. 이스라엘이 건국된 후, 전쟁으로 폐허가 된 유럽에서 약 70만 명의 유대인(대부분 홀로코스트 생존자)이 유입되었고, 리비아, 예멘, 이라크에서도 유대인들이 들어와 이스라엘의 인구는 두 배 이상 증가했다. 1950년대와 1960년대에는 다른 아랍 국가(주로 모로코, 튀니지, 이집트)에 거주하던 유대인이, 그리고 에티오피아와 소비에트 연방에서도 유대인 이민이 이어졌다. 유대인들은 지금도 이스라엘로 이주하고 있지만, 이스라엘 정부와 몇몇 비정부기구의 노력에도 불구하고 오늘날 이민자 수는 과거에 비해 현저히 감소했다(타국으로 나가는 이민자의 수도 감소했다).

정리하자면, 이스라엘 사회의 인구 구성은 이스라엘이 건국된 이후 70년 동안 상당한 변화를 겪었고, 그 결과 오늘날의 이스라엘인은 과거와 다르다. 유럽에서 온 이민자가 대부분이었던 과거와 달리, 지금은 이스라엘에서 태어난 사람과 다양한 인종이 섞여 있다. 그러나 변하지 않은 것은 종교와 무관하게 대부분의 이스라엘인이 유대인(75%)이라는 사실이다(이스라엘인과 유대인의 차이는 다음 항목에서 설명한다). 과거에 비해 비유대인의 비율이 조금 증가하긴 했지만(과거에는 20% 미만이었으나 오늘날에는 25%), 이스라엘은 여전히 상당히 안정적으로 '유대인 다수 상태'를 유지하고 있다(이러한 상태를 유지하는 것이 이스라엘의 핵심 목표 중 하나다). 이스라엘 인구의 다수를 차지하는 유대인은 정치, 경제, 문화적으로 지배적인 위치에 있으며, 그 결과 '이스라엘인'이라는 용어는 유대인과 동의어로 쓰일 정도가 되었다.

이스라엘 국민의 약 21%는 아랍인이다(총 180만 명). 유대인과 마찬가지로 이스라엘 아랍인의 구성 역시 다양하다. 이들은 다양한 종교적, 민족적 집단(무슬림, 기독교인, 드루즈족, 베두인족)으로 나뉘며 각 집단은 고유한 정체성을 지닌다. 가장 큰 집단은 이스라엘 아랍인의 75% 이상을 차지하는 무슬림이다. 무슬림의 하위 집단으로 한때 반유목 생활을 하던 베두인족(약 17만 명)은 주로 남부 네게브 사막과 북부 갈릴리 지역에 거주한다. 전체 아랍 인구의 약 9%에 해당하는 기독교 아랍인은 여러 종파로 나뉜다. 마지막으로, 아랍 인구의 약 9%를 차지하는 드루즈족은 가장 뚜렷하게 구분되는 집단인데, 이들은 유대인처럼 이스라엘 군대에 징집되므로 이스라엘의 다른 아랍인과 매우 차별화된다(보통은 베두인족 중에서 극소수만 군대에 자원한다).

이스라엘의 아랍 인구가 증가하면서 이들의 자신감도 커졌다. 이들은 이스라엘 시민으로서 개인의 권리를 옹호하고, 소수민족으로서 집단적 권리를 요구하며, 이스라엘을 유대 국가로 정의하는 것을 폐지하자고 주장하는 등 정치적으로 활발하게 행동한다. 대부분의 '이스라엘 아랍인'(이스라엘 정부와 이스라엘 유대인들이 부르는 용어)은 팔레스타인 민족주의를 받아들여 자신을 팔레스타인 이스라엘인 또는 단순히 이스라엘의 팔레스타인 시민으로 정체화하는 것을 선호하는데, 이는 이들이 서안지구와 가자지구, 동예루살렘에 거주하는 팔레스타인인에게 동질감을 느끼게 했고, 팔레스타인 민족 대의를 지지하는 것을 위협으로 간주하는 이스라엘 유대인과의 긴장을 고조시켰다. 이스라엘의 다수를 차지하는 유대인과 소수인 아랍인 사이의 관계는 결코 좋았던 적이 없으며, 양측 모두 서로를 두려워하고 불신한다. 최근 몇 년 사이 사회적으로 성공한 아랍인이 생기고 이들의 노골적인 언행이 증가하면서 이러한 현상은 더욱 심화되었고, 이는 결국 아랍인을 인구 통계 및 안보의 측면에서 위협으로 여기는 많은 이스라엘 유대인의 반발을 불러일으켰다.

이론적으로 이스라엘의 아랍 시민은 이스라엘 유대인과 동일한 법적 권리를 지닌다. 이스라엘 아랍인은 크네세트(의회)에 투표권을 행사하고 의원으로 선출될 수 있으며, 자유롭게 자신의 견해를 표현하고 각자의 신념대로 종교 활동을 할 수 있다. 하지만 이들은 국가로부터의 차별과 방치로 고통받아 왔다(이는 이스라엘 정부 임명 기구인 오르 위원회에서 2003년에 발표한 기념비적인 보고서에서 인정한 사실이다). 물론 어떤 면에서 이들은 이스라엘에 거주함으로써 주어지는 많은 혜택을 누린다. 이스라엘 건국 이후 이들의 생활 수준은 비약적으로 향상되었고 건강, 교육, 소득 수준 역시 크게 높아졌다(기대 수명은 30년이나 늘어났다). 그러나 이러한 발전에도 불구하고 아랍인과 유대인 사이에는 삶의 전반에 걸쳐 체계화된 불평등이 존재한다. 이스라엘이 건국되고 20년 동안 아랍인은 억압적인 군사 통치 아래 살았다. 지금은 당시처럼 완전히 게토(소수 인종이나 소수 민족이 모여 살도록 강제한 도시 안의 한 구역 – 옮긴이)화되어 있지 않지만, 이들은 여전히 자의식이 강하고 낙인찍힌 소수 집단으로 남아 있으며 다수인 유대인들에게 의심과 적대감의 대상이다. 이들은 이스라엘 정책 결정에서 배제되고 이스라엘 사회와 정치에서 소외된다. 오늘날에도 이스라엘의 유대인과 아랍인은 다른 지역에 거주하고, 다른 학교에 다니며, 서로 거의 교류하지 않는다. 실제로 이스라엘의 유대인과 아랍인 사이의 분열은 이스라엘 내에서 가장 골이 깊은 사회적 분열이다. 이스라엘 사회에는 세속적인 유대인과 종교적인 유대인 등 많은 분열이 존재하지만, 가장 심각한 갈등 요인은 다수인 유대인과 소수인 아랍인 간의 사회적, 정치적 분열이다. 아랍인이 이스라엘인으로 완전히 평등하게 받아들여지고 이스라엘인으로서 온전한 정체성을 확립할 수 있을까? 그 답은 여전히 미지수다.

이스라엘인과 유대인의 차이점은 무엇인가?

이스라엘인과 유대인은 자주 혼동되는 용어이므로 이를 명확하게 구분하는 것이 중요하다(예를 들어, 많은 팔레스타인인은 이스라엘인을 유대인으로 지칭한다). 일반적으로 '이스라엘인'이라는 용어는 시민권을 기준으로 하는 반면, '유대인'은 종교 및 민족적 배경을 가리킨다.

유대인과 비유대인 간의 결혼이 보편화된 오늘날 유대인의 정의는 그들 사이에서도 논란이 있지만, 통상적으로 유대교를 믿는 사람(유대교를 믿는 방식에 대한 합의는 없다) 또는 유대인 어머니(개혁주의 및 재건주의 운동과 같은 진보적 유대교에서는 유대인 아버지) 밑에서 태어난 사람을 지칭한다. 따라서 완전히 세속적인 유대인일지라도 자신을 유대인이라 여기고 사회적으로도 유대인으로 간주될 수 있으며, 이는 실제로 매우 흔한 일이다. 유대인은 종교뿐만 아니라 혈통에 의해서도 정의되므로 유대인은 공통의 종교·문화 유산과 공통 조상(즉, 고대 이스라엘인)에 대한 믿음을 공유하는 민족 종교 집단이라 할 수 있다. 그러나 (인종적 반유대주의와 나치 이데올로기와는 달리) 인종으로는 유대인을 구분 짓지 않는다. 근대 민족주의가 등장한 이래 200년 이상 유대인이 단일 국가의 국민인지 여부는 오랜 논쟁의 주제였다. 일부 유대인, 특히 이스라엘의 유대인들은 유대인이 국가의 국민이라고 주장하지만(현대 시온주의는 이러한 근본적인 주장에 기초한다), 유대인이 민족으로서 공동체를 형성하지만 실제로 독립된 국가의 국민은 아니라고 생각하는 유대인도 많다.

앞에서 설명한 정의에 따르면 유대인과 이스라엘인이 동일하지 않다는 점은 자명하다. 유대인이 아닌 이스라엘인도 있고, 이스라엘인이 아닌 유대인도 있다. 대부분의 이스라엘인은 유대인이지만, 약 4분의 1에 해당하는 나머지는 그렇지 않다. 현재 이스라엘에는 약 660만 명의 유대인이 거주하고 있고, 다른 나라에는 훨씬 더 많은 유대인이 살고 있다. 전 세계 유대인 인구는 1400만~1500만 명으로 추산되며(전체 인구의 0.2%에 불과하다), 그중 80% 이상이 이스라엘과 미국에 집중되어 있다. 전 세계 유대인 인구 중 이스라엘인이 차지하는 비중은 1948년 건국 당시 6%에서 2018년 45%로 급격히 증가했지만, 아직도 많은 유대인이 이스라엘 밖에서 '디아스포라'('흩어지다'라는 뜻의 그리스어에서 유래한 용어)로 존재한다. 현재 이스라엘인 디아스포라의 규모는 약 30만 명에서 100만 명 이상으로 다양하게 추산되며, 대부분 미국, 러시아, 캐나다, 영국, 독일에 거주하고 있다.

유대인 디아스포라는 그리스와 로마 제국 시대에 시작된 이래 2600년 이상 이어져 왔다. 이 오랜 역사 동안 전 세계 곳곳에 다양한 규모의 유대인 공동체가 형성되었는데, 오늘날 약 100개 국가에 있는 유대인 공동체 중에는 유대인 수가 수십 명에 불과한 곳도 있고 수십만 명에 이르는 곳도 있다. 가장 큰 디아스포라 유대인 공동체를 형성한 미국에는 전 세계 유대인의 약 40%, 디아스포라 유대인의 약 70%에 해당하는 600만~700만 명의 유대인이 거주한다. 유대인 디아스포라의 다양성을 고려할 때 이스라엘과의 관계를 일반화하기는 불가능하며, 공동체마다 이스라엘과의 관계가 다르다. 이스라엘에 대한 정서적 애착이 얼마나 강한지, 얼마나 많은 인구가 이스라엘을 자주, 대규모로 방문하는지, 이스라엘에 대해 얼마나 많은 정치적, 재정적 지원을 하는지 등을 기준으로 밀접한 관계가 있는 반면, 다소 거리가 있는 관계도 있다. 이들의 관계는 공동체의 규모, 위치, 인구 통계, 역사, 공동체가 속한 사회 및 국가와의 관계 등 여러 요인에 따라 달라진다. 예를 들어 이스라엘에 적대적인 국가에서는 현지 유대인 공동체가 이스라엘과 활발한 관계를 유지하기가 어렵고 때로는 위험하기도 하다(소련에는 한때 세계에서 세 번째로 큰 유대인 공동체가 있었지만, 1980년대 후반까지 소련의 유대인은 이스라엘과 어떤 형태의 관계도 금지되었다).

따라서 모든 디아스포라 유대인이 이스라엘에 동질감을 느끼고 이스라엘을 지지한다고 가정하는 것은 잘못된 생각이다. 다수는 그렇지만 모두가 그런 건 아니며, 양가감정이나 소외감을 느끼거나 무관심한 사람도 많다. 유대인 디아스포라가 이스라엘에 폭넓은 지지를 보내고 있긴 하지만, 이스라엘 정부의 정책, 특히 팔레스타인 정책에 대한 비판 역시 커지고 있다. 이는 특히 미국의 유대인들 사이에서 더욱 그러하다. 미국 유대인은 이스라엘의 유대인에 비해 정치적, 종교적, 사회적으로 훨씬 자유롭다. 많은 미국 유대인이 비유대인과 결혼했거나 유대인-비유대인 부부의 자녀이며(이스라엘에서는 유대인이 비유대인과 법적으로 결혼할 수 없다), 미국의 유대교 관습은 정통 랍비 기관이 종교 생활의 거의 모든 면을 통제하는 이스라엘과 다르다. 이러한 차이점은 이스라엘과 미국의 유대인이 동일한 정치적 견해, 문화적 가치, 종교적 신념, 심지어 유대인의 정체성을 공유하지 않는다는 것을 의미한다. 다른 곳의 유대인도 마찬가지다. 따라서 이스라엘인과 유대인을 구별하는 것뿐만 아니라, 이스라엘에 거주하는 유대인과 다른 나라에 거주하는 유대인의 차이점을 인식하는 것도 중요하다 하겠다.

팔레스타인인은 누구인가?

전 세계에서 팔레스타인인만큼 오해와 비방을 받는 민족도 드물다. 1969 년 골다 메이어 이스라엘 총리가 "팔레스타인인이란 존재하지 않는다" 라고 말했던 것처럼, 이스라엘 유대인은 물론이고 많은 미국인과 유럽인 은 수십 년 동안 팔레스타인인을 하나의 민족이 아닌 아랍인으로 바라보 았고 팔레스타인의 존재 자체를 부정했다. 1978년, 마침내 팔레스타인 민 족의 존재가 공식적으로 인정되었지만 미국과 유럽, 이스라엘의 미디어 와 대중문화는 팔레스타인인을 테러리스트나 종교적 광신도로 묘사했 다. 이러한 고정 관념은 지금도 사회 전반에 퍼져 있으며, 많은 이스라엘 유대인과 해외 지지자들의 인식을 지배한다. 말할 필요도 없이, 이러한 인식은 부정확할 뿐만 아니라(상황에 따라 다수가 테러에 동조한 적이 있긴 하 지만 실제로 테러를 저지른 것은 극소수이다) 팔레스타인인을 비하하는 것이 다.

　가장 먼저 해야 할 일은 팔레스타인인이 민족이 아니라는 생각을 지 우는 것이다. 팔레스타인 사람들이 스스로를 민족으로 생각한다는 단순 한 사실을 인정하지 않고 이스라엘-팔레스타인 분쟁을 이해하는 것은 불 가능하다. 팔레스타인인은 독자적인 국가를 갖고 있지 않다. 따라서 국가 수립에 관한 이들의 요구가 분쟁의 동기 중 하나인 건 맞지만, 그렇다고 민족 정체성이 없다는 뜻은 아니다. 국가가 없고 영토도 지리적으로 분산되어 있음에도 불구하고 이들의 민족 정체성은 계속해서 발전해 왔다. 사실 무국적, 분산, 망명이라는 조건은 팔레스타인의 민족 정체성을 형성하는 데 핵심적인 역할을 해왔다. 이런 관점에서 보면 팔레스타인인의 정체성과 유대인의 정체성은 비슷한 점이 있다. 팔레스타인인과 현대 유대인 모두 망명, 분산, 무국적의 경험과, 이를 일으킨 대규모 비극, 그리고 그로 인한 집단적 트라우마가 그들의 정체성을 정의하는 주된 요소가 되었기 때문이다. 팔레스타인인에게는 1948년 이스라엘 건국으로 조상 대대로 살아온 땅에서 추방되어 떠나야 했던 순간을 의미하는 나크바Al-Nakba(아랍어로 '재앙'이라는 뜻)가, 유대인에게는 홀로코스트(히브리어로 '대재앙'이라는 뜻의 쇼아Ha-Shoah)가 바로 그것이다. 그러나 수천 년의 역사를 지닌 유대인의 정체성과 달리, 팔레스타인인의 정체성은 비교적 최근에 형성되었다. 20세기 이전에는 팔레스타인인의 민족 정체성이 없었다는 점, 바로 이것이 지금도 팔레스타인 민족의 존재에 대한 논쟁이 끊이지 않는 이유다.

하지만 팔레스타인 민족주의가 현대에 등장했다고 해서 그 가치를 폄하할 수는 없다. 민족주의는 18세기 말로 거슬러 올라가는, 비교적 현대의 문화적·정치적 현상이다. 그 이전에는 오늘날과 같은 의미의 '민족'이 존재하지 않았고(민족주의 학자들은 일부 현대 민족이 전근대적 민족 공동체에서 성장했다고 주장하기도 한다), 사람들은 19세기에 이르러서야 자신과 타 집단을 다른 민족으로 구별해서 생각하기 시작했다. 이러한 인식은 유럽 제국주의가 막을 내리고 전 세계 여러 지역에서 새로운 국가가 생긴 이후에도 나타나지 않았다. 마침내 20세기 전반 무렵, 영국과 프랑스 식민주의에 대한 저항의 결과로 시리아, 레바논, 요르단, 이라크 등 중동 대부분의 국가와 민족이 등장했다. 이는 팔레스타인도 마찬가지였다. 팔레스타인의 민족주의는 시온주의와 영국 식민주의에 대한 저항에서 비롯되었으며, 한편으로는 그 지역에서 일어난 아랍 민족주의에 대응해 생겨난 것이기도 했다(시온주의에 대한 저항이 팔레스타인 민족주의의 탄생에 어느 정도 영향을 미쳤는지는 학계에서 논쟁의 대상이다).

팔레스타인 민족주의가 태동하게 된 계기는 19세기 중반 이집트 통치하의 팔레스타인에서 일어난 전국적 규모의 반란(1834)을 들 수 있을 것이다. 하지만 그 후에도 이들은 자신들을 팔레스타인 민족이라고 인식하지 않았다. 대신 그들은 지역적(거주하는 마을에 따라), 부족적, 종교적 정체성을 가지고 있었고, 약하긴 하지만 오스만 정체성(이 지역은 수백 년 동안 오스만 제국이 통치하고 있었다)도 지녔다. 그러다 19세기 말 아랍 민족주의가 부상하자 아랍 정체성도 생기기 시작했다. 아랍어와 아랍 문학, 이슬람 문명으로 묶이는 문화적 민족주의의 한 형태로 시작된 아랍 민족주의는 이후 오스만 제국의 정치·행정 권력 중앙 집중화와 '터키화' 정책(특히 1908년 청년튀르크당 집권 이후)에 대한 반발로 정치적 민족주의로 성장했다.

팔레스타인 정체성이 처음으로 선명하게 드러난 것은 제1차 세계대전 직전 오스만 팔레스타인(오스만 제국 통치하의 팔레스타인 – 옮긴이)에서 발행된 아랍어 신문 기사에서였다(1911년에 창간된 필라스틴*Filastin*[팔레스타인을 의미한다]도 그중 하나다). 이후 제1차 세계대전 중에 팔레스타인 민족주의 조직이 결성되었고, 전쟁이 끝나고 오스만 제국이 붕괴된 후에는 예루살렘에서 최초의 팔레스타인-아랍 회의가 열렸다(1919). 그러나 이 역사적인 회의에서 팔레스타인 측은 독립 국가를 요구하지 않았다. 오히려 그들은 대大시리아Greater Syria(오스만 제국 시대의 시리아. 현재의 시리아, 팔레스타인, 이라크, 요르단, 레바논 및 그 인근을 합친 지역 - 옮긴이)의 일부가 되기를 원하며 다음과 같은 결의안을 발표했다. "팔레스타인은 아랍 시리아로부터 분리된 적이 단 한 번도 없으므로 우리는 팔레스타인을 아랍 시리아의 일부로 간주한다. 우리는 국가적, 종교적, 언어적, 자연적, 경제적, 지리적 유대감으로 아랍 시리아와 연결되어 있다." 이후 팔레스타인 민족주의자들이 독자적인 팔레스타인 국가를 수립하고자 한 것은 영국 통치하에 있던 양차 대전 사이의 기간에 이르러서였고, 이들의 민족의식은 아랍 언론의 활약 및 문맹률 감소 덕분에 도시의 중상류층을 넘어 대중에게까지 확산되었다.

따라서 팔레스타인 민족은 (다른 여러 민족과 마찬가지로) 근대적 창조물이다. 하지만 그렇다고 해서 그 정당성이나 진정성에 의문을 제기해서는 안 된다. 팔레스타인은 그저 많은 사람이 팔레스타인인으로 정체성을 밝히기 때문에 존재한다. 오늘날에는 팔레스타인 영토(서안지구와 가자지구)에 거주하지 않아도, '역사적 팔레스타인'(현재의 이스라엘, 서안지구, 가자지구를 포함한 지역 – 옮긴이)에서 태어났거나 그곳에 발을 디딘 적이 없어도 팔레스타인인이 될 수 있다. 서구에 거주하면서 팔레스타인에 가본 적도 없고 아랍어도 구사하지 못하지만 자신을 팔레스타인 사람이라고 자랑스럽게 밝히는 사람들도 많다. 이들의 팔레스타인 정체성은 생물학적 유전(부모 중 한 명 이상, 혹은 조부모가 팔레스타인인 경우), 그리고 팔레스타인인으로서 갖는 집단적 기억과 국가적 서사에 대한 애착에 기반한다.

오늘날 전 세계 팔레스타인 인구 약 1250만 명 중 절반 정도만이 역사적 팔레스타인에 거주하는데(이스라엘에 12%, 서안지구와 가자지구에 38% 거주), 팔레스타인 중앙통계청에 따르면 가장 많은 팔레스타인인이 살고 있는 곳은 290만 명이 있는 서안지구이며(일부에서는 이 수치가 부풀려졌다고 주장한다), 가자지구에는 190만 명의 팔레스타인인이 밀집해 있다. 이스라엘 시민권자인 팔레스타인인도 180만 명에 이른다(이스라엘 인구의 약 20%를 차지한다). 그러나 1967년 3차 중동전쟁으로 서안지구와 가자지구가 이스라엘의 통제하에 들어온 후, 지리적으로 떨어진 이 세 집단 간에는 심리적 유대감은 있을지언정 서로 간에 심각한 차이가 생겼고 이 차이는 점점 더 커지고 있다. 이스라엘 시민권을 가진 팔레스타인인은 서안지구와 가자지구의 팔레스타인인보다 훨씬 많은 자유와 기회를 누리지만 이스라엘의 2등 시민처럼 느끼며 살아간다. 서안지구와 가자지구는 10년이 넘게 서로 다른 정파(각각 파타Fatah/PLO와 하마스Hamas - 옮긴이)가 장악하고 있으며, 가자지구의 삶은 훨씬 더 열악하다. 마지막으로 이스라엘이 합병한 동예루살렘에 거주하는 약 37만 명의 팔레스타인인은 이스라엘에서 일할 자격이 있고 이스라엘 주민(시민은 아니다)으로서 복지 시스템을 이용할 수 있다. 이러한 차이점은 팔레스타인인이 고국에서도 지리적, 정치적, 법적, 사회적으로 분열되어 있음을 의미한다.

약 600만 명에 달하는 팔레스타인 디아스포라 역시 여러 집단으로 구성된다. 이들은 난민으로 분류되고 실향, 강제 이주, 망명이라는 공통의 서사를 공유하지만, 각 집단이 겪어 온 경험과 그들이 지닌 권리는 각기 다르다. 이는 대부분의 팔레스타인 난민이 살고 있는 아랍 국가에서도 마찬가지다. 가장 많은 디아스포라 팔레스타인인이 거주하는 국가는 요르단(200만 명 이상)인데, 이들은 대부분 정식 시민권을 가지고 있다. 2011년 시리아 내전이 발발하기 전까지는 시리아에도 두 번째로 많은 팔레스타인 난민이 살고 있었지만(약 50만 명), 내전 이후 많은 사람이 레바논으로 피난을 가거나 추방당했다. 현재 레바논에는 약 45만 명이 거주한다. 레바논 전체 인구의 약 10%에 해당하는 팔레스타인 난민은 직업 선택에 제한이 있고, 재산을 소유할 수 없으며, 국가 의료 서비스를 이용하거나 공립학교에 다닐 수 없는 등 특히 심한 불이익을 받아왔다. 이들 대다수는 유엔이 운영하는 난민 캠프에 거주하며, 극심한 빈곤에 처해 있다. 아랍 세계를 넘어 중남미, 미국, 서유럽에도 상당한 규모의 팔레스타인 공동체가 존재한다.

마지막으로, 팔레스타인인의 90% 이상은 무슬림이다(수니파가 압도적으로 많다). 전 세계 팔레스타인인의 약 6~7%는 기독교(정교회, 가톨릭 및 다양한 개신교 교파)이지만, 이들은 대부분 디아스포라 처지다. 서안지구와 가자지구의 팔레스타인인 중 기독교인은 3% 미만인데, 이는 (무슬림 인구에 비해) 기독교 인구의 출산율이 낮은 데다가 이주의 영향으로 수년에 걸쳐 감소한 결과다.

팔레스타인인과 아랍인의 차이점은 무엇인가?

팔레스타인 민족의 존재를 의심하거나 부정하는 가장 큰 이유는 팔레스타인과 다른 아랍인의 차이를 인정할 수 없거나 인정하지 않으려 하기 때문이다. 이들은 팔레스타인인을 그저 아랍인, 또는 더 큰 아랍 민족의 하위 집단으로 생각할 뿐 독립적인 민족으로 인식하지 않는다. 그러나 이러한 잘못된 인식은 팔레스타인의 민족 자결권 요구에 대해 회의적인 태도와 의구심을 불러일으켰다. 이미 아랍 국가가 이렇게나 많은데 팔레스타인인은 왜 그들만의 국가를 가지려 할까? 자치권을 원한다면 그런 국가 중 하나에 살면 안 되는 걸까? '아랍 민족'은 이미 서쪽의 모로코에서 동쪽의 오만까지 22개나 되는 국가를 가지고 있는데, 왜 작은 유대 국가 하나를 허용하는 것에 그렇게까지 반대하는 것일까? 어떤 숨은 동기가 있는 것은 아닐까? 우파 이스라엘 유대인(그리고 해외 지지자), 특히 팔레스타인 민족주의가 국제 사회에서 이스라엘의 위상을 떨어뜨리고 이스라엘을 파괴하려는 아랍인들의 야망을 위장하기 위해 의도적으로 고안된 것이라고 의심하는 사람들은 수십 년 동안 이러한 의문을 제기해 왔다.

이렇게 편향되거나 오해의 소지가 있는 반론은 접어 두더라도 사람들이 팔레스타인과 아랍인의 구별을 혼란스러워하는 데에는 그럴 만한 이유가 있다. 팔레스타인 사람은 문화적으로나 언어적으로 아랍인이다. 그들은 아랍어를 사용하고, 다른 아랍인, 특히 주변 국가의 아랍인과 비슷한 문화를 공유한다. 그러나 다른 점도 있다. 팔레스타인 사람들은 고유한 아랍어 방언을 사용하며, 그들만의 전통과 민속, 관습, 요리법을 지닌다. 무엇보다도 이집트인, 시리아인, 레바논인 등이 그랬던 것처럼 팔레스타인인 역시 그들만의 뚜렷한 민족 정체성을 발전시켜 왔다. 요약하자면 팔레스타인의 민족 정체성은 아랍 정체성과 상충하지 않으며, 사람들은 자신을 팔레스타인인인 동시에 아랍인으로 규정할 수 있으므로 두 정체성은 공존 가능하다. 오늘날 '아랍인'이라는 용어는 아랍어를 모국어로 사용하고 아랍 문화에 동질감을 느끼는 사람들을 일컫는다(원래는 아라비아반도의 유목민을 지칭하는 용어이다). 아랍인은 유대인과 마찬가지로 스스로를 민족이라고 생각하지만 국민은 아니며, 문화와 역사로 결속되어 있지만 종교로 통합되어 있지는 않다(대부분의 아랍인은 무슬림이지만, 중동에 약 900만 명, 전 세계적으로 3000만~3500만 명에 달하는 아랍인은 기독교인이고 일부는 유대교도다). 또한 아랍인은 인종이 아니지만 느슨하게 정의하면 인종 집단ethnic group, 좀 더 정확히는 언어와 민족적 특성을 공유하는 집단으로 정의할 수도 있다. 오늘날 중동과 북아프리카에는 3억 5000만 명 이상의 아랍인이 있으며, 이들은 대부분의 나라에서 다수를 차지한다. 그러나 좀 더 큰 범위인 무슬람으로 넘어가면, 전 세계 약 16억 명의 무슬림 중 아랍인은 약 20%에 불과하다.

따라서 팔레스타인은 다양한 국적의 사람들로 구성된 아랍 공동체 안에 있는 별개의 민족이다. 한 세기 전 팔레스타인 민족주의가 막 등장했을 무렵에는 대부분의 팔레스타인 사람이 자신을 독립된 민족으로 생각하지 않고 아랍 민족의 일원으로 여겼다. 초창기에는 아랍 민족주의가 팔레스타인 민족주의보다 훨씬 더 강했고, 때에 따라 팔레스타인 민족주의를 포함하기도 했다(특히 1950년대 말과 1960년대 초 범아랍주의의 전성기에는 더욱 그러했다). 그러나 팔레스타인 민족주의는 점차 사람들의 가슴과 머리에서 아랍 민족주의를 대체했고, 특히 1967년 이후 그러한 양상은 더욱 심화되었다. 그 결과 오늘날 팔레스타인 사람들은 그들만의 민족 정체성을 지니게 되었고 아직 충족되지 않은 민족적 열망을 품고 있다. 이러한 열망을 인정하는 것은 팔레스타인이 이스라엘과 갈등을 겪는 이유를 이해하는 데 매우 중요하다.

팔레스타인과 이스라엘이 싸우는 이유는 무엇인가?

팔레스타인인과 이스라엘인(더 정확하게는 이스라엘 유대인) 사이의 분쟁에 대한 가장 간단한 설명은 둘 다 같은 땅에 대한 영유권을 주장한다는 사실이다. 유대인은 이곳을 이스라엘 땅Land of Israel(히브리어로 에레츠 이스라엘Eretz Yisrael)이라고 부르고, 아랍인은 팔레스타인Palestine(아랍어로 필라스틴Filastin)이라고 부른다. 양쪽 모두 이곳은 자신들의 땅이며 주권을 행사할 권리가 있다고 말한다. 팔레스타인 사람들은 수 세기 동안 이 땅에 살아왔고 1948년 이스라엘이 건국될 때까지 지역 인구의 대다수를 차지했기 때문에 이곳이 당연히 자신들의 땅이라고 믿는다. 반면 이스라엘 유대인들은 자신들의 조상이 그곳에 먼저 살았고 강제로 추방당할 때까지 그 일부를 통치했으며, 추방된 기간 내내 원래의 고향으로 돌아가기를 갈망했다고 주장한다. 또한 19세기 말에서 20세기 초 유럽 유대인들이 겪은 극심한 반유대주의(홀로코스트에서 절정에 달했다)는 그들이 이 땅에 재정착하고 유대인의 정치적 주권을 회복함으로써 유대인의 안식처를 보장받아야 한다는 당위성을 부여했다. 독실한 이스라엘 유대인들은 성경 구절에 근거해 하나님께서 이스라엘 땅, 즉 '약속의 땅'을 유대 민족에게 영원히 주셨다고 믿고 있기도 하다.

이스라엘-팔레스타인 분쟁의 핵심에는 '누가 그 땅과 그곳에 사는 사람들을 지배할 것인가'에 대한 두 민족 간의 투쟁이 자리한다. 하지만 그게 전부는 아니다. 이 분쟁을 단순한 영토 문제로 축소하는 것은 양측 모두의 이해관계를 경시하고 분쟁의 다른 측면을 무시하는 것이다. 이스라엘과 팔레스타인은 이 땅, 또는 적어도 이 땅의 상당 부분을 차지하는 것이 민족적 열망을 실현하고 나아가 민족의 생존을 보장하는 데 필수적이라고 믿는다. 민족주의가 출현한 이후 대부분의 민족이 그랬던 것처럼, 두 민족 모두 자신의 문제에 대한 배타적 결정권(민족 자결권)을 원하며 여기에 민족의 존립이 달려 있다고 생각한다. 따라서 이들은 영토에 대한 주권을 행사하는 것이 미래의 생존과도 연결된다고 확신하며 영토 분쟁뿐만 아니라 생존 분쟁을 벌이고 있다. 물론 양측 모두 상대방이 자신을 영구적으로 파괴하려는 의도를 가지고 있다고 의심하는 것도 이 분쟁을 생존 분쟁으로 간주하는 원인이기도 하다. 분쟁이 지속되면서 상호 간에 뿌리 깊은 공포와 불신이 생겼고, 양측은 서로를 평화적 공존이 불가능한 적으로 간주하게 되었다(이것이 사실인지는 중요하지 않다. 중요한 것은 이러한 인식 자체다). 따라서 대부분의 이스라엘인과 팔레스타인인은 자신의 삶과 미래 세대의 삶을 위해 싸우고 있다.

영토 분쟁으로 시작된 이스라엘-팔레스타인 분쟁은 생존을 위한 투쟁이라는 실존적 분쟁을 넘어 학자들이 말하는 '정체성 분쟁'으로 발전했다. 그 결과 이 분쟁은 단순히 물질적 자원(토지, 물 등)을 차지하기 위한 투쟁이 아니라 양측의 집단적 정체성과 서사에 관한 것이 되었다. 분쟁이 진행되는 동안 양측은 상대방의 주장뿐만 아니라 민족으로서의 존재 자체를 거부했다. 서로 상대의 민족성을 거짓이라고 일축하며 그들의 민족 서사를 허구와 거짓이라고 비난했고, 그 결과 분쟁은 민족 정체성과 이를 형성하고 유지하는 경쟁적인 역사 서사를 둘러싼 다툼이 되었다. 이는 현재(영토 분쟁)와 미래(실존적 분쟁) 못지않게 과거에 대한 다툼이기도 하다. 이스라엘-팔레스타인 분쟁을 이해하기 위해서는 이러한 추상적이고 무형의 요소를 인식하는 것이 중요하다. 그런 점에서 이 분쟁은 국경을 놓고 벌이는 국가 간 분쟁이나, 물질적 자원 또는 정치권력을 놓고 싸우는 민족 간의 내전과 다르다. 양측의 집단적 욕구와 필요를 충족시키는 것은 고사하고 이를 조율하는 것조차 지도에 국경을 긋거나 영토를 분할하거나 권력을 나누는 것보다 훨씬 더 어려운 이유다.

요약하자면, 이스라엘-팔레스타인 분쟁의 중심에 있던 영토 문제는 수년에 걸쳐 안보와 정체성 문제로 확대되었고, 이는 분쟁을 더욱 복잡하고 장기적인 양상으로 끌고 가고 있다. 이에 따라 양측의 이해관계가 첨예하게 대립하고 해결은 더욱 어려워졌다. 그러나 시간이 지나면서 중요도가 바뀌고 있다. 예를 들어 이스라엘은 군사력이 성장함에 따라 더 이상 생존을 위협받지 않는다(많은 이스라엘 유대인은 여전히 이스라엘이 위험에 처해 있다고 인식하지만). 따라서 오늘날 이스라엘에 중요한 것은 이스라엘의 존립 자체보다는 그들의 국경이 어디가 되어야 하는지에 관한 것이다(하지만 특정 유대 국가로서 존재할 권리에 대해서는 여전히 격렬한 논쟁이 있다). 이는 팔레스타인도 마찬가지다. 오늘날 팔레스타인 민족의 존재는 널리 인정되며 이스라엘 역시 이를 인정하고 있으므로(모든 이스라엘인이 그런 것은 아니지만), 이들에게 현재의 분쟁은 국가를 가져야 하는지 여부보다는 미래 팔레스타인 국가의 규모와 위치, 권리에 관한 것이다. 하지만 이것도 다가 아니다. 현재 서안지구와 가자지구에 살고 있는 평범한 팔레스타인 사람들이 무엇보다 중요하게 생각하는 것은 자유와 존엄성이다. 이늘에게 팔레스타인 국가를 건설하는 것은 이스라엘의 통제와 군사 통치에서 벗어나고, 점령지에서의 고난과 모욕적인 삶을 벗어나기 위한 방편이다. 반면, 이미 국가 지위를 획득한 평범한 이스라엘인들은 안보를 가장 중요하게 생각한다. 따라서 팔레스타인의 자유에 대한 욕구와 이스라엘의 안보에 대한 욕구를 조화시키는 것이 이 장기적인 분쟁을 해결하는 열쇠일 것이다.

이 분쟁에서 종교는 어떤 역할을 하는가?

이스라엘-팔레스타인 분쟁에 대한 가장 흔한 오해는 이것을 종교 분쟁으로 이해하는 것이다. 이러한 오해가 왜 이토록 널리 퍼졌는지는 이해하기 어렵지 않다. 이 분쟁이 서로 다른 종교를 가진 두 민족 간의 분쟁인 데다, 분쟁이 벌어지는 장소가 전 세계 기독교인, 무슬림, 유대인에게 중대한 종교적 의미를 지닌 성경의 땅이자 기독교와 유대교의 발상지인 '성지'이기 때문이다. 하지만 이스라엘-팔레스타인 분쟁이 종교 전쟁이라는 통상적인 인식은 잘못되었으며 지나치게 단순한 발상이다.

근본적으로 이 분쟁은 종교를 둘러싼 것이 아니다. 따라서 어느 종교가 옳은가의 문제도 아니고, 종교적 의견 불일치가 분쟁의 주요 원인도 아니다. 사실 유대교와 이슬람교는 공통점이 많으며 두 종교 모두 유일신 신앙으로서 상대 종교의 타당성을 인정한다. 이슬람은 스스로를 유대교와 기독교의 최종 계승자로 여기며 모든 사람이 이슬람으로 개종해야 한다고 주장하지만, 꾸란Quran과 그 이후의 이슬람 전통에서는 유대인과 기독교인을 '성경의 백성'으로 기술한다. 따라서 무슬림 통치하에서 유대인과 기독교인은 무슬림보다 낮은 지위인 디미(보호받는 사람)에 속해 있었지만 비교적 자유롭게 종교 활동을 할 수 있었다. 역사를 돌이켜보면 무슬림은 일반적으로 기독교인보다 유대인에 더 관대했으며, 무슬림 국가와 이슬람 제국에는 대규모 유대인 공동체가 존재했고 심지어 번성하기도 했다(이들이 이스라엘로 이주하면서 현재 이러한 공동체는 대부분 사라졌지만 일부 소규모 공동체는 여전히 남아 있다).

그러나 이스라엘-팔레스타인 분쟁이 본질적으로 종교적 갈등에 관한 것이 아님에도 불구하고, 이 분쟁에서 종교는 엄청나게 중요한 의미를 지닌다. 예루살렘(히브리어로 예루살렘*Yerushalayim*, 아랍어로 알쿠드*Al-Quds*)에 대한 주권과, 성벽으로 둘러싸인 구시가지 안팎에 있는 여러 성지(성전산Temple Mount, 통곡의 벽Western Wall, 바위의 돔Dome of the Rock, 알 아크사 모스크Al-Aqsa Mosque, 성묘 교회Church of the Holy Sepulchre 등)에 대한 통제권을 둘러싼 투쟁이 가장 대표적인 사례다. 이처럼 예루살렘은 전 세계 유대인, 무슬림, 기독교인에게 종교적으로 중요하기 때문에 계속해서 분쟁의 중심지가 되어 왔으며, 심지어 분쟁의 진원지라고도 할 수 있다. 분쟁 기간 내내(사실 분쟁이 시작되기 훨씬 이전부터) 예루살렘만큼 많은 유혈 사태를 초래한 곳은 없다.

유대인에게 예루살렘은 세상에서 가장 성스러운 곳이다. 성경에 따르면, 예루살렘은 3000년 전에 다윗 왕이 수도를 세운 곳이고, 솔로몬 왕이 지은 제1성전과 헤롯 왕이 지은 제2성전이 있었으며, 약 1000년 동안 유대인 의식의 중심지였다(제2성전의 존재를 증명하는 역사적, 고고학적 증거가 있다). 제2성전의 건물 외벽인 통곡의 벽과 그 위에 있는 성전산은 유대교에서 가장 성스러운 장소다. 그러나 이 지역은 무슬림에게도 성스러운 곳으로, 그들은 이곳을 '고귀한 성역Noble Sanctuary'(하람 알 샤리프*Haram al-Sharif*)이라고 부른다. 예루살렘은 메카와 메디나에 이어 이슬람교의 세 번째 성지이며, 알 아크사 모스크와 바위의 돔(7세기 후반에 초기 칼리프 중한 명이 세운 건물)이 있는 곳이기도 하다. 또한 예언자 무함마드가 날개 달린 말을 타고 기적적으로 하늘로 올라간 후 알라를 만나 하루에 다섯 번기도하라는 이슬람 계명을 받은 곳이다(실제로 예루살렘은 메카로 변경되기전까지 무슬림의 첫 번째 기도처였다). 이렇듯 예루살렘은 유대인과 무슬림모두에게 신성한 장소이기 때문에 두 종교 모두 이곳에 대한 자유로운접근을 보장받기를 원하며, 이 지역에 대한 통제권을 두고 치열한 경쟁을벌인다. 분쟁 초기부터 지금까지 이 지역은 시위와 폭력의 도화선이 되어왔다. 1929년 유대인과 아랍인 사이에 최초의 대규모 폭력 사태가 발생한 장소도 통곡의 벽이었고, 오늘날까지도 이 지역에 대한 고고학적 작업이나 물리적 접근성을 개선하기 위한 공사를 포함한 모든 종류의 변화는격렬한 저항을 받는다. 실제로 이 문제는 분쟁 전체에서 가장 해결하기어려운 문제일 것이다.

앞에서 이야기했듯이 이 분쟁은 이데올로기, 즉 시온주의와 팔레스타인 민족주의에 의해 주도되었고, 두 가지 모두 신학적 동기가 아닌 세속적 정치 열망(무엇보다도 민족 자결권)에 의해 촉발되었다. 그럼에도 불구하고, 양측은 분쟁 초기부터 종교를 이용해 자신들의 이익을 도모해 왔다. 두 민족 운동 모두 대중의 지지를 얻기 위해 종교를 선택적으로 활용했으며, 다른 많은 민족주의 운동이 그랬던 것처럼 종교적 개념, 언어, 이미지를 사용했다.

이는 시온주의에서 더욱 두드러진다. 시온주의 운동에는 종교 단체와 정당이 항상 포함되어 있었지만, 이들은 철저하게 세속적이었다. 실제로 초기 시온주의 지도자의 상당수는 반종교적이었으며, 유대교를 기껏해야 유대인이 '고국'으로 한꺼번에 귀환하면 사라질, 디아스포라에서 유대인 정체성을 보존하기 위한 수단 정도로 간주했다. 그들은 고국에서 세속적인 사회를 만들고자 했으나, 아이러니하게도 고국은 신이 그들에게 주었다고 믿어 온 땅이자 디아스포라 유대인들이 언젠가 돌아가고자 기도해 왔던 땅으로서 종교적으로도 큰 의미를 내포하고 있었다. 유대인에게 이스라엘 땅은 전 세계 어디에서도 볼 수 없는 정서적 호소력을 지니고 있었다. 따라서 시온주의 운동은 세속적이고 민족주의적인 야망을 달성하기 위해 종교적으로 신성한 영토에 의존했다. 시온주의 운동의 지도자들은 유대인의 대규모 이주를 촉진하기 위해 이스라엘 땅(팔레스타인)을 정착지로 선택했고, 자신들의 주장을 정당화하기 위해 성경을 유대 민족의 고대 민족사이자 '그 땅'이 유대인의 소유라는 증거로 제시하면서 종교를 활용했다.

팔레스타인 민족주의에서 종교는 더욱 큰 역할을 담당했다. 세속적인 시온주의자들과 달리 초기 팔레스타인 지도자들은 대부분 종교인이었다. 초기의 팔레스타인 민족주의 운동은 하지 아민 알 후세이니(성직자)와 이즈 알 딘 알 카삼(설교자)이 주도했는데, 이들은 시온주의자들에 대항해 팔레스타인 최초의 무장 투쟁을 시작했다. 팔레스타인 민족주의 지도자들은 대중이 민족주의 대의를 지지하도록 하기 위해 이슬람 수사와 상징을 사용했다. 예를 들어 1920년대와 1930년대에 후세이니는 유대인이 이슬람 성지(특히 예루살렘의 알 아크사 모스크)를 위협하고 있다고 주장하면서 시온주의자에 대한 대중의 감정을 자극했고, 이후 팔레스타인 지도자, 특히 야세르 아라파트(팔레스타인해방기구[PLO]에서 오랫동안 의장을 맡았다)도 팔레스타인 사람들의 민족주의적 야망을 키우기 위해 대중적인 종교 정서를 활용했다. 아라파트는 연설에서 꾸란을 자주 인용하고 이슬람 용어와 문헌을 사용했으며, 자신이 설립하고 이끈 정당의 이름인 파타Fatah(아랍어로 '정복'을 의미)를 언급했다. 파타는 1960년대 초부터 팔레스타인 정치를 지배해 온 정파로, 이슬람적 의미(7세기 초기 이슬람 제국의 확장을 지칭한다)를 지닌다.

종교는 분쟁에 지속적인 영향을 미쳤고 때로는 폭력의 불길을 부채질하기도 했지만, 최근 들어 그 영향력이 훨씬 더 두드러졌다. 이는 양측 모두 종교적 민족주의의 영향력이 커졌기 때문이다. 이스라엘의 종교적 민족주의는 주로 시온주의의 형태를 띠고 있는데, 그 신봉자들은 서안지구(성경 명칭에 따르면 유대 및 사마리아)와 가자지구에서 이스라엘 정착민 운동을 주도해 왔다. 반면 팔레스타인의 경우 하마스가 이슬람주의와 팔레스타인 민족주의를 융합하면서 종교적 민족주의의 주축을 이루었다. 시온주의와 이슬람주의는 모두 종교 근본주의(경전에 나와 있는 내용을 문자 그대로 해석해 그대로 따르려는 입장. 종교적 교리에 절대적으로 충실하며, 원리주의라고도 한다 - 옮긴이)의 한 종류로, 이는 세계 여러 곳의 분쟁에서 그러했듯이, 이스라엘과 팔레스타인의 분쟁을 악화시키고 해결하기 더욱 어렵게 만들었다. 시온주의자와 팔레스타인 이슬람주의자 모두 현재 다투고 있는 영토를 성지화하며, 이 신성한 영토에 대한 배타적 권리를 주장하고, 그 어느 곳도 통제권을 양도할 수 없다고 믿는다. 하마스는 역사적 팔레스타인 전체를 이슬람 와크프wakf, 즉 종교적 유산 또는 신탁으로 간주하고, 시온주의자들은 이스라엘 땅의 '모든' 지역에 정착하는 것을 종교적 의무로 여긴다. 따라서 양측 모두 어떤 종류의 영토 타협도 종교적 신념에 위배되는 것이므로 타협을 결사반대한다. 이러한 상황은 양측의 평화 노력에도 큰 영향을 끼쳤는데, 이는 하마스와 유대인 정착민 운동이 1990년대 오슬로 평화 프로세스에 대해 단호하고 강력한 반대를 표명했던 것에서도 드러난다. 오늘날까지도 이들은 평화 조성에 강경한 반대 세력을 형성하며, 해외에 있는 일부 핵심 종교인들의 지지를 등에 업고 국내 정치에도 막강한 영향력을 발휘하고 있어서 분쟁 해결에 큰 걸림돌이 된다.

한편, 양측의 종교적 극단주의는 평화 조성을 어렵게 만들었을 뿐만 아니라 폭력 행위에 동기를 부여하고 이를 정당화하고 묵인하는 데에도 사용되었다. 하마스, 팔레스타인 이슬람 지하드 및 기타 팔레스타인 무장 단체는 이스라엘인에 대한 자살 테러를 정당화하기 위해 종교를 이용해 왔다. 이슬람에서는 자살이 금지되어 있지만, 자살 테러를 자살이 아닌 '순교'로 규정하며 정당화한 것이다. 이들은 순교를 미화하고, 순교자는 곧바로 천국에 감으로써 내세에서 풍성한 보상을 받을 수 있는 최고의 종교적 헌신(신을 위해 죽는 것)이라 찬양한다. 순교자(아랍어로 샤히드 *shaheed*)가 되는 것이 계명을 이행하는 것이라는 믿음은 자살 테러를 부추기는 결과를 낳았다. 종교가 이러한 공격의 유일한 동기는 아니지만, 공격에 큰 영향을 끼친 건 사실이다.

하마스와 같은 무장 이슬람 단체만 종교를 이용해 폭력을 정당화한 건 아니다. 전투적인 유대인 단체와 개인도 규모는 작지만 종교적 동기에 의한 폭력을 행하고 지원했으며, 시온주의에 사로잡힌 급진적 이스라엘 정착민 역시 팔레스타인 민간인에 대한 테러를 포함해 많은 폭력 행위를 저질렀다(1984년에는 바위의 돔을 폭파하려는 계획을 세우기도 했다). 시온주의자에 의한 최악의 폭력 사건은 1994년 2월 오슬로 평화 프로세스 초기에 발생했는데, 이는 한 유대인 정착민이 헤브론의 이브라히미 모스크(패트리아크 동굴Cave of the Patriarchs 내 이슬람 사원)에서 기도하던 팔레스타인인 29명을 총으로 쏴 죽인 사건이었다. 그러나 오늘날까지도 급진적인 정착민들은 이 학살을 미화하고 살해된 가해자를 순교자로 추앙한다.

독실한 시온주의자와 팔레스타인 이슬람주의자의 정치적 힘이 세지고, 더 넓게는 종교가 시온주의와 팔레스타인 민족주의에 미치는 영향력이 커지고 있기 때문에 분쟁이 계속되는 한 종교는 더욱 큰 역할을 할 가능성이 크다. 특히 팔레스타인 사람들에게 이스라엘-팔레스타인 분쟁은 부분적으로는 이슬람교와 유대교 간의 투쟁으로 인식되고 있으며, 팔레스타인의 정치적 수사는 반이스라엘을 넘어 반유대주의적 성격을 띠고 있다(오늘날 팔레스타인 사람들 간의 대화에서는 이스라엘인분만 아니라 유대인도 비난의 대상이 되고, 반유대주의적 신념과 논조가 등장하는 경우가 많다). 종교를 둘러싼 갈등은 타협과 양보가 쉽지 않다. 따라서 이 분쟁이 무슬림과 유대인, 이슬람교와 유대교 간의 충돌로 이어진다면 평화적인 해결은 더욱 어려워질 것이다.

영토의 크기는 얼마나 되는가?

이 지역에서 치열한 다툼과 공방이 벌어지는 또 다른 원인은 땅이 매우 좁다는 단순한 사실이다. 이스라엘, 서안지구, 가자지구의 총면적은 약 2만 6320제곱킬로미터에 불과하다(대한민국 국토 면적의 약 4분의 1이다 – 옮긴이). 이 지역은 면적이 너무 작을 뿐만 아니라 천연자원, 특히 물이 부족하며, 대부분 사막이기에 사람이 살 수 없는 환경이다. 한 평의 땅과 한 방울의 물도 소중한 이곳에서 양측 모두 땅을 공유하거나 나누기 어렵기 때문에 분쟁의 강도는 더욱 높아지고 해결이 어렵다.

영토의 크기가 작다는 것은 이스라엘인과 팔레스타인인이 가까운 곳에 살고 있다는 것을 의미한다(오늘날 서안지구의 이스라엘군 검문소를 제외하고는 직접 만나거나 교류하는 일이 거의 없지만). 이스라엘에서 가장 인구가 많은 도시인 예루살렘과 서안지구에서 가장 인구가 많은 도시인 헤브론 사이의 거리는 30킬로미터가 채 되지 않으며, 이스라엘의 상업 및 문화 수도인 텔아비브는 서안지구의 정치 및 상업 중심지인 라말라에서 불과 45킬로미터 거리에 있다. 맑은 날 서안지구 안쪽에 있는 언덕에 오르면 서쪽으로 반짝이는 텔아비브의 해안선이 보일 정도다. 이스라엘의 남쪽 도시 스데롯은 가자지구에서 1킬로미터도 떨어져 있지 않아 최근 몇년간 가자지구 팔레스타인 무장 세력이 가하는 로켓 공격의 주요 표적이 되어 왔다. 스데롯은 다소 극단적인 예이긴 하지만 이스라엘과 팔레스타인의 근접성으로 인해 발생하는 문제를 잘 보여준다. 간단히 말해, 양측 모두 적이 너무 가까이 있으면 안전하다고 느끼기 어렵다.

한편, 이스라엘은 4개의 아랍 국가(시리아, 레바논, 요르단, 이집트)에 둘러싸여 있으며, 이들과의 거리도 매우 가깝다(예를 들어, 시리아 다마스쿠스와 레바논 베이루트에서 이스라엘의 하이파까지는 150킬로미터도 되지 않는다). 이는 침략군이 국경을 넘어 이스라엘의 인구 및 경제 중심지에 도달하기까지 시간이 얼마 소요되지 않으며, 미사일을 발사할 경우 더 짧은 시간으로도 충분하다는 의미다. 이스라엘이 외부 공격에 취약하다는 점은 국가 수립 시점부터 현재까지 이스라엘의 군사 태세와 전략 기조를 결정해 온 근본적인 안보 과제이다.

이스라엘 자체가 경상북도보다 약간 큰 정도의 작은 나라라면, 서안지구는 경기도의 절반 크기이고 가자지구는 강화도와 거의 같은 크기다. 따라서 이 땅조차 모두 가지려는 이스라엘의 욕심에서 비롯된 영토 요구에 팔레스타인 사람들이 반대하는 것은 당연하다. 이들이 보기에는 서안지구에 건설되는 이스라엘 정착촌이 가뜩이나 빈약한 영토를 계속 잠식하는 것처럼 보이기 때문이다.

한때 팔레스타인이었던 지역의 크기는 명확하지 않다. 20세기까지 '팔레스타인'은 명확한 국경을 지닌 지정학적 실체로 존재하지 않았기 때문이다. 팔레스타인은 1517년에서 1917년까지 콘스탄티노플(오늘날 이스탄불)의 통치를 받고 여러 행정 구역으로 나뉘어 있던 오스만 제국의 일부에 불과했다. 독립 국가가 아니었던 팔레스타인이 지정학적 실체가 된 것은 제1차 세계대전 당시 영국이 이 지역을 점령한 이후였다. 1916년, 영국과 프랑스는 전후戰後 오스만 제국의 영토를 분할하기 위해 전쟁 중에 비밀리에 사이크스-피코 협정Sykes-Picot Agreement을 체결했다. 이 협정으로 팔레스타인의 대략적인 국경선이 처음 정해졌고, 전쟁이 끝나자 국제연맹은 영국에 팔레스타인 위임통치권을 부여했다. 1922년, 수많은 외교 협상 끝에 영국이 위임통치할 팔레스타인의 국경이 정해졌는데, 그 결과 처음에 영국 위임통치령에 포함되었던 요르단강 동쪽의 넓은 사막 지역이 분리되어 트랜스 요르단(오늘날의 요르단)이 되었고, 팔레스타인은 요르단강과 지중해 사이의 지역으로 규정되었다. 바로 이 지역을 팔레스타인 사람들은 '팔레스타인'이라고 부르고 유대인들은 '이스라엘 땅'이라고 부른다(성경에는 여러 가지 방식으로 정의되어 있어 경계가 모호하다).

누가 먼저 그 지역에 거주했는가?

이스라엘-팔레스타인 분쟁의 핵심은 작은 땅을 두고 두 민족이 영유권을 주장한다는 점이다. 양쪽 모두 과거에 그 지역에 살았다는 점을 내세우며 자신들의 주장을 정당화한다. 즉, 자신들이 그 땅의 토착민이고, 그곳에 먼저 살았으며, 상대방은 외부 침입자라고 주장하는 것이다. 양측은 이러한 주장을 뒷받침하기 위해 고대와 현대의 역사를 선택적으로 활용해 민족 서사를 만들어냈다. 그러나 이러한 서사는 여러 측면에서 상충하며, 어느 쪽이 진실에 더 가까운지에 대한 논쟁이 끊이지 않는다. 그 결과 이스라엘과 팔레스타인, 그리고 그들을 지지하는 여러 국가 간의 갈등은 서로 상충하는 역사 서사를 둘러싼 지적, 감정적 대립이 되고 있다.

팔레스타인의 서사는 오스만 제국이 통치하던 19세기 후반, 아랍인이 인구의 대다수(90% 이상)를 차지하던 때에서 시작된다. 1880년대에 시작해 수십 년 동안 지속된 유럽 유대인들의 급격한 대규모 유입은 반갑지 않은 외부 침입으로 기술되는데, 이때 유럽 유대인 이민자들은 시온주의 정착민 또는 식민지 개척자로 묘사된다. 마치 (원주민의 토지와 자원을 빼앗고 폭력적으로 정복하는 데 바빴던) 유럽 식민주의자들과 다르지 않은 적대적인 침입자의 모습이다. 이 이야기에서 팔레스타인 아랍인은 현지 토착민이자 땅의 정당한 소유자이며, 유대인은 그곳에 있을 권리가 없는 외국인이다.

팔레스타인의 서사와는 완전히 대조적으로 이스라엘과 유대인의 주류 서사에서는 유대인을 토착민으로, 아랍인을 외국 침략자로 표현한다. 이 이야기는 팔레스타인 이야기보다 약 3000년 전, 즉 아브라함, 이삭, 야곱 족장의 후손이자 오늘날 유대인의 조상으로 추정되는 고대 이스라엘인(히브리인이라고도 한다)이 신이 약속한 땅이라고 믿었던 가나안 땅을 정복했을 때로 거슬러 올라간다. 이스라엘 민족은 왕국(처음에는 사울 왕이 통치했으며 이후 다윗 왕, 솔로몬 왕이 뒤를 이었다)을 세운 후, 앗수르 제국(기원전 722년 북이스라엘 왕국 멸망)과 바빌로니아 제국(기원전 586년 남은 남부 유대 왕국 멸망)에 의해 차례로 정복당했다. 페르시아, 그리스, 로마 등 여러 제국이 들어오고 나가면서, 마지막까지 이곳에 남은 유대인들은 로마 통치에 반대하는 두 번째 반란이 실패한 후 기원전 135년에 로마에 의해 학살당하고 추방되었다. 그 후 이 지역의 이름은 '팔레스티나Palaestina'(오늘날 팔레스타인이라는 이름이 여기에서 유래했다)로 변경되었고, 여기저기 흩어진 유대인들은 언젠가 고국으로 돌아갈 날을 기다리며 긴 망명 생활을 시작하게 된다. 따라서 이 이야기에 따르면, 1880년대 이후 팔레스타인에 정착한 수많은 유대인 이민자는 고향으로 돌아간 것이다.

두 가지 이야기 모두 완전히 거짓은 아니지만, (민족 서사가 그러하듯) 일방적이고 선택적인 측면이 있다. 7세기 중반 이슬람 정복 시기와 그 이후에 아라비아반도에서 유입된 아랍 부족이 이 지역에 정착했고 그 후 수 세기 동안 아랍인이 이 땅에 거주했다는 증거는 많다. 마찬가지로 수천 년 전으로 거슬러 올라가는 유대인의 뿌리를 뒷받침하는 문헌과 고고학적 증거, 심지어 유전적 증거도 존재한다. 양쪽 모두 자신들이 오래전 이 지역에 거주했던 민족의 후손이라고 주장하기 때문에 누가 먼저 그곳에 있었는지는 명확히 알 수 없다. 유대인은 자신들이 고대 이스라엘인의 후손이라고 주장하는 반면, 팔레스타인인은 그들 민족이 가나안인의 후손 또는 제부스인이나 블레셋인의 후손이라고 주장한다(팔레스타인인은 이러한 집단과의 혈연관계를 주장함으로써 유대인보다 먼저 이 땅에 살았다는 역사적 주장을 펼친다). 사실 유대인과 팔레스타인인 모두 기원전 3000년경 이 지역에 처음 거주한 것으로 알려진 가나안인의 후손일 수 있다(일부 학자들은 이스라엘 민족이 원래 가나안의 도시 엘리트에 반기를 든 가나안인 집단이었다고 주장하기도 한다). 최근의 연구에 따르면 대부분의 유대인과 팔레스타인인은 유전자가 상당 부분 겹치는 것으로 밝혀졌는데, 이는 두 민족이 유전적으로 서로 관련이 있음을 시사한다.

가나안 시대 이후 3000년 동안 팔레스타인 땅은 도시 국가에서 왕국, 왕조, 제국, 현대 국가에 이르기까지 어지러울 정도로 많은 통치 세력의 손을 거쳤다. 가나안과 이집트(B.C. 3300~B.C. 1000), 이스라엘(B.C. 1000~B.C. 722), 아시리아(B.C. 722~B.C. 609), 바빌로니아(B.C. 612~B.C. 539), 페르시아(B.C. 539~B.C. 332), 그리스(B.C. 332~B.C. 67), 하스모네(B.C. 166~B.C. 37), 로마(B.C. 67~330), 비잔틴(330~638), 아랍(638~1071), 터키/셀주크(1071~1098), 파티미드(1098~1099), 십자군(1099~1291), 맘루크(1291~1517), 오스만(1517~1917), 이집트(1831~1840), 영국(1917~1948) 및 이스라엘(1948~) 등이다. 침략과 점령, 정착과 이주의 오랜 역사와 그에 수반된 인구 혼합을 고려할 때 누가 진짜 원주민이고 이 땅이 누구의 소유인지 말하기는 어

렵다. 중요한 것은 양측 모두 이 땅에 대한 권리가 있다고 믿는다는 점이
다.

분쟁의 시작

분쟁은 언제 시작되었는가?

이스라엘-팔레스타인 분쟁에 대한 대표적인 오해는 이 분쟁이 엄청나게 긴 역사를 가지고 있을 거라는 생각이다. 사람들은 이스라엘-팔레스타인 분쟁이 수천 년 동안 지속되어 왔다고 말하고, 심지어 이 분쟁의 시초가 아브라함의 두 아들 이스마엘과 이삭의 형제 경쟁으로 거슬러 올라간다고 믿는 사람도 있다(아브라함은 아내 사라와의 사이에서 이삭을 낳기 전에 사라의 시녀인 하갈에게서 이스마엘을 얻었다. 종교적 해석의 관점에서 아랍인은 이스마엘의 후손, 유대인은 이삭의 후손으로 추정된다). 분쟁의 뿌리가 오래되었다는 주장은 이 분쟁이 아랍인과 유대인 사이에 있었던 원초적인 민족적 반목에서 비롯되었을 뿐만 아니라, 영속적이고 해결할 수 없는 문제라는 것을 암시한다. 그러나 이것은 사실이 아니다. 이스라엘-팔레스타인 분쟁은 성경에 나오는 가문 간의 불화도, 혹은 오래전부터 이어져 온 증오의 결정체도 아니다. 이 분쟁을 이야기할 때 성경이나 고대 역사가 언급되는 것은 사실이나 실제로 분쟁이 시작된 것은 지난 세기의 일이다. 따라서, 이 분쟁은 비교적 길게 지속되긴 했지만 사람들이 생각하는 것만큼 오래되지는 않았다.

대부분의 전쟁이 구체적인 시작 날짜가 있는 것과 달리, 이스라엘-팔레스타인 분쟁은 명확한 시작점이 없다. 오스만 제국 치하의 팔레스타인에서 시작된 유대인과 아랍인 사이의 긴장은 시간이 지날수록 점점 증폭되었고, (제1차 세계대전 이후) 영국 통치하에서 폭력적으로 전개되더니 마침내 전면적인 적대감으로 이어져 잔혹한 전쟁으로 치달았다. 약 60년에 걸쳐 일어난 이 과정은 수많은 사건과 상황의 변화, 의사 결정, 사회적 분위기의 결과였다. 필연적이거나 정해진 것은 아무것도 없었다. 사실 유대인과 아랍인은 수 세기 동안 오스만 제국에서 함께 살았다. 1492년 스페인 왕국이 가톨릭으로 개종하지 않은 유대인을 추방하자 이들은 오스만 제국으로 이주했고(포르투갈에서도 마찬가지였다), 그중 극히 일부가 오스만 팔레스타인에 정착했는데 대부분 독실한 유대교 신자였다. 이들은 유대교 경전을 연구하고 전 세계 유대인들의 후원에 의존해 생계를 유지했으며, 주로 예루살렘, 헤브론, 사페드, 티베리아 등 유대인에게 종교적으로 중요한 네 도시에 모여 살았다. 그러나 현지 인구의 대다수를 차지하는 무슬림 및 기독교 아랍인들과 평화롭게 더불어 살았기 때문에 당시에는 팔레스타인에서 유대인과 아랍인 사이에 폭력적인 분쟁이 일어날 것이라고는 그 누구도 상상하지 못했을 것이다.

분쟁을 촉발한 것은 수천 킬로미터 떨어진 러시아 제국(당시 전 세계 유대인 인구의 절반 이상이 이곳에 거주했다)의 수도 상트페테르부르크에서 일어난 사건이었다. 1881년 3월 1일 알렉산드르 2세가 러시아의 젊은 혁명가들에 의해 암살당한 후 아들인 알렉산드르 3세가 즉위했다. 그는 시민의 자유를 억압하고 아버지가 추진했던 여러 개혁 조치를 철회했다(부왕의 암살 충격 속에서 즉위한 새로운 차르는 황제에 대한 어떠한 도전도 용납하지 않았다 - 옮긴이). 지독한 반유대주의자였던 차르는 암살의 배후로 유대인을 지목했고(실제로는 암살범 중 한 명만 유대인이었다), 러시아에 거주하던 대규모 유대인 집단을 희생양으로 삼았다. '포그롬pogroms'으로 알려진 반유대인 폭동과 폭력의 물결 속에서 러시아 유대인은 자유를 박탈당했다. 지난 20여 년 동안 비교적 안정적으로 살고 있던 러시아 유대인에게 이것은 엄청난 사건이었다. 갑작스러운 운명의 반전에 박해와 빈곤까지 더해지자 점점 더 많은 러시아 유대인이 러시아 제국을 떠나기로 결심했다. 1882년 이렇게 시작된 러시아 유대인의 집단 탈출은 제1차 세계대전이 발발할 때까지 계속되었다. 이 기간에 250만 명 이상의 유대인 난민이 발생했는데, 대부분 미국으로, 일부는 서유럽(특히 독일, 프랑스, 영국), 아르헨티나, 남아프리카공화국, 호주로 이동했으며, 전체의 3%도 되지 않는 극소수(약 7만 명의 유대인)만이 팔레스타인으로 이주했다.

1882년부터 시작된 유대인 이민자들의 팔레스타인 유입이 바로 이스라엘-팔레스타인 분쟁의 씨앗이 되었다. 유럽계 유대인이 팔레스타인으로 몰려들면서 이 지역의 인구 구성이 바뀌기 시작했고, 이로 인해 이주민과 현지 아랍인 사이에 긴장이 고조되었기 때문이다. 1882년만 해도 유대인은 오스만 팔레스타인 인구의 8%를 넘지 않았지만, 1922년(팔레스타인에 대한 영국의 위임통치가 시작된 해)이 되자 전체 인구의 11%에 달했다. 1931년에는 17%로 증가했고, 불과 5년 후인 1936년에는 28%로 현저히 늘어났다. 1946년이 되자 이 지역에 거주하는 유대인은 전체 인구의 30%를 차지했다. 이처럼 이 기간(1882~1946년)에 팔레스타인에 거주하는 전체 유대인 수는 2만 4000명에서 54만 3000명으로 급증했는데, 대부분 이민으로 인한 것이었다. 이는 분쟁의 기원을 잘 설명해 준다.

분쟁은 하룻밤 사이에 일어난 것이 아니다. 처음에는 유대인 이민자의 수가 너무 적어서 현지 아랍인들의 반발을 불러일으키지 않았다. 초기 유대인 이민자와 현지 아랍인의 관계에는 여러 모습이 혼재되어 있었다. 때로는 서로 경계하고(외국인 혐오증) 폭력적이기도 했지만(재산 분쟁 및 아랍 소작농 대체 문제가 주원인이었다), 우호적이기도 했다(유대인 정착자가 아랍인 농부를 고용했을 때 특히 그랬으나 추후 이러한 고용은 중단되었다). 그러나 유대인 이민자의 수가 늘어나고 그들의 의도가 분명해지면서 두 집단 간의 긴장이 고조되었고 관계는 점차 악화되었다. 유대인 이민자들이 팔레스타인에 유대인 사회(아랍 노동자가 없는 사회), 나아가 그들만의 국가를 세우고자 한다는 사실이 알려지자 아랍인들의 반발이 거세졌다. 그러나 유대인 이민자들은 팔레스타인의 아랍 주민들이 자신들을 환영하거나 최소한 받아들일 거라고 기대했기 때문에(무지와 오만, 이상주의에서 싹튼 그릇된 희망이었다) 아랍인들의 반대를 인식하기까지 상당한 시간이 걸렸다.

유대인 정착민 유입에 반대하는 최초의 조직적인 시위는 1891년 6월 24일에 일어났다. 당시 예루살렘의 아랍 저명인사 500여 명은 콘스탄티노플의 오스만 정부에 러시아 유대인의 팔레스타인 입국 금지와 토지 매입 금지 요청을 담은 탄원서를 보냈다. 그러자 오스만 정부는 유대인 이민과 토지 매매를 금지했지만, 이를 강제하기에는 공권력이 너무 미약했다. 오스만 제국에 이어 영국 통치하에서도 유대인의 이민과 토지 취득이 계속되자 아랍인들의 불안과 분노가 커지면서 시위와 폭력 사태(1920, 1921, 1929)가 끊임없이 발생했고, 결국 아랍 반란으로 알려진 무장봉기

(1936~1939)까지 일어났다. 1930년대에 이르자 유대인과 아랍인(이들은 점차 팔레스타인 아랍인으로 정체성을 확립했다)은 더욱 격렬하고 폭력적인 분쟁에 휩싸였다.

19세기 말과 20세기 초에 유럽 유대인들이 팔레스타인으로 이주한 이유는 무엇인가?

1800년대 말과 1900년대 초, 유럽에서 팔레스타인으로 유대인 이주가 급증한 것은 이 시기에 있었던 동유럽 유대인의 대규모 이주라는 맥락에서 이해해야 한다. 당시 동유럽(제1차 세계대전이 끝날 때까지 러시아 제국과 오스트리아-헝가리 제국의 지배를 받던 지역)에는 전 세계 유대인 인구의 약 4분의 3이 거주하고 있었지만, 1870년부터 1920년대 초까지 약 300만 명의 유대인이 이곳을 떠났다. 이 중 200만 명 이상이 미국으로 이주했는데, 이들은 유대인의 위상을 완전히 바꾸었고 미국을 유대인의 중심지로 만들었다(1880년 뉴욕시에는 6만 명의 유대인이 살고 있었지만 1925년에는 100만 명 이상으로 늘어났다). 그 외에도 많은 유대인이 서유럽과 남미 국가로 이주해 기존의 유대인 공동체 규모가 급격히 커지거나 새로운 공동체가 형성되었다.

동유럽 유대인들이 이렇게 멀리까지 대거 이주한 이유는 무엇일까? 아주 간단히 답하면, 이동이 가능했기 때문이다. 철도와 대서양 횡단 여객선 등 저렴하고 빠른 교통수단이 등장하면서 해외여행의 부담이 줄어든 데다, 동유럽 유대인에게는 해외로 이주할 수 있는 경제적 여유가 생겼고 그렇게 할 동기도 뚜렷했다. 다른 이민자들과 마찬가지로 이들에게도 '이탈' 요인과 '유입' 요인이 복합적으로 작용했다. 이탈 요인은 주로 가난과 박해에서 벗어나기 위한 것이었고(19세기 후반 반유대주의가 극심해지면서 이탈 요인은 더욱 강화되었다), 유입 요인은 주로 경제적 기회(특히 미국은 '골든 메디나goldene medina', 즉 '황금의 나라'로 불렸다)였지만 사회적, 정치적 자유도 포함되었다. 더 나은 삶, 부와 기회에 대한 약속이 이들을 해외로 이끈 셈이다.

그러나 극소수의 사람들은 더 원대한 목표를 품고 있었다. 이들은 그저 안전과 부를 추구하는 대신 이스라엘 땅에서 진정한 유대인의 삶을 영위하고 유대인으로서 자신을 재창조하며 자신은 물론 유대인 전체의 운명을 변화시키고자 했다. 대체로 교육을 많이 받고 이상주의를 지향하는 젊은이들로, 팔레스타인에 정착한 동유럽 유대인이었다. 이들은 시온주의(1890년 빈 태생의 유대인 저널리스트이자 작가인 나단 번바움이 만든 용어)로 알려진 종교적 색채를 띤 낭만적 민족주의에 영향을 받았다.

1881~1882년에 발생한 포그롬의 영향으로, 1882년부터 1903년 사이에 약 3만 명의 유대인이 팔레스타인으로 이주했다('1차 알리야Aliyah'). 이들은 주로 시온주의 운동 단체인 빌루Bilu와 히밧 시온Hibbat Zion의 일원이었다. 1904~1914년에는 총 4만 명에 달하는 두 번째 대규모 이주('2차 알리야')가 있었는데, 이때 유입된 사람들은 이데올로기적 성향이 더욱 강했다. 대부분 세속주의자이자 사회주의자였고, 열렬한 시온주의자도 있었다(다비드 벤구리온을 비롯한 이스라엘 초기 지도자 다수가 이 집단에 속해 있었다). 이민자들은 육체노동과 자립을 옹호하는 시온주의에 영감을 받아 늪을 메워 땅을 경작하고, 협동농업 정착촌(키부츠kibbutz 또는 모샤브moshav라고 불렸다)을 세우고, 새로운 도심(1909. 텔아비브)을 건설했다. 또한 고대

경전 언어인 히브리어를 현대어로 바꾸며 활기찬 세속 문화의 토대를 마련했다. 당시 대부분의 사람에게 꿈에 불과했던 유대 국가 건설을 위한 기반을 닦은 것이다. 하지만 그 과정에서 현지 아랍인들과 갈등이 발생했고 이는 한 세기가 넘도록 지속되고 있다.

시온주의란 무엇인가?

'시온주의'는 다양한 의미를 지닌다. 이 단어는 세속적, 종교적 신념을 모두 아우르며 다양한 이데올로기(민족주의, 사회주의, 자유주의, 심지어 파시즘까지)를 포함한다. 따라서 정치적 시온주의, 문화적 시온주의, 노동 시온주의, 수정주의 시온주의, 자유주의 시온주의, 종교적 시온주의, 메시아적 종교 시온주의, 기독교 시온주의 등 여러 '시온주의'가 존재하며, 각각은 그 형태가 다르다. 시온주의의 다양한 유형을 고려할 때 이를 하나의 이데올로기나 신념 체계로 규정하는 것은 환원주의적인 접근일 것이다. 한편, 모든 시온주의자가 공유하는 공통의 신념은 유대인이 조상의 고향인 이스라엘 땅에서 살아야 한다는 것이지만, 모든 유대인이 이스라엘 땅에 살아야 하는지, 왜 그곳에 살아야 하는지, 그리고 그곳에서 무엇을 해야 하는지에 대해서는 합의가 이루어지지 않았으며, 이 모든 질문은 여전히 논쟁의 대상이다.

시온주의는 다음 네 가지 기본 명제를 바탕으로 유대 민족주의의 한 유형 또는 하위 개념으로 정의할 수 있다. (1) 유대인은 민족이다. (2) 모든 민족은 민족 자결권(스스로를 통치할 권리)이 있다. (3) 유대인은 조국인 이스라엘 땅에서 민족 자결권을 행사해야 한다. (4) 이를 위해 디아스포라 유대인(시온주의 용어로 '망명자')은 이스라엘 땅으로 돌아와야 한다('망명자의 귀환').

　문제는 네 가지 명제 모두 논쟁의 여지가 있다는 점이다. 사실 홀로 코스트로 인해 시온주의의 필요성을 느끼기 전까지 대부분의 유대인은 시온주의를 반대했다. 유대교 교리에 의하면 메시아가 오기 전에 유대인들이 집단으로 이스라엘 땅으로 돌아가는 것은 옳지 않았기 때문이다. 많은 세속주의 유대인 역시 반시온주의 입장이었는데, 이들은 민족주의에 반대하며 사회주의나 공산주의야말로 유대인과 인류 전체가 직면한 여러 문제에 대한 최선의 해결책이라고 믿었다. 유대인을 하나의 민족이 아니라 종교적 신봉자로 간주하는 유대인들도 시온주의에 반대했다(개혁파 유대인들은 처음에 이러한 견해를 가졌다). 또한 미국, 영국, 프랑스와 같은 서구 자유민주주의 국가에 거주하는 유대인들은 시온주의를 추종하는 것이 자신들이 살고 있는 국가에 대한 불만족으로 인식되어 해당 국가에서 거부당하거나 안전하게 살 수 없을지 모른다는 현실적인 우려 때문에 시온주의에 반대했다. 심지어 유대 민족주의자 사이에서도 시온주의에 대한 반대가 있었다. 어떤 이들은 유대인이 이미 많이 살고 있는 지역에서 유대인의 자결권을 실현하는 것이 현실적이라고 주장했고(이는 한때 인기를 끈 유대인 사회주의 정당인 독일연방당 지지자를 포함한 자치주의자들의 견해다), 유대인들이 거주하는 모든 곳에서 유대인 자결권을 행사해야 한다고 주장하는 사람들도 있었다(아프리카, 아시아, 아메리카의 여러 곳에 대규모 유대인 정착촌을 조성해야 한다고 생각한 영토주의자들의 입장이다).

　시온주의자들은 유대인은 민족이고(비록 현재 이들에게 민족의식이 부족할지라도), 그들이 겪은 반유대주의적 박해는 다른 민족의 나라에서 힘

없는 소수 민족으로 살았기 때문에 생긴 것이기 때문에, 조국(이스라엘 땅)에 모여 살아야만 물리적, 문화적으로 유대 민족의 생존을 보장할 수 있다고 주장했다. 이 땅에 이미 다른 민족이 살고 있다는 사실은 중요하지 않았다. 단지 이 땅은 과거에 유대인이 추방당한 옛 조국이며, 오래도록 고향으로 돌아가고 싶다는 희망을 버리지 않았기 때문에 유대인들도 그곳에서 살 자격이 있다고 주장했다. 게다가 그 땅은 많은 유대인들이 이주하도록 독려할 만한 유일한 곳이기도 했다. 따라서 시온주의자들은 디아스포라 유대인들이 이스라엘 땅으로 이주하도록 장려하고, 이미 그곳에 살고 있는 유대인 공동체를 지원해 힘을 실어주고자 했다.

당시 팔레스타인에서 성장하고 있던 유대인 공동체가 국가를 수립해야 하는지와 그 방법은 시온주의자들 사이에서 오랫동안 지속되어 온 논쟁의 주제였다. 이 논쟁은 제2차 세계대전(시온주의 운동이 유대 국가 수립을 공식적으로 요구한 시기) 중에 종결되었다. 1897년 시온주의 조직Zionist Organization을 설립한 테오도르 헤르츨을 비롯한 '정치적 시온주의자'들은 유대인이 국가라는 형태 안에서 정치적 자결권을 갖는 것을 궁극적인 목표로 삼았다. 이들은 유대 국가를 수립하는 것이 유럽에 만연한 반유대주의에 맞설 최선의 대응이라고 생각했다. 일부 정치적 시온주의자들은 유대인이 다른 민족처럼 '정상' 상태가 되면 반유대주의도 근절될 것이라며 낙관적으로 생각했지만, 아셔 긴즈버그(필명 아하드 하암)와 같은 '문화적 시온주의자'들은 여기에 동의하지 않았다. 긴즈버그는 유대인에게 가장 큰 위협은 반유대주의가 아니라 동화同化이며, 단순히 유대인의 국가를 갖는다고 해서 그러한 위협이 없어지는 것은 아니라고 주장했다. 그리고 고국에 히브리어를 기반으로 한 현대적이고 민족주의적인 유대 문화를 번성시키는 것이 더욱 중요하다고 생각했다. 정치적 시온주의자들이 유대인의 정치적 독립을 달성하는 데 주력했다면, 문화적 시온주의자들은 유대 문화를 활성화하고 현대화해 모범적인 유대인 사회를 건설함으로써 전 세계 유대인들에게 영감을 주고 그들의 윤리적, 영적 사명을 완수하기를 바랐다. 시간이 흐르면서 정치적 시온주의자와 문화적 시온주의자는 서로의 야망을 통합했다. 그러고는 유대인을 이스라엘 땅으로 돌려보내고, 그곳에서 유대인의 주권을 행사하고, 유대 문화와 히브리어를 부흥 및 장려하고 모범적인 유대인 사회를 건설한다는 세 가지 핵심 목표를 수립했다. 따라서 1948년 이스라엘이 건국되기 전까지, 시온주의는 유대 민족의 민족 자결권 실현을 목표로 한 민족주의 운동이었을 뿐만 아니라 유대 문화를 쇄신하고 유대 민족을 재창조하기 위한 혁명적인 문화 프로젝트이기도 했다.

1948년 이후 시온주의의 의미는 이스라엘과 유대인 디아스포라 모두에서 바뀌었다. 이제 시온주의는 이스라엘이 유대 국가로서 존속하도록 지지하는 것을 의미했다(이러한 지지가 실제로 무엇을 수반하는지에 대해서는 치열한 논쟁이 있다). 시온주의는 한때 세속적인 이데올로기 운동이었지만(일부 독실한 유대인들도 동참했다), 점차 종교적 색채를 띠게 되었다(특히 1967년 전쟁 이후). 초기 시온주의자들은 유대교 전통에서 용어와 상징, 주제를 차용하면서도 생활 방식에서는 철저하게 세속적이었고 유대 교리를 무시하는 경우가 많았지만, 최근 수십 년 동안 이스라엘과 디아스포라의 독실한 유대인들은 시온주의를 열정적으로 지지했다. 시온주의와 정통 유대교의 융합은 정치적으로나 문화적으로 점점 더 큰 영향력을 발휘하고 있다. 오늘날 독실한 시온주의자, 특히 메시아적 종교 시온주의를 신봉하는 사람들에게 시온주의는 이스라엘 땅 전체, 특히 성경의 배경이 되는 유대와 사마리아 지역(서안지구)에 유대인을 정착시키는 것을 주된 목표로 삼으며, 유대인의 자결권보다는 하나님의 말씀과 뜻에 따르는 것에 더 큰 의미를 둔다.

정리하자면, 시온주의는 다양하고 역동적인 신념의 집합체로, 다양한 맥락과 시대에 따라 재정의되었다. 바로 이것이 시온주의자들 사이에서 잦은 의견 충돌이 일어나는 이유인 동시에 시온주의가 이토록 오래 지속되고 성공해 온 이유다.

시온주의는 어떻게 생겨났는가?

시온주의 지지자들은 시온주의를 유대 역사에서 비롯된 자연스럽고 필연적인 결과, 즉 고향으로 돌아가고자 하는 유대인의 오랜 열망의 표현으로 간주하지만, 사실 시온주의는 특정한 시대 상황과 사고thinking의 흐름에서 탄생한 현대적 현상이다. 시온주의는 19세기 유럽에서 당시 유럽 유대인이 직면한 두 가지 문제, 즉 반유대주의와 동화에 대한 대응으로 등장했다. 전자는 유대인의 물리적 생존을 위협했고, 후자는 문화적 생존을 위협했다. 두 가지 위협에 대한 해결책으로 시온주의가 제시되자, 점점 더 많은 유대인이 이를 받아들였다(제2차 세계대전 이전에 시온주의자가 된 유대인은 극소수에 불과했지만).

시온주의의 부상은 반유대주의, 민족주의, 세속주의라는 세 가지 주요 사상이 합쳐진 결과다. 그중 직접적인 계기가 된 것은 반유대주의였다. 유대인에게 반유대주의는 어느 정도 익숙한 위협이었지만, 19세기 후반 유럽에서 등장한 후 점차 확산된 반유대주의는 과거와 다른 전례 없는 도전이었다. 반유대주의는 러시아 제국뿐만 아니라 오스트리아-헝가리 제국, 심지어 서유럽의 진보적 '계몽' 국가(이곳에서는 유대인이 학계, 문화계, 직업 세계 전반에 걸쳐 융화되어 있었다)에서도 점차 강화되었다. 이처럼 반유대주의가 지속되자 1791년 프랑스의 유대인 해방(프랑스 혁명정부는 법 앞에서 만인의 평등이라는 기치를 유대인에게도 적용해 유대인에게도 시민으로서 동등한 권리를 부여하는 법을 통과시켰다 – 옮긴이)이나 계몽주의에 힘입어 반유대주의가 사라질 것을 기대하던 유대인들의 희망은 물거품이 되었다. 유대인들이 유럽 사회에 통합하거나 동화하고자 꾸준히 노력했음에도 불구하고 반유대주의는 위축되지 않았고 오히려 심화되는 듯했다. 주로 종교에 기반을 둔 과거의 반유대주의와 달리, 19세기 말이 되자 유대인을 열등한 인종으로 깎아내리는 새로운 반유대주의가 퍼져 나갔다. 1894년 프랑스에서 일어난 드레퓌스 사건은 반유대주의 정서가 적나라하게 드러난 대표적인 사건으로, 유럽 사회에 가장 동화된 유대인조차 반유대주의에서 벗어날 수 없음을 보여주었다.

이런 상황에서 시온주의는 반유대주의에 대한 명쾌한 설명과 해결책을 제시했다. 이들은 반유대주의가 지속되는 이유는 유대 민족이 다른 민족 사이에 섞여 살면서 그들의 호의와 선처에 의존해야 하기 때문이라고 주장했다. 유대인이 자신의 조국에 살게 되면 더 이상 반유대주의의 위험에 처하지 않을 것이고, 헤르츨의 유명한 말처럼 '다른 민족과 동등한 민족'이 될 수 있다고 믿었다. 이러한 접근 방식이 호소력을 발휘할 수 있었던 이유는 시온주의가 당시 인기를 끌던 민족주의 정신에 기반했기 때문이다. 많은 민족과 언어 집단이 민족성을 주장하고 자결권을 추구하던 시기에 유대인 역시 자신들만의 민족주의를 수용한 것은 놀라운 일이 아니다. 유대인 민족국가라는 개념은 민족주의(특히 민족 국민주의ethnic nationalism)의 시대에 완벽하게 부합했다. 그들이 살던 유럽 사회의 민족주의를 받아들일 수 없거나 받아들이고 싶지 않았던 유대인들에게 시온주의는 매력적인 대안이었고, 서유럽 유대인보다 덜 동화되고 유대 문화와 전통에 더 큰 애착을 가졌던 많은 동유럽 유대인도 시온주의야말로 유대인 정체성을 보존하면서도 현대화할 방법이라고 생각했다. 이들에게 유대인의 고국은 반유대주의 박해를 피할 수 있는 피난처(이 역시 절실히 필요하긴 했다) 이상의 의미로 다가왔다. 고국은 활기찬 유대 문화와 새로운 종류의 유대인 정체성을 조성함으로써 유대인의 동화와 궁극적인 소멸을 막을 수 있는 영광의 장소였다.

시온주의는 유럽 유대인의 세속화가 심화되는 것에 대한 대응이었을 뿐만 아니라 그 산물이기도 했다. 시온주의는 궁극적으로 예루살렘('시온')으로 돌아가고자 하는 유대인의 오랜 열망에서 비롯되었고, '추방', '귀환', '구원'과 같은 종교적 주제와 용어를 사용했지만 처음에는 유대교와 유대인의 과거에 반발하는 세속적 이데올로기에서 시작했다. 시온주의자들은 기도하고 신의 구원을 기다리는 데 만족하지 않고, 유대 민족을 조상의 고향으로 돌려보내 유대 역사의 흐름을 바꾸어 냄으로써 이들을 '구원'하겠다고 나섰다. 또한 독실한 유대인의 수동성을 경멸하고, 유대교 자체를 시대착오적이며 도움이 되지 않는다고 무시했다. 이러한 태도는 대다수 유대인들이 결코 수용할 수 없는 것이었지만, 수십 년간 이어진 세속화 과정을 거쳐 19세기 말이 되자 여전히 논란의 여지를 지니면서도 유대인들 사이에서 보편화되었다.

따라서 시온주의의 부흥에 촉매 역할을 한 건 극심한 반유대주의였지만, 당시 유행했던 민족주의가 시온주의에 영감을 불어넣고 믿음을 주었으며, 세속주의는 시온주의를 구현할 수 있게 했다. 19세기 유럽에 반유대주의, 민족주의, 세속주의가 없었다면 시온주의도 없었을 것이다.

테오도르 헤르츨은 누구인가?

테오도르 헤르츨은 현대 시온주의의 아버지로 불린다. 이는 그가 최초의 시온주의 사상가나 활동가였기 때문이 아니다(헤르츨이 태어나기 수년 전부터 유대인과 기독교인들은 시온주의 사상과 정책을 표명했고, 동유럽의 젊은 시온주의자들도 이미 팔레스타인으로 '귀환'하기 시작했다). 그러나 헤르츨은 시온주의를 대중 운동으로 전환함으로써 전 세계의 이목을 집중시켰고, 시온주의 목표를 실현하기 위한 조직 체계를 마련했다. 헤르츨의 카리스마와 문학적 재능, 탁월한 연출력, 넘치는 열정과 원대한 야망은 시온주의를 상상 속 개념에서 대중적인 행동 계획으로 변화시켰다. 비록 생전에 유대 국가의 탄생을 보지는 못했지만, 그는 분명 이를 설계한 선구자였다.

1860년 헝가리 부다페스트에서 태어난 헤르츨은 완전히 세속적인 중산층 가정에서 부르주아 유럽인의 전형으로 성장했다. 빈대학교에서 법학을 공부하고 희곡을 썼으며, 당시 중부 유럽에서 가장 영향력 있는 신문사인 〈노이에 프라이프레세*Neue Freie Presse*〉에서 기자로 활동하며 성공한 저널리스트가 되었다. 그럼에도 불구하고 헤르츨은 반유대주의를 몸소 경험했다. 그는 1894년 파리에서 드레퓌스 재판을 취재하는 과정에서, 그리고 1895년 빈에서 반유대주의 포퓰리스트가 시장으로 선출된 후 반유대주의가 대규모로 확산하는 것을 목격했다. '유대인 문제'에 대한 걱정이 커진 헤르츨은 사회주의 혁명, 유대인의 기독교 개종 등 다양한 해결책을 고민한 끝에 유대인이 유럽을 떠나 그들만의 나라를 건설해야만 반유대주의에서 벗어날 수 있다는 결론을 내렸다(헤르츨이 반드시 팔레스타인에 나라를 세우려 했던 것은 아니다. 그는 처음에는 아르헨티나, 이후에는 동아프리카를 고려했다). 러시아의 유대인 의사인 레온 핀스커가 1882년에 '자력 해방Auto-Emancipation'이라는 제목의 팸플릿에서 이러한 주장을 펼친 적이 있었지만 헤르츨은 이 사실을 알지 못했다. 1895년 헤르츨은 시온주의 선언문인 '유대 국가Der Judenstaat'를 직접 작성했다. 이 선언문은 이듬해 발표되자마자 많은 관심과 논란을 불러일으켰는데, 특히 동유럽 유대인들에서 시온주의가 전파되는 데 크게 기여했으며, 비유대인의 관심도 끌어냈다. 헤르츨은 이를 계기로 1897년 바젤에서 시온주의 운동가들을 위한 모임을 주최했다. 이것이 최초의 시온주의 세계대회Zionist Congress다. 200여 명의 참석자들은 '유대인들이 팔레스타인에 법적으로 보장된 보금자리를 마련하는 것'을 사명으로 하는 시온주의 조직을 설립했으며, 헤르츨을 회장으로 선출했다.

헤르츨은 시온주의 프로젝트가 성공하기 위해서는 강대국의 외교적 지원이 필요하다고 믿었다. 그는 1904년 44세의 나이로 일찍 세상을 떠나기 불과 몇 년 전까지 유럽 전역을 돌아다니며 유대인 조국에 대한 국제적 지지를 얻기 위해 필사적으로 노력했다. 독일의 카이저, 오스만의 술탄, 러시아 및 영국 정부의 장관들을 만났지만 별다른 소득이 없던 그에게 도움의 손길을 뻗은 건 영국이었다. 영국 정부는 영국이 통치하던 동아프리카의 한 지역을 정착지로 제안했다. 헤르츨은 1903년 제6차 시온주의 세계대회에서 우간다 제안Uganda proposal(영국이 헤르츨에게 제안한 것으로, 아프리카의 우간다 땅에 독립 국가를 세우라는 제안 – 옮긴이)을 발표했다(이 지역은 오늘날 케냐에 속한다). 이 제안은 내부적으로 격렬한 논쟁을 불러일으켰고, 헤르츨은 논쟁이 마무리되기 전에 갑작스럽게 사망했다. 이후 1905년 제7차 시온주의 세계대회에서 우간다 제안이 부결되면서 이 논쟁은 그가 사망한 지 1년 만에 종결되었다. 이때부터 시온주의자들은 팔레스타인에 유대 국가를 건설하기 위해 단결했다. 이 열망을 현실로 만드는 데 가장 큰 역할을 한 사람은 당연히 헤르츨이다. 헤르츨은 1902년에 출간한 소설 『오래된 새로운 땅Altneuland』에서 다음과 같이 유명한 말을 남겼다. "이루고자 하는 의지가 있다면 그 목표는 더 이상 꿈이 아니다."

시온주의는 식민주의의 한 형태였는가?

시온주의에 대해 가장 흔히, 그리고 가장 집요하게 제기되는 비판은 이것이 유럽 식민주의의 또 다른 형태라는 것이다. 팔레스타인과 아랍 민족주의자들은 지속적으로 이러한 비난을 퍼부어 왔고, 팔레스타인 대의를 지지하는 전 세계 많은 사람도 이에 동조한다. 실제로 서구 사회의 좌파 세력, 특히 대학 캠퍼스와 학계에서는 시온주의와 식민주의를 동의어로 보는 것이 유행처럼 퍼져 있다.

시온주의와 식민주의를 동일시하는 것은 단순히 시온주의를 역사적으로 규정짓거나 이론적으로 개념화하는 게 아니라, 시온주의를 도덕적으로 비난하는 것이기도 하다. 오늘날 식민주의는 폭력적인 정복과 토착민에 대한 지배와 착취, 토지 및 자원 탈취와 연관된다. 또한 제국주의 및 인종주의와 결부되어 있기도 하다. 따라서 시온주의가 식민주의의 한 형태라면 시온주의 역시 불법일 수밖에 없고, 그 산물인 이스라엘 국가 역시 불법이다. 당연히 이스라엘 지지자들은 이러한 견해를 거부한다. 대부분의 유대인은 시온주의를 식민주의의 정반대 개념으로 간주하며, 억압받는 민족을 위한 민족 해방 운동으로 바라본다(제2차 세계대전 이후 유럽의 식민지 세력을 몰아낸 반식민지 독립운동처럼 인식한다).

이스라엘-팔레스타인 분쟁에 대한 여러 상반된 주장과 마찬가지로,

시온주의에 대한 이 두 가지 해석에도 어느 정도는 진실이 담겨 있다. 이론적으로 보면 시온주의는 유럽에서 억압받던 유대인을 위한 민족해방운동과 비슷하다. 게다가 처음에는 오스만 제국, 그다음에는 대영 제국 등 제국주의 열강과 맞서 싸우기도 했다. 그러나 다른 민족해방운동이나 일반적인 민족주의 운동과 달리, 시온주의는 유대인이 다른 민족(아랍인)이 살고 있는 지역(팔레스타인)으로 집단 이주하고 정착하려는 움직임이었다. 이들은 이 과정에서 자신들의 존재를 정당화했고, 그들을 침입자로 여기는 토착민의 반발을 진압했다. 이 점에서 시온주의 프로젝트는 과거 세계 곳곳에서 진행된 유럽 정착민들의 식민지 프로젝트와 유사하다. 학자들이 '정착민 식민주의settler-colonialism'라고 부르는 위의 사례에서, 유럽 정착민들은 이곳에 식민지를 건설하고 그들이 살던 사회를 모델 삼아 새로운 사회를 건설했다. 그들은 자신들이 그곳을 발전시키고 '문명'을 가져다주었기 때문에 '원주민'이 자신들 덕분에 혜택을 받았다고 주장했지만, 실제로 토착민은 땅을 빼앗겼고, 운이 좋으면 사회적·정치적으로 소외되는 데 그쳤지만 운이 나쁘면 살해당하기도 했다.

마찬가지로 유대인 정착민들도 유럽에서 팔레스타인으로 건너와 식민지를 건설했다(1899년 시온주의 운동이 설립한 유대인 식민지 신탁Jewish Colonial Trust의 재정 지원을 받기도 했다). 이들은 현지 주민과 섞이지 않았고 그들만의 사회를 만들었다. 그리고 경멸과 멸시, 가부장주의가 혼합된 시선으로 아랍 이웃을 바라보았다. 유대인들이 당시 유럽인에게 만연했던 문화적 편견을 품고 있었던 것이다(유대인의 우월한 문명이 '원시적이고 후진적인' 아랍인에게 혜택을 가져다줄 것이라는 믿음). "땅 없는 민족에게 민족 없는 땅을"이라는 초기 시온주의 슬로건 때문에 시온주의를 비판하는 일부에서 주장하듯이, 유대인들은 (이주 전까지는 몰랐다 할지라도) 최소한 팔레스타인에 도착한 이후에는 이곳에 살고 있던 아랍인의 존재를 알게 되었을 것이다. 그러나 이들은 아랍인을 문화적 또는 정치적으로 동등한 존재로 인정하지 않았고, 영토권이나 민족 자결권을 가진 독립된 민족으로 간주하지도 않았다.

그러나 시온주의와 유럽 식민주의 사이에는 중요한 차이가 존재한다. 가장 큰 차이는 발생 동기가 다르다는 점이다. 유럽의 식민주의는 일반적으로 제국주의의 영향을 받아 생겨났다. 유럽 국가들은 국력을 강화하거나 문화적 영향력을 확대하고, 노동력을 착취하고, 현지 자원을 빼앗아 오기 위해 식민지를 설립했다. 대상 지역은 지배 국가('모국')의 전략적, 경제적 이해관계에 따라 선택되었고, 지배 국가는 군사적 정복을 통해 영토를 점령한 후 자국의 이익에 부합하는 정치·경제 시스템을 구축했다. 정착민 식민주의의 경우, 보통 자국민을 데려와 토착민을 통치하거나 토착민을 쫓아내고 그곳에 살게 했다. 이러한 정착민 식민주의자들은 일반적으로 '문명화 임무'를 가장해 토착민에게 그들의 언어를 사용하고, 문화를 들여오고, 때로는 그들의 관습을 강요하면서 '옛 나라'를 새 나라에 재현하려 했으며, 지배 국가는 적어도 한동안은 직간접적으로 식민지를 통치했다.

반면 시온주의는 이와 다르다. 시온주의는 유럽 국가의 정치적, 경제적, 전략적 이해관계에 영향을 받아 생겨난 것이 아니었다(물론 나름의 목적을 지닌 일부 국가의 지원을 받긴 했다). 유대인 정착민들은 특정 제국주의 국가에 의해 팔레스타인으로 보내진 것이 아니었고(사실 그들은 러시아와 오스트리아-헝가리 제국을 피해 도망친 사람들이었다), 제국주의 국가를 위해 행동하지도 않았다. 하나의 국가 출신도 아니었다. 그들은 팔레스타인의 전략적 가치나 천연자원 때문이 아니라 오로지 유대인에게 중요한 역사적, 종교적, 문화적 가치 때문에 팔레스타인에 정착하기로 했다. 사실이것은 비용이 많이 들고 수익성이 없는 사업이었다. 1948년 이전의 시온주의 운동은 땅을 정복하거나 빼앗는 대신 소유주(부재중인 아랍인 지주)에게 돈을 주고 합법적으로 땅을 매입했다(1948년 이전에 매입한 땅은 전체 팔레스타인 면적의 약 7%에 불과하다). 초기의 시온주의 운동은 원주민을 제거하거나 정복하거나 착취하지 않았다. 시온주의자들은 자립을 원했고, 유대인 이민자가 일자리를 찾을 수 있도록 아랍인을 고용하지 않았을 뿐이다(그러나 이는 아랍인에게 차별적인 처사였고 물질적으로도 피해를 입혔다). 결정적으로 시온주의자 정착민들은 스스로를 오랜 망명 생활을 마치고 돌아온 그 지역 토착민이라고 생각했으며, 자신들이 떠나온 유럽의 사회와 문화를 재현하는 대신 히브리 문화에 중점을 둔 새로운 종류의 유대인 사회를 만들고자 했다.

이런 점에서 시온주의 프로젝트는 과거 유럽 열강의 식민지 프로젝트와 그 의도 및 실천 방식에서 크게 달랐다. 시온주의자 정착민은 유럽 출신이었고, 따라서 당시 유럽에 널리 퍼져 있고 유럽 식민주의에 영향을 끼친 문화적 편견에 영향을 받긴 했지만 이들은 '식민주의colonialism'가 아니라 '식민지화colonization'를 실천했다. 그러나 현지 아랍인의 입장에서는 시온주의 식민지화나 유럽 식민주의 모두 다를 바가 없었다. 특히 영국이 시온주의 운동을 지원하고 팔레스타인을 통치한 이후에는 더욱 그러했다. 아랍인의 눈에 유대인 정착민은 역사에 기록된 수많은 외부 침략자 중 가장 최근에 등장한 존재이자, 19세기와 20세기 초에 걸쳐 중동에서 벌어진 유럽 제국주의의 일부일 뿐이었다. 이러한 견해는 당시 상황에서 충분히 이해할 만하다.

영국은 분쟁 초기에 어떤 역할을 했는가?

시온주의는 유럽 식민주의와 달랐지만 식민주의의 덕을 보기도 했다. 유럽 식민지 세력, 특히 영국의 지원이 없었다면 이스라엘 땅으로의 대규모 귀환과 유대인의 정치적 주권 회복이라는 시온주의의 사명은 결코 성공하지 못했을 것이기 때문이다. 이런 면에서 이스라엘 국가는 부분적으로 영국 식민주의의 산물이라고 해도 과언이 아니다(비록 영국의 정책 입안자들이 유대 국가를 만들 의도가 있었던 건 아니지만). 영국은 1917년부터 1948년까지 30년간 팔레스타인을 통치하면서 시온주의를 지지하고 합법화를 도왔을 뿐만 아니라 이곳에 유대 국가를 건설하는 데도 힘을 보탰다. 그러나 사실 팔레스타인에 대한 영국의 정책은 친시온주의 정서보다는 지중해 동부 지역에서의 영국의 전략적 이해관계, 즉 인도로 향하는 육로와 수로 보호라는 전략에 의해 주도되었다고 보는 게 정확하다(1869년 개통된 이집트의 수에즈 운하는 대영 제국의 중추적인 교통망이 되었고 이를 보호하는 것이 중요했다).

 약 30년에 걸친 비교적 짧은 통치 기간에 영국은 국가의 기틀을 다지고 아랍인과 유대인 거주자 사이의 관계를 형성하는 데 중요한 역할을 했다. 영국은 독립된 정치 단위가 아니었던 팔레스타인을 국가로 만들었고, 공식 명칭을 부여했으며(라틴어 명칭은 '팔레스티나Palaestina'), 국경을 획

Chapter 2. 분쟁의 시작

정하고(현재 요르단이 된 요르단강 동쪽 영토와 분리했다), 법률 체계를 확립하고, 예루살렘을 수도로 지정했다. 한편, 영국은 팔레스타인의 유대인과 아랍인 간의 관계가 적대적이고 폭력적으로 변하여 결국 전면적인 내전으로 치닫는 시기에도 이 지역을 통치했다. 그러나 통치권을 지녔던 영국은 유대인과 아랍인 간의 폭력적 분쟁을 막지 못했고 오히려 이를 악화시켰다. 따라서 오늘날까지도 많은 팔레스타인 사람은 분쟁 초기에 제대로 역할을 하지 못한 영국에 분개하고 있으며, 이스라엘의 건국에 영국의 힘이 컸다는 사실에도 불구하고 이스라엘인 역시 같은 감정을 느끼고 있다. 양측 모두 영국이 상대편에 유리하게 행동했다며 맹렬히 비난한다. 영국은 도대체 어떤 일을 했기에 이러한 분노를 불러일으켰을까? 어떻게 팔레스타인의 아랍인과 유대인 모두를 분개하게 하고 소외시켰으며 그들 사이의 갈등에 불을 붙였을까?

밸푸어 선언 The Balfour Declaration

1917년 11월 2일, 영국 외무장관 아서 제임스 밸푸어는 저명한 영국 유대인이자 명문 은행가 가문의 후손으로 당시 영국과 아일랜드 시온주의자 연맹 회장을 맡은 라이오넬 월터 로스차일드 경에게 공개서한을 보냈다. 편지에는 이렇게 적혀 있었다.

> 영국 정부는 팔레스타인 안에 유대 민족의 고향을 건설하는 것을
> 긍정적으로 바라보고 있으며, 이 목표를 달성하기 위해 최선을
> 다할 것입니다. 하지만 이 과정에서 팔레스타인에 거주하는

비유대인의 인권과 신앙의 자유, 그리고 다른 모든 나라에서

유대인이 누리는 권리와 정치적 지위를 침해할 수 있는 어떠한

행위도 용납되지 않는다는 점을 분명히 밝힙니다.

발송인의 이름을 따 밸푸어 선언이라 불리는 이 서한은 팔레스타인에서 일어난 초기 아랍-유대인 분쟁은 물론, 궁극적으로는 이스라엘 건국에 기여한 영국의 가장 유명한(또는 관점에 따라 가장 악명 높은) 선언이다.

당시 영국 내각에서 열띤 논쟁이 벌어졌고(내각의 유일한 유대인 의원인 에드윈 사무엘 몬태규는 이에 반대하는 주장을 펼쳤다) 일부 영국 군부와 외무부 관리의 반대가 있었음에도 불구하고, 영국 정부가 제1차 세계대전 중에 밸푸어 선언을 발표한 배경에는 여러 설명이 있다. 가장 큰 이유는 영국이 시온주의에 대한 지지를 표명함으로써 전 세계 유대인(특히 러시아, 독일, 미국의 대규모 유대인 공동체)의 지지를 즉각적으로 끌어내 러시아 및 미국과의 전시 동맹을 강화하고 적국인 독일을 약화시킬 수 있다는 그릇된 믿음이었다. 그러나 이러한 믿음에는 유대인과 시온주의자를 구분하지 못하고(당시 대부분의 유대인은 시온주의자가 아니었다), 유대인의 힘을 과대 해석하는 잘못된 인식(이는 '시온의정서Protocols of the Learned Elders of Zion 사건' 같은 반유대주의 음모론을 떠올리게 한다. 시온의정서는 전 세계를 정복하려는 유대인의 계획이 담긴 문서였는데, 조사 결과 반유대주의를 조장하기 위해 만들어진 위서로 밝혀졌다 - 옮긴이)이 담겨 있다. 그렇다고 밸푸어 선언이 전시의 절박함에서 비롯된 것만은 아니었다. 영국은 유대 국가를 지원함

으로써 전략적으로 중요한 수에즈 운하 인접 지역에서 장기적인 입지를 확보하고 라이벌인 프랑스를 견제할 수 있을 것으로 생각했다. 또한 데이비드 로이드 조지 수상과 밸푸어 자신이 기독교 시온주의(예수의 재림에 앞서 유대 민족을 성지Holy Land로 '귀환'시키려는 성경 기반의 종교적 열망)에 지대한 영향을 받은 것도 사실이다.

이처럼 실용주의와 경건함이 결합된 밸푸어 선언은 당시 세계에서 가장 강력한 국가가 시온주의를 지지한다는 입장을 공개적으로 발표한 것으로, 유대인과 비유대인 모두에게 타당성과 신뢰성을 강화했다. 비록 '팔레스타인 안에'(팔레스타인 전체가 아니다)와 '유대 민족의 고향'(유대 국가가 아니다)이라는 단어를 사용하는 등 의도적으로 모호한 표현을 쓰긴 했지만, 이것은 당시 한풀 꺾였던 시온주의 운동이 재도약할 외교적 지지를 얻기에 충분했다. 이로써 팔레스타인에 유대인의 조국을 건설한다는 구상은 비현실적인 꿈에서 현실적인 가능성으로 바뀌었다. 당시 시온주의를 공개적으로 지지한 강대국은 영국만이 아니었지만(프랑스와 미국도 시온주의 지지를 표명했다), 가장 중요한 역할을 한 건 영국이다.

영국, 팔레스타인을 위임통치하다

1917년 12월 9일, 밸푸어 선언이 발표된 지 불과 몇 주 후에 에드먼드 앨런비 장군이 지휘하는 영국군이 예루살렘으로 진격했다. 영국은 팔레스타인을 정복함으로써 얼마 전 밸푸어 선언에서 공언한 바를 실제 행동으로 옮길 수 있는 중요한 위치를 차지했지만, '팔레스타인에 거주하는 비유대인(특히 밸푸어 선언에서 콕 집어 말하지 않은 다수의 아랍 인구)의 정치적 권리와 종교적 권리'를 침해하지 않으면서 할 수 있는 행동이 무엇인지, 그 일을 어떻게 할 수 있을지에 대한 고민은 거의 하지 않았다. 이는 영국이 팔레스타인을 통치하는 데 큰 문제가 되었는데, 특히 제1차 세계대전이 끝나고 열린 산레모 회의(1920)에서 영국이 팔레스타인 영토를 통치할 것을 의무화하자 더욱 심각해졌다(팔레스타인 위임통치는 1922년에 설립된 국제연맹에서 공식 승인했다). 이는 영국이 밸푸어 선언을 이행할 법적 책임을 지는 동시에 위임국으로서 팔레스타인 주민의 자치와 독립을 지원해야 한다는 의미였기 때문이다(산레모 회의에서는 패전국인 오스만 제국의 영토 중 완전한 독립을 할 준비가 되어 있지 않다고 여겨진 중동의 세 영토에 대해 그 영토가 '독립할 수 있을 때까지' 연합국 중 한 나라가 통치할 것을 결정했다. 팔레스타인에 대해서는 영국의 위임통치가 정해졌다 - 옮긴이).

문제는 팔레스타인 지역 인구의 대다수를 차지하는 아랍인들이 영국의 위임통치와 밸푸어 선언에 반대했다는 사실이다. 아랍인들은 영국이 아랍 독립 국가 수립을 지원하겠다는 약속을 배신한 것으로 생각했다. 이는 영국이 제1차 세계대전 중이던 1916년에 아랍 국가가 적국인 오스만 제국에 반란을 일으키면 그 대가로 아랍 독립 국가 수립을 지원하겠다고 약속했기 때문이다(실제로 아랍 국가는 영국 정보 장교 T.E. 로런스의 지원을 받아 반란을 일으켰다). 이 약속은 이집트 주재 영국 고등판무관 헨리 맥마흔 경과 메카의 사령관이자 하심가의 수장인 샤리프 후세인 빈 알리 사이의 서신 교환을 통해 전달되었다. 비록 서한에 팔레스타인이 구체적으로 언급되지 않았고 영국은 나중에 팔레스타인은 아랍 독립 지역에 포함되지 않았다고 주장했지만, 아랍 민족주의자들은 영국이 아랍 독립에

　　　　　　　　　　　　　　　　Chapter 2. 분쟁의 시작

대한 약속을 이행하지 않은 것에 크게 실망했고 영국의 이중성과 이중 거래에 분노했다. 한편, 영국은 동맹국이었던 프랑스와도 비밀리에 세 번째 약속을 했다. 두 국가가 사이크스-피코 협정을 맺어 제1차 세계대전이 끝나면 오스만 제국을 해체해 각자의 '영향권'으로 분할하려는 계획이었다.

따라서 영국의 팔레스타인 통치는 시작부터 팔레스타인의 독립을 준비하는 동시에 대다수 국민이 강력하게 반대하는 유대 국가를 수립하는 데 도움을 주어야 하는, 완전히 상반된 도전에 직면해 있었다. 처음에 영국 관리들은 팔레스타인으로 이주하는 유대인이 늘어나 이로 인해 경제적 이익을 얻게 되면 아랍의 반대가 줄어들 것으로 생각했다(시온주의자들과 공유한 자기 만족적인 믿음이었다). 그러나 시온주의에 대한 아랍인들의 반대가 점점 강렬해지자 팔레스타인에서 유대인과 아랍인의 자결권 요구를 조정하는 것이 얼마나 어려운 일인지 깨닫게 되었다. 이러한 인식은 1929년 아랍인의 폭동 및 대규모 폭력 사태로 133명의 유대인과 116명의 아랍인이 사망(아랍인 대부분은 영국군과 경찰에 의해 목숨을 잃었다)한 사건 이후 더욱 확고해졌다. 이제 런던과 예루살렘의 영국 식민지 관리들은 남은 통치 기간 동안 공식적으로 선언한 건 아니지만 시온주의 대의를 완전히 포기하지는 않은 채 점진적으로 거리를 두려고 노력했다. 그럼에도 불구하고 여전히 영국을 불신하고 원망하는 아랍인을 달래기에는 역부족이었고, 다른 한편에서는 영국이 유대 국가 건설을 지원하겠다는 약속을 어겼다고 생각한 유대인들의 실망과 분노가 커졌다. 하지만 더 큰 문제는 나치즘과 파시즘이 유럽 전역을 휩쓸고 미국이 더 이상 유대인 난민을 받아들이지 않는 등 유대인들에게 안전한 피난처가 가장 절실히 필요했던 시점에 영국이 팔레스타인으로 들어오는 유대인 난민을 받아들였다는 사실이다.

돌이켜보면 영국의 팔레스타인 통치는 실패와 비난, 갈등으로 끝날 운명이었다. 시온주의 운동과 이를 반대하는 아랍 주민을 동시에 만족시킬 방법이 없었기 때문이다. 그러나 당시 체계화된 지도부가 없었던 아랍 공동체는 시온주의에 대해 단호하게 반대 입장을 표명하지 못했고, 시온주의 지도부 역시 영국 및 아랍 국가와 타협할 의사가 없었으며, 궁극적으로는 유대 국가를 건설하겠다는 정치적 야망을 분명하게 나타내지 않았다(실제로 일부 시온주의 지도자는 유대 국가 수립이 당장 해결해야 할 문제가 아니라고 생각했다).

영국은 팔레스타인에 아랍인과 유대인이 권력을 공유하는 국가를 세우고자 했다. 불가능한 건 아니었다. 영국령 팔레스타인에는 아랍인과 유대인이 함께 살고 있었고(편안한 관계는 아니었지만), 특정 산업 분야와 지역에서는 협력 관계도 형성되어 있었기 때문이다. 만약 팔레스타인의 초대 영국 고등판무관이었던 허버트 사무엘 경(그 자신도 유대인이자 시온주의자였다)이 1920년대에 선출직 의회 또는 두 공동체를 대표하는 자문위원회를 만드는 데 성공했다면, 팔레스타인의 아랍인과 유대인은 권력을 공유하는 법을 배우고 (팔레스타인인으로서) 공동의 시민 정체성을 발전시켰을지도 모른다. 그러나 영국이 아랍인과 유대인 모두가 민주적으로 참여할 수 있는 통치 기관을 만들지 못한 것은 아랍 지도자들이 영국이 제안한 조건을 받아들이지 않고, 나아가 밸푸어 선언을 수용하고 인정하기를 거부한 데서 비롯된 것이었으며, 이는 이 분쟁의 향방을 결정하는 데 중대한 역할을 했다. 이후 팔레스타인의 아랍 공동체와 유대인 공동체는 각각의 지도부가 영국 위임 정부와 이 문제를 직접 논의하는 쪽으로 개별적으로 발전했다.

이는 아랍 공동체보다 유대인 공동체(스스로를 '이슈브Yishuv[1948년 이스라엘 국가 수립 이전에 팔레스타인에 살았던 유대인을 의미한다 – 옮긴이]'라고 불렀다)에 훨씬 유리한 방식이었다. 영국은 팔레스타인 유대인 기관Jewish Agency for Palestine을 설립해 유대인 공동체와 소통했는데, 이는 사실상 이슈브의 정부 역할을 했다(1935년 이후에는 마파이당Mapai, the Land of Israel Workers' Party의 지도자였던 벤구리온이 이 기관을 이끌었다. 마파이당은 이스라엘 노동당의 전신으로, 이스라엘 건국 당시 집권당이다). 영국은 유대인 기관이 이슈브에 많은 권한을 주는 것을 허용해 이슈브가 국가가 될 수 있도록 지원함으로써, 이후 유대 국가가 세워질 수 있는 토대를 마련했다. 이슈브와 유대인 기관은 자체 노동조합인 히스타드루트Histadrut를 설립해 복지 및 의료 서비스를 제공했고 교육에도 관여했으며(예루살렘히브리대학교 설립 등), 무장 민병대(후에 이스라엘 방위군이 된 하가나Haganah)도 운영했다. 반면 아랍 공동체는 강력한 중앙 기관이 없었고 조직적이지도 않았다. 이는 저명한 가문과 씨족 출신의 유명 인사로 구성된 전통적 지도층이 내부 경쟁에만 몰입했기 때문이다(영국은 '분할 통치'라는 교묘한 식민지 전술을 이용해 아랍 인사들을 서로 대립시킴으로써 이를 부추겼다).

어쩔 수 없는 선택이긴 했지만, 영국은 팔레스타인의 아랍인과 유대인 공동체가 별도의 사회로 발전하도록 허용함으로써 이들 사이에 민족주의적 갈등이 발생할 여건을 만들었다(영국이 의도적으로 갈등과 불안을 조성해 이곳에 계속 머물 수 있는 명분을 만들었다고 주장하는 학자도 있다). 만약 제1차 세계대전에서 오스만 제국이 패배하지 않았다면, 많은 유대인이 팔레스타인으로 이주하거나 유대 조국을 건설할 만큼의 땅을 사는 일은 없었을 것이다. 오스만 정부는 팔레스타인의 아랍 주민들이 가장 걱정하던 두 가지 문제, 즉 유대인의 유입과 토지 매입을 막으려는 의지를 보였지만, 영국 정부는 밸푸어 선언을 통해 이 두 가지를 모두 허용했다(1939년 이후에는 유대인의 팔레스타인 이주에 규제를 두었다). 그 결과 1932년부터 1939년 사이에 약 25만 명의 유대인(대부분 폴란드와 독일, 오스트리아에서 탈출한 난민)이 팔레스타인으로 유입되었다.

시온주의자의 정착과 영국 통치에 대한 아랍인의 저항

당시 아랍 공동체는 때로는 폭력을 동원하며 유대인의 유입을 강력하게 반대했다. 유대인 이민자 수가 증가하면 팔레스타인에서 아랍인이 소수로 전락하고, 민족 자결이라는 목표가 약화될 위험이 있었기 때문이다. 그러나 영국은 아랍인들의 시위와 폭동을 무력으로 진압했다. 1920년대와 1930년대에 걸쳐 지속된 산발적인 시위와 폭력은 아랍 총파업(1936)과 '대반란Great Revolt(영국의 통치와 시온주의자 정착촌에 반대하는 대규모 봉기. 1936~1939)'으로 이어지며 절정에 달했다. 대반란은 팔레스타인 민족주의가 분출되는 계기이자 시온주의에 대한 조직적인 무장 저항이었으며, 팔레스타인 역사와 이스라엘-팔레스타인 분쟁의 역사에서 일대 전환점이 된 사건이다. 이 사건으로 아랍과 유대인의 화해에 대한 일말의 희망이 사라지고 양측의 적대감이 더욱 고조되었기 때문이다. 이제 전면전은 피할 수 없는 것처럼 보였다. 결국 영국은 시온주의자 민병대의 지원을 받아 팔레스타인 민족주의 봉기를 진압했다. 대규모 체포, 고문, 처형, 추방, 주택 철거 등 잔혹한 진압으로 수천 명의 아랍인이 사망했고 지도자 대부분은 투옥되거나 망명했다(10년 후 유대인과 팔레스타인 사이에 발발한 내전에서 팔레스타인이 지도부 공백으로 어려움을 겪은 이유다).

아랍의 반란으로 팔레스타인 통치에 어려움을 겪게 된 영국은 1937년, 팔레스타인을 아랍 국가(트랜스 요르단과 통합된)와 훨씬 작은 유대 국가로 분할하되, 일부 전략적 관심 지역은 영국의 통제하에 두는 방안을 제안했다(이는 아랍 반란의 원인을 조사하기 위해 파견된 필 위원회의 권고안이었다). 시온주의자 지도부는 잠정적으로 이 제안을 받아들였지만, 유대 국가의 국경에 대해서는 반대했다. 반면 아랍 지도부는 분할에 대해 원칙적으로 반대했을 뿐 아니라 유대 국가로 할당될 영토에 살고 있던 20만 명 이상의 아랍인을 '이주'시키는 조항도 받아들일 수 없었기 때문에 이 제안을 거부했다.

2년 후인 1939년, 독일과의 전쟁이 임박하자 영국은 분할 계획을 철회하고, 대신 10년간의 과도기를 거친 후 아랍인이 다수인 단일 국가를 제안하는 백서White Paper(공식 정책 문서)를 발표했다. 유대인의 토지 매입을 엄격히 제한하고, 유대인 이민자의 수를 5년 동안 연간 1만 5000명 이내로 규제하며 5년 후에는 아랍 공동체의 승인에 따른다는 내용이었다. 백서는 밸푸어 선언을 거부하는 것과 다름없었다(이제까지 시온주의자들에게 약속한 밸푸어 선언을 이행하기 위한 정책을 펴 왔음에도 불구하고). 밸푸어 선언과 마찬가지로 백서 역시 전시라는 긴박한 상황에서 탄생했지만, 전과 다른 점은 이번에는 아랍인의 환심을 사기 위해 필사적으로 노력했다는 사실이다. 전쟁을 앞둔 영국은 아랍의 석유가 필요했고 아랍 국가들이 나치 독일과 동맹을 맺지 않도록 해야 했기 때문이다(반면 유대인이 나치와 손을 잡을 일은 없을 거라고 확신했다). 이제 시온주의자들이 영국의 배신에 치를 떨었다. 그러나 영국은 유대인은 물론 아랍인들의 마음을 얻는 데도 실패했다. 그 이유는 백서가 여전히 일부 유대인의 이민을 허용한 데다 팔레스타인 독립 국가가 세워지는 시점을 너무 길게 잡았기 때문이다. 그러나 백서를 거부한 팔레스타인인 앞에는 끔찍한 운명이 기다리고 있었다(당시에는 몰랐지만, 1939년 영국 정부가 제안한 이 백서는 그 전과 후를 통틀어 팔레스타인에 가장 좋은 제안이었다).

유대인의 반란과 영국의 팔레스타인 철수

1939년 백서는 유대인과 아랍인 모두의 반대에 부딪혔음에도 불구하고, 제2차 세계대전 동안, 그리고 그 이후 팔레스타인에 대한 영국의 정책을 주도했다. 아랍 동맹을 유지하고자 했던 영국은 (백서에 제안한 대로) 유대인 유입을 제한하기 위해 홀로코스트를 겪은 유대인 난민이 나치가 점령한 유럽에서 탈출해 팔레스타인으로 불법 입국하는 것을 막았다(이는 그들을 죽음으로 내모는 일이었다). 심지어 영국은 전쟁이 끝나자 홀로코스트 생존자들을 돌려보내기까지 했는데, 이 중 가장 유명한 것은 1947년 4500명의 유대인 난민을 태우고 하이파Haifa 항구에 도착했다가 유럽으로 강제 귀환한 하가나의 엑소더스Exodus호다. 영국 정부의 잔인함에 반발한 팔레스타인의 시온주의자 민병대는 영국의 통치에 반대하며 반란을 일으켰다. 1944년에 시작된 대영국 투쟁에서 우익 지하 준군사 단체인 이르군Irgun(이스라엘의 시온주의 무장단체 - 옮긴이)과 레히Lehi(시온주의 내 급진적인 준군사조직 - 옮긴이)는 영국 군인과 경찰을 공격했고 중동 지역 최고 관리인 모인 경을 암살했다. 1945년 10월에는 처음에 영국군을 도와 이들을 진압하던 하가나(시온주의 준군사 단체)도 합류했다. 1945년 11월부터 1946년 7월까지 약 20명의 영국군이 사망하고 100명 이상이 부상을 입었다. 가장 치명적인 공격은 1946년 7월 22일 폴란드 출신의 젊은 유대인 메나헴 베긴이 이끄는 이르군이(팔레스타인 주둔 영국군과 민간인 본부가 있던) 예루살렘의 킹데이비드호텔을 폭파한 사건이다. 이 사건으로 아랍인과 유대인을 포함해 모두 91명이 사망했고 100여 명의 부상자가 발생했다(이 공격을 테러로 볼 수 있는지에 대해서는 많은 논란이 있다. 이르군은 호텔이 합법적인 군사 목표물이며, 사전에 대피하라는 경고를 했으나 호텔 측이 무시했다고 주장했다).

1947년 마침내 영국이 유엔에 '팔레스타인 문제'를 넘기기로 한 데에는 시온주의자 단체가 영국을 상대로 벌인 폭탄 테러와 총격, 방해 행위 등이 결정적인 영향을 끼쳤을 것이다. 영국은 팔레스타인에 10만 명에 가까운 병력을 주둔시키고 계엄령을 내렸음에도 불구하고 이곳을 통제하는 데 어려움을 겪고 있었고, 전쟁에 지친 영국 국민은 영국의 팔레스타인 통치를 비용이 많이 드는 데다 영국군의 희생이 뒤따르는 무의미한 노력으로 여겼다. 제2차 세계대전이 끝난 후 재정이 고갈된 데다 완전히 지쳐 있는 영국에게, 팔레스타인 위임통치령은 그곳 주민에게 어떤 결과가 오든 상관없이 벗어 던져야 할 짐이 되었다. 또한 영국이 유럽의 실향민 수용소나 사이프러스의 영국인 수용소에 갇혀 있는 유대인 홀로코스트 생존자들의 팔레스타인 입국을 거부함으로써 영미 관계가 악화되고 있었다는 사실도 영국이 팔레스타인에서 철수할 것을 결정한 이유였다. 이제 극심하게 분열된 팔레스타인의 아랍과 유대인 공동체를 어떻게 처리할 것인지는 국제 사회, 특히 미국의 몫이 되었다. 1948년 5월 15일, 팔레스타인에 남은 마지막 영국군이 철수하면서, 유대인과 아랍인은 지금까지 지속되는 긴 싸움에 돌입했다.

하지 아민 알 후세이니는 누구인가?

무함마드 아민 알 후세이니는 제1차 세계대전과 제2차 세계대전 사이에 있었던 영국 위임통치 기간에 팔레스타인 아랍 공동체를 이끈 저명한 정치, 종교 지도자다(하지Hajj는 이슬람교도의 중요한 의무인 메카 순례를 완료한 사람에게 주는 존경의 칭호 – 옮긴이). 그는 1890년대 예루살렘의 명문가인 후세이니 가문에서 태어났는데, 아버지는 수니파 무슬림 고위 관리인 예루살렘의 무프티Mufti(이슬람법의 해석 및 적용과 관련해 의견을 진술할 자격을 가진 학자이자 일종의 법률 고문 – 옮긴이)였다. 그는 예루살렘, 이스탄불, 카이로에서 세속적인 이슬람 교육을 받았고, 제1차 세계대전 중에는 오스만 군대에서 장교로 복무했지만, 이후 전향해 파이잘 빈 후세인이 이끈 아랍 반란에 참여했다(아랍 반란은 아랍인들이 대대적으로 오스만 제국에 반기를 든다면 그 대가로 영국이 아랍독립국가 건설을 지원하기로 약속한 후세인-맥마흔 선언에 기초한 것이다 - 옮긴이).

후세이니는 아랍 민족주의를 받아들였고, 다마스쿠스에 기반을 둔 아랍 시리아 왕국Arab Kingdom of Syria을 건설하려는 파이잘을 지지했다. 그러나 1920년 프랑스가 파이잘의 군대를 물리치고 다마스쿠스를 점령하자, 범아랍주의(모든 아랍인을 하나의 아랍 국가 아래 통일하고자 했다)를 지지하던 후세이니는 이를 완전히 버리지는 못했지만 팔레스타인 민족주의

(팔레스타인 독립 국가를 추구)로 전환했다. 이후 후세이니는 1948년 1차 아랍-이스라엘 전쟁이 발발하기 전까지 수십 년 동안 팔레스타인 민족주의의 대표적인 옹호자이자 팔레스타인 아랍 사회에서 가장 영향력 있는 인물로 부상했다.

후세이니는 원래 영국의 팔레스타인 위임통치를 반대하는 입장이었다. 그러나 그가 분열된 팔레스타인 민족주의 운동의 지도자가 될 수 있었던 것은 아이러니하게도 영국 식민 정부 덕분이었다. 1920년 4월 후세이니는 예루살렘에서 발생한 반유대 아랍인 폭동에 가담한 혐의로 유죄 판결을 받았다. 하지만 팔레스타인 주재 영국 고등판무관은 후세이니를 사면하고 그를 예루살렘의 무프티로 임명해 알 아크사 모스크를 비롯한 이슬람 성지를 책임지게 했다. 1922년 후세이니는 팔레스타인의 이슬람교 관련 업무를 관리하기 위해 영국이 만든 기구인 최고무슬림위원회 회장으로 선출되었다. 이후 그는 종교적 권위와 막강한 자금, 광범위한 후원을 바탕으로 팔레스타인 정치에 점점 더 많은 영향력을 행사했고, 자신의 라이벌과 비판자를 제압하고 해임하고 심지어 살해하기도 했다.

일부 팔레스타인 지도자들이 시온주의 운동과 타협하려는 움직임을 보였던 반면, 후세이니는 타협을 완강하게 반대했다. 그는 시온주의자들과 타협하거나 유대인의 국권을 인정하려는 움직임은 물론이고, 심지어 아랍인과 유대인이 협력하는 것조차 맹렬히 비난했다. 또한 영국 위임 정부와 함께 일하면서도 팔레스타인에 유대 국가를 세우기 위한 영국 정부의 지원을 단호하게 거부했다. 그는 유대인이 팔레스타인으로 이주하고 팔레스타인 토지를 매입하는 것에 일관되게 반대했고(홀로코스트 발생 시기와 관계없이 지속해서 반대했으며, 유대인에게 토지를 판 아랍인은 반역자로 매도했다), 팔레스타인의 미래에 관한 영국의 두 가지 제안, 즉 1937년 필 위원회의 분할 제안과 1939년 백서 모두 단호하게 거부했다. 가장 논란의 여지가 있는 것은 1947년 11월 유엔 총회에서 승인된 유엔 분할 계획도 거부했다는 사실이다. 이런 점에서, 후세이니는 이후 발발한 전쟁과 그로 인해 팔레스타인인에 닥친 집단적 재앙에 대한 책임에서 자유롭지 않다.

그게 다가 아니다. 후세이니는 시온주의에 대해 비타협적인 태도를 견지한 것 외에도 나치 독일 및 파시스트 이탈리아와 동맹을 맺음으로써 팔레스타인 국가 대의에 심각한 타격을 입혔다. 그는 1937년 아랍 봉기에 가담한 혐의로 영국에 체포되는 것을 피하고자 팔레스타인을 탈출한 후 레바논과 이라크로 건너가 1941년 이라크 쿠데타(당시 친영 정권이던 정부를 몰아내고자 했으나 곧 진압되었다 - 옮긴이)를 선동하는 데 도움을 주었고, 이후 베를린에서 제2차 세계대전의 남은 기간을 보냈다(후세이니는 강력한 반유대주의를 외친 나치와 연계해 팔레스타인 독립운동에 활력을 불어넣고자 했다 - 옮긴이). 1941년 11월 28일, 마침내 후세이니는 아돌프 히틀러를 만났다. 일부에서는 이 만남이 히틀러의 유대인 말살에 결정적인 역할을 했다고 주장한다(2015년 10월에 열린 시온주의 세계대회에서, 베냐민 네타냐후 이스라엘 총리는 "홀로코스트는 알 후세이니 탓"이라고 말했다. 그는 히틀러는 유대인을 몰살하려 했던 게 아니라 단지 추방하고자 했으나 후세이니가 유대인들을 추방해봤자 다시 올 것이니 불태우라burn them고 말했다고 주장했다. 유대인 학살을 결정한 것은 히틀러지만 학살을 부추긴 것은 후세이니였다는 의미다 - 옮긴이). 그러나 이것은 사실이 아니다. 히틀러는 이미 '최종 해결책'을 시행하기로 결정한 상태였고, 두 사람의 만남을 기록한 자료에 따르면 후세이니는 유대인 대학살을 제안한 것이 아니라 '팔레스타인, 시리아, 이라크의 독립과 통일'을 위한 나치 독일의 지지 선언을 요청했다고 되어 있다. 어찌 되었든 홀로코스트에 대한 책임이 후세이니에게 있는 것은 아니지만, 그가 보스니아, 크로아티아, 헝가리에서 유대인 학살을 주도한 나치 친위대에 보스니아 무슬림을 모집하는 것을 돕는 등 나치에 협조한 것은 사실이다. 후세이니는 북아프리카와 중동의 아랍인을 대상으로 한 나치 독일의 아랍어 선전에서도 핵심적인 역할을 했다. 그가 라디오 베를린Radio Berlin에서 진행한 방송은 악랄한 반유대주의 내용으로 가득 차 있었으며, 이는 아랍 세계에 유럽의 반유대주의를 확산시키는 데 일조했다.

후세이니는 나치와의 협력으로 인해 팔레스타인 대의에 대한 전 세계의 신뢰를 잃었고, 제2차 세계대전 이후에는 팔레스타인인 사이에서도 위상과 영향력이 점차 감소했다. 여기에는 유엔 분할 계획에 대한 그의 노골적인 반대가 결정적이었다. 한편, 그는 1차 아랍-이스라엘 전쟁과, 이집트 통제하에 있었던 가자지구의 팔레스타인 망명 정부(단기간 존속)에도 참여했으나, 베이루트로 이주한 후에는 팔레스타인해방기구의 야세르 아라파트에게 사실상 권력을 넘겨주었고 1974년 사망했다. 여전히 팔레스타인 사람들에게 널리 존경받는 아라파트와 달리, 후세이니는 팔레스타인 사람들 사이에서 논란의 인물로 남아 있다.

이스라엘이 탄생한 것은 홀로코스트 때문이었나?

제2차 세계대전에서 나치 독일이 패망한 지 정확히 3년 1주일 후인 1948년 5월 14일, 이스라엘 국가 수립이 선포되었다. 그사이 전 세계는 유럽 유대인의 3분의 2에 해당하는 약 600만 명이 홀로코스트로 알려진 집단 대학살에서 조직적으로 희생되었다는 끔찍한 사실을 알게 되었다. 홀로코스트와 이스라엘 건국에 시간적 연속성이 있기 때문에 사람들은 이 두 사건이 인과적으로 연결되어 있으며 홀로코스트로 인해 이스라엘이 탄생했다고 생각한다. 그러나 홀로코스트가 없었더라도 유대 국가는 출현했을 것이다. 홀로코스트가 일어나기 수십 년 전부터 헤르츨을 비롯한 정치적 시온주의자들은 유대 국가 건설을 주창했고, 시온주의 운동은 수년 동안 팔레스타인에 유대 국가를 건설하기 위한 정치적, 경제적 인프라를 구축해 왔다. 홀로코스트가 유대 국가 건설이라는 목표를 더욱 단단하게 만들고 그 실현을 앞당긴 것은 사실이지만, 홀로코스트 때문에 시온주의자들이 유대 국가 건설의 실존적 당위성을 확신한 것은 아니다. 유럽에서 자행되는 유대인 학살에 대한 첫 보고를 받은 시온주의 조직은 1942년 5월, 뉴욕 빌트모어 호텔에서 회의를 열고 팔레스타인에 유대 국가를 설립할 것을 공식적으로 촉구하는 '빌트모어 프로그램Biltmore Program'을 발표했다.

이전까지 시온주의에 반대하거나 무관심했던 대부분의 디아스포라 유대인은 유럽 유대인의 학살과 가까스로 살아남은 유대인의 절박한 처지를 알게 되자 유대 국가의 필요성을 절감했다. 이제 시온주의는 유대인 세계에서 지배적인 이데올로기가 되었다. 홀로코스트는 유대인을 보호할 수 있는 그들만의 국가가 필요하다는 시온주의의 주장을 입증하는 확실한 근거였다. 많은 디아스포라 유대인, 특히 미국에 거주하는 유대인들은 팔레스타인에 유대 국가를 건설해야 한다는 목소리를 높이고 이를 적극적으로 옹호하며 자금과 무기를 지원했다. 제2차 세계대전 이후 유대 국가를 지지하는 미국 유대인들의 목소리가 커지자 미국 정부는 1947년 11월에 실시된 유엔 투표에서 팔레스타인 분할에 찬성표를 던졌고, 이스라엘 국가가 선포된 후에는 즉시 이를 인정하도록 설득하는 데 큰 역할을 했다. 역사학자들은 당시 유대인들의 이러한 지지가 트루먼 행정부의 의사 결정에 얼마나 큰 영향을 미쳤는지에 대해 계속해서 논쟁을 벌인다. 실제로 1948년 11월에 열릴 대통령 선거에서 유대인의 표를 확보해야 했던 트루먼 대통령은 미국 유대인 시온주의자들로부터 집중적인 로비를 받았지만(나중에 그는 대통령 재임 기간을 통틀어 이때 가장 많은 '압력과 선전 공세'에 시달렸다고 밝혔다), 트루먼이 국무부의 조언에 반하여 팔레스타인 분할을 지지하고 이스라엘 국가를 인정한 주된 이유가 이것 때문이었는지는 분명치 않다.

어쨌든 미국 여론은 홀로코스트에 지대한 영향을 받았고, 그 결과 미국은 유대 국가를 더욱 지지했다. 트루먼 대통령이 홀로코스트로 인한 유대인의 고통과 생존자들의 곤경에 진정으로 공감한 것 역시 미국의 외교 정책에 영향을 미쳤다(예를 들어 트루먼은 제2차 세계대전이 끝난 후 영국 정부에 10만 명의 홀로코스트 생존자를 팔레스타인으로 수용해 달라고 요청했다. 비록 받아들여지지 않았지만 말이다). 그러나 팔레스타인의 미래에 관한 미국의 외교 정책을 결정한 가장 중요한 요인은 실용주의였다. 우선 유럽을 떠도는 최대 25만 명의 유대인 난민(이들 중 상당수가 고국으로 돌아가고 싶어 하지 않았다)을 재정착시켜야 했고, 팔레스타인에서 중동을 불안정하게 하고 소련이 개입할 수도 있는 전쟁이 일어나는 것을 막고자 하는 열망도 중요하게 작용했다. 또한 미국 정부는 이 지역에 민주적이고 친서방적인 유대 국가가 들어선다면 소련의 영향력을 억제하는 데도 도움이 될 것으로 판단했다. 소련과의 냉전 상황에서 미국의 전략적 이해관계는 홀로코스트 생존자를 향한 인도주의적 관심을 압도했고, 미국의 외교 정책을 결정하는 중요한 요인이 되었다. 유대인이 홀로코스트에서 겪은 고통에 대한 보상과 유대 국가를 가져야 한다는 도의적인 믿음은 부차적인 요소에 불과했던 셈이다.

이는 다른 국가들도 마찬가지였다. 특히 영국과 소련은 팔레스타인에 유대 국가를 세우는 것을 홀로코스트에 대한 동정심이 아니라 현실 정치로 접근했다. 영국은 석유 산유국인 아랍 국가들과 좋은 관계를 유지하고자 유대 국가 설립에 반대했다. 반면 소련은 당시 유대 국가 설립을 주도하던 사회주의 성향의 마파이당이 팔레스타인에서 영국을 몰아내고 소련과 좋은 관계를 맺기를 바랐기 때문에 유대 국가를 지지했다. 홀로코스트를 겪은 유대인에 대한 동정심이 전 세계적으로 퍼져 있긴 했지만, 이러한 동정심은 일시적이었고 유대 국가 건설에 대한 대중의 지지로 이어지지도 않았다. 사실 유엔 총회에서 팔레스타인을 유대 국가와 아랍 국가로 분할하기로 한 결의안이 채택된 주된 이유도 여론의 지지가 아니었다. 유엔 표결은 주로 워싱턴과 모스크바의 희망이 반영되는데, 이 사안에 대해서는 우연히도 양측의 희망이 일치한 데다 유엔 회원국들의 국익도 반영되었기 때문이다(일부 회원국은 분할안에 투표하라는 강한 압력을 받기도 했다).

따라서, 홀로코스트는 일부 서방 국가에서 이스라엘의 존재에 대한 대중의 지지를 끌어내긴 했어도 사람들이 생각하는 것만큼 이스라엘 건국에 큰 영향을 미치진 않았다. 그러나 홀로코스트는 이스라엘 유대인 사회의 문화와 집단적 정체성, 그리고 이스라엘 국가의 정신을 형성하는 데는 막대한 영향을 미쳤다. 이를 몇 문장으로 요약하는 것은 불가능하다(여기에 대해서는 이미 많은 책이 있다). 다만 이 책에서는 홀로코스트가 이스라엘에 끼친 두 가지 주요 결과를 강조하려 한다. 첫째, 유럽 유대인 대다수가 몰살당하면서 이스라엘은 이후 건국될 유대 국가의 인구 구성이 한쪽으로 치우치는 상황에 맞닥뜨렸다. 쉽게 설명하면, 현대 시온주의는 주로 유럽 유대인, 특히 동유럽 유대인 사회에서 발원해 주로 이들을 대상으로 확산하였다. 따라서 이들은 미래의 유대 국가에 거주할 유력한 집단이었지만, 마침내 유대 국가가 건국되자 많은 유럽 유대인은 죽고 없었다. 따라서 초기 20년 동안 이스라엘로 이주한 유대인의 다수는 북아프리카와 중동 출신이었고 이에 따라 이스라엘 사회의 구성과 성격은 물론 문화와 정치도 점차 변화했다.

둘째, 홀로코스트에 대한 집단적 기억은 이스라엘 국가 정체성의 핵심이 되어 이스라엘 유대인이 자신을 보는 방식뿐만 아니라 다른 사람(팔레스타인인과 아랍인. 일반적으로 비유대인을 말한다)을 보는 방식에도 영향을 미쳤다. 이로 인해 이스라엘 유대인들 사이에서 피해의식이 강화되었고 두려움과 불안감이 커지면서 위협을 과장하고 위험에 과잉 반응하게 된 것이다. 홀로코스트를 겪은 이스라엘 유대인이 느낀 고립감은 자립(특히 군사력 강화)에 대한 의지를 부추겼다. 정리하자면, 홀로코스트는 이스라엘 유대인에게 일종의 집단적 트라우마로 작용했고, 이는 이스라엘의 위협에 대한 인식, 외교 및 안보 정책, 심지어 이스라엘 방위군Israel Defense Forces, IDF의 행동에까지 영향을 미쳤다. 그 결과 이스라엘-팔레스타인 분쟁은 홀로코스트가 있기 훨씬 전에 시작되었음에도 불구하고 홀로코스트의 영향을 크게 받았고, 이는 지금도 계속되고 있다.

팔레스타인에 대한 유엔 분할 계획은 무엇인가?

1947년 영국으로부터 팔레스타인 문제를 이어받은 유엔은 이 문제를 조사하고 해결책을 제시하기 위해 11개 국가 대표로 구성된 팔레스타인 특별위원회UNSCOP를 구성했다. UNSCOP은 팔레스타인을 순회하며 증거를 수집하고, 청문회를 개최하고(팔레스타인 아랍 지도자들이 위원회를 보이콧했기 때문에 시온주의자 측의 발표만 듣고 아랍 측 발표는 듣지 못했다), 유럽의 유대인 난민 수용소를 방문했다. 수개월에 걸친 작업 끝에 UNSCOP은 팔레스타인에 대한 영국 위임령을 종료하고 팔레스타인을 아랍 국가와 유대 국가로 분할하되 두 국가가 경제적으로 연합하고 예루살렘과 베들레헴은 국제 통제하에 두자는 내용의 보고서를 제출했다(대다수 위원이 여기에 동의했다). 반면, 이에 동의하지 않은 소수 위원들은 아랍인과 유대인에게 각각 지방 자치권을 부여하는 단일 연방 국가를 제안했다.

유엔은 당시 팔레스타인에 거주하는 아랍 인구(120만 명)가 유대인(60만 명)의 두 배가 넘었음에도 불구하고, 팔레스타인 영토의 반 이상(약 56%)을 유대 국가에 할당했다(지도2 참조). UNSCOP은 유럽에 있는 약 25만 명의 유대인 난민과 실향민이 이곳으로 이주할 것이라는 예상하에(달리 갈 곳이 없었으므로) 이러한 배분을 결정했지만, 팔레스타인 아랍인들은 유대인 홀로코스트 생존자의 운명은 그들(혹은 홀로코스트가 발생한 유럽)

의 문제이지 자신들이 감당할 일이 아니라고 주장했다. 타인의 범죄로 인한 결과를 자신들이 받아들일 수 없다고 여긴 것이다. 또한 이들은 팔레스타인 땅에서 가장 비옥한 지역이 유대 국가에 할당되었다는 사실에도 분개했다(유대 국가에 할당된 땅의 절반 이상은 척박한 네게브 사막이었지만).

그러나 아랍 국가에 훨씬 더 크고 비옥한 지역을 할당했다 하더라도 팔레스타인 아랍 지도부(아민 알 후세이니와 그의 추종자)는 UNSCOP의 분할 계획을 받아들이지 않았을 것이다. 그들은 팔레스타인 분할이 비민주적이고(대다수의 팔레스타인인이 분할에 반대했다), 불법적이며(민족 자결이라는 국제법 원칙에 위배되기 때문이다), 부당하다는 이유로(전체 영토가 마땅히 자신들의 것이며 유엔은 그들의 땅을 양도할 권리가 없다고 주장했다) 이를 거부했다. 당시 이집트, 시리아, 레바논, 트랜스 요르단 등 주변 아랍 국가들이 식민 통치에서 독립해 민족 자결권을 행사하는 것과는 반대로 자신들은 이러한 권리를 부당하게 거부당하고 있는 것처럼 보였기 때문이다. 그 결과 이웃 국가들의 지원과 격려를 받은 팔레스타인 아랍 지도부는 유엔 분할 계획을 받아들이지도, 존중하지도 않았다.

반면 시온주의자들은 달랐다. 시온주의 지도부는 그들이 오랫동안 원했던 국가를 가장 필요한 순간에 얻을 수 있었기 때문에 유엔 분할 계획을 공식적으로 받아들였다(지도부에서 떨어져 나온 우파 수정주의 시온주의자들은 분할에 강력히 반대했다). 하지만 그들 역시 몇 가지 문제가 있었다. 가장 우려했던 것은 아랍계 유대인이 새로운 유대 국가 인구의 절반에 가까우며, 시간이 지나면 이들이 다수를 차지하게 될 거라는 사실이었다. 그렇게 되면 내부적으로도 취약해지고, 국경선이 불분명해질 수 있어서 외부 공격에도 취약해질 수 있다고 생각했다. 또한 이들은 예루살렘이 유대 국가의 영역이 아니라 국제사회의 통제하에 있다는 사실에도 실망을 감추지 않았다(헤브론 등 유대인에게 역사적, 종교적으로 중요한 지역이 아랍 국가 영토에 포함되기도 했다). 이러한 불만에도 불구하고 벤구리온이 이끄는 시온주의 지도부는 UNSCOP의 분할 계획을 수용했고, 유엔 회원국, 특히 미국에 적극적으로 로비를 벌여 유엔 총회 투표에서 찬성표를 던지게 함으로써 원하는 바를 이루었다.

1947년 11월 29일, 장시간에 걸친 열띤 토론 끝에 유엔 총회 회원국의 3분의 2에 해당하는 다수가 UNSCOP 분할 계획의 수정 버전인 '유엔 결의안 181호'를 채택하기로 결의했다(찬성 33표, 반대 13표, 기권 10표). 그 자리에 있던 몇몇 유엔 대표들이 박수를 치자 아랍 국가 대표들은 항의하며 퇴장했다. 초조한 마음으로 라디오 생방송을 통해 투표 결과를 접한 전 세계 유대인들은 기뻐하며 축하했고, 아랍인들은 분노를 참지 못했다. 팔레스타인의 아랍인들은 파업에 들어갔고, 분노한 폭도들과 무장 갱단이 유대인을 공격하기 시작했으며, 이에 시온주의 민병대도 보복에 나섰다. 폭력이 격화되면서 양측의 민간인이 고의로 살해되는 일도 발생했다. 그러나 팔레스타인의 아랍계와 유대계 사이에 내전이 발발했음에도 불구하고, 명목상 여전히 팔레스타인을 통치하고 있었지만 철수를 준비 중이던 영국은 개입을 거부한 채 방관했다. 1948년 5월, 내전은 결국 아랍-이스라엘 간 전쟁으로 번졌고 엄청난 후유증을 초래했는데, 이에 대해서는 다음 장에서 살펴보겠다.

아랍-이스라엘 전쟁

아랍과 이스라엘은 몇 차례나 전쟁을 벌였고, 얼마나 많은 사람이 사망했는가?

아랍 국가와 이스라엘 간에 일어난 전쟁의 횟수를 세거나 사상자 수를 집계하는 것은 쉬운 일이 아니다. 1948년 건국 이래 현재까지, 이스라엘은 비국가 무장 단체를 포함한 다양한 아랍 세력과 끊임없이 싸워왔다. 혹자는 이를 두고 휴전과 일시적인 폭력 소강상태가 반복되는 끝없는 전쟁 상태라고 말한다. 그러나 이러한 충돌은 군사 전문가들이 말하는 '고강도 분쟁high-intensity conflicts'과 '저강도 분쟁low-intensity conflicts'으로 구분할 필요가 있는데, 여기서 전자는 재래식 전쟁을, 후자는 게릴라전, 테러, 반란, 대테러 캠페인 등을 의미한다. 1950년대 초, 팔레스타인의 무장 세력 페다인*fedayeen*(아랍어로 '자기 희생자'라는 뜻)이 이스라엘에 대한 공격을 시작한 이래로 양측은 저강도 분쟁을 지속해 왔다. 또한 이스라엘은 지난 30여 년 동안 레바논의 시아파 무장 단체인 헤즈볼라(이란과 동맹을 맺고 군사적, 재정적 지원을 받고 있다)와도 저강도 분쟁을 벌여 왔다. 그 과정에서 수많은 게릴라 습격, 테러 공격, 폭격, 암살, 납치 등이 발생해 수천 명의 사상자가 나왔는데, 그중 다수는 민간인이었다. 한편 이스라엘은 여러 아랍 세력과 총 9번의 전쟁을 치렀다(여기서 '전쟁'은 정치학자들이 일반적으로 사용하는 정의를 따랐다. 정량적 데이터를 기반으로 하는 정의에 의하면, 전쟁은 전투로 인한 직접 사망자가 1년에 1000명 이상 발생하는 분쟁을 의미한다). 9번의 전쟁에 대한 간략한 내용은 아래를 참고하기 바란다.

1947~1949년 전쟁(이스라엘의 '독립 전쟁')

이스라엘 vs. 이집트, 요르단, 시리아, 레바논, 이라크 간에 일어난 전쟁
(1차 중동전쟁)

이스라엘인 6300명, 팔레스타인인 1만 3000~1만 6000명, 기타 아랍인
2000~2500명 사망.

1956년 전쟁('시나이 전쟁' 또는 '수에즈 전쟁')

이스라엘, 영국, 프랑스 vs. 이집트 (2차 중동전쟁)

이스라엘인 231명, 이집트인 약 3000명 사망.

1967년 전쟁('6일 전쟁' 또는 '6월 전쟁')

이스라엘 vs. 이집트, 요르단, 시리아, 이라크 (3차 중동전쟁)

이스라엘인 796명, 아랍인 약 1만 8600명 (이집트인 1만 1500명, 시리아인
1000명, 요르단인 6100명 포함) 사망.

1969~1970년 전쟁('소모전')

이스라엘 vs. 이집트

이스라엘인 1424명, 이집트인 약 5000명 사망.

Chapter 3. 아랍-이스라엘 전쟁

1973년 전쟁('욤 키푸르 전쟁', '10월 전쟁' 또는 '라마단 전쟁')

이스라엘 vs. 이집트 및 시리아 (4차 중동전쟁)

이스라엘인 2688명, 이집트인 1만 5000명, 시리아인 3500명 사망.

1982~1985년 1차 레바논 전쟁

이스라엘 vs. 팔레스타인 해방 기구(PLO) 및 시리아

이스라엘인 1216명과 아랍인 약 2만 1000명 (시리아 370명, PLO 1000명,

레바논인 및 팔레스타인인 1만 9000명 이상. 대부분 민간인) 사망.

2006년 2차 레바논 전쟁

이스라엘 vs. 헤즈볼라

이스라엘인 165명(민간인 44명 포함), 레바논인 약 1100명(대부분 민간인)

사망.

2008~2009년 1차 가자 전쟁 ('캐스트 리드 작전')

이스라엘 vs. 하마스

이스라엘인 13명(민간인 3명 포함), 팔레스타인인 약 1400명 (대부분

민간인) 사망.

2014년 2차 가자 전쟁('프로텍티브 엣지 작전')

이스라엘 vs. 하마스

이스라엘인 72명(민간인 5명 포함), 팔레스타인인 2100명 이상 (대부분

민간인) 사망.

불과 70년 동안 이스라엘과 아랍 사이에 이렇게 많은 전쟁이 있었다는 사실도 놀랍지만, 전쟁이 일어난 시기는 더욱 주목할 만하다. 제2차 세계대전 이후 국가 간의 전쟁은 전반적으로 감소했고, 대부분의 전쟁은 국가 간 전쟁이 아닌 내전의 형태로 일어났다. 이런 추세에서 아랍 국가와 이스라엘 간의 전쟁이 빈번했다는 것은 매우 예외적이다.

아랍-이스라엘 전쟁은 그 수도 많았지만, 1948년부터 1982년까지 약 10년에 한 번씩 정기적으로 발생했을 정도로 상당히 빈번하게 일어났다. 1차 레바논 전쟁이 끝난 1985년부터 2차 레바논 전쟁이 시작된 2006년 사이에는 전면적인 아랍-이스라엘 전쟁이 없었지만 이스라엘은 이 시기에도 레바논 남부에서 반군 전쟁을 계속했다. 1987~1993년, 2000~2005년에는 두 차례의 팔레스타인 봉기(인티파다intifada)도 발생했다(2차 인티파다에서는 일부 아랍-이스라엘 전쟁에서의 사망자 수보다 많은 4000여 명이 목숨을 잃었다). 2006년 아랍-이스라엘 전쟁이 재개된 이후에는 수년에 한 번씩 계속해서 전쟁이 발발하면서 과거보다 훨씬 더 빈번해졌다.

최근의 아랍-이스라엘 전쟁(2006, 2008~2009, 2014)은 두 가지 중요한 측면에서 이전 전쟁과 다르다. 첫째, 다자간 전쟁이 아닌 양자 간 전쟁이었다. 이스라엘은 아랍 연합군이 아닌 단일 상대와 맞서 싸움으로써 결정적인 군사적 우위를 점할 수 있었고, 그 결과 이스라엘 사상자는 아랍 사상자보다 훨씬 적었다. 둘째, 이 전쟁에서 이스라엘의 적은 국가가 아니라 헤즈볼라Hezbollah나 하마스Hamas 같은 비국가 세력이었다. 실제로

1973년 이후 이스라엘과 전쟁을 벌인 아랍 국가는 한 곳도 없다. 아랍 국가들은 사실상 군사적으로 분쟁에서 손을 뗐고, 이집트와 요르단은 이스라엘과 수교도 맺었다. 요약하자면 오늘날 아랍-이스라엘 전쟁은 국가 간 전쟁이 아니라 국가 대 비국가 세력 간의 '비대칭' 전쟁이며, 이로 인해 아랍 측의 민간인 사상자는 늘어났지만 이스라엘 사망자는 훨씬 적다. 따라서 이스라엘로서는 전쟁에 드는 비용이 훨씬 줄어든 반면 헤즈볼라나 하마스 같은 상대는 (자신들의 군사적 약점을 상쇄하기 위해) 전면전을 피하고 민간인 사이에 섞여서 공격을 가하기 때문에 이들을 상대하기는 더욱 어려워졌다고 할 수 있다.

마지막으로, 아랍-이스라엘 전쟁은 발생 빈도가 잦았음에도 불구하고 전쟁의 치사율은 비교적 낮다. 아랍-이스라엘 전쟁 전체를 통틀어 약 10만 명(군인 및 민간인 포함)이 사망했는데, 이는 역대 발생했던 수많은 단일 전쟁, 심지어 중동에서 일어난 다른 전쟁과 비교해도 적은 수치다. 예를 들어 1980년대 발생한 이란-이라크 전쟁의 사망자 수는 아랍-이스라엘 전쟁의 전체 사망자 수를 합친 것보다 10배가량 많고, 최근에는 시리아 내전으로 4배 이상의 사람들이 사망했다. 그럼에도 불구하고 아랍-이스라엘 전쟁은 이스라엘-팔레스타인 분쟁은 물론이고 지역적, 심지어 전 세계적으로도 큰 영향을 미쳤다. 그중 가장 결정적인 것은 1947~1949년과 1967년의 전쟁이다.

1948년 아랍 국가들이 이스라엘에 맞서 전쟁을 벌인 이유는 무엇인가?

1948년 아랍-이스라엘 전쟁은 1947년부터 1949년 사이에 일어난 연속적인 두 번의 전쟁을 의미한다. 첫 번째 전쟁은 1947년 11월부터 1948년 5월까지 팔레스타인 위임통치령Mandatory Palestine 지역에서 벌어진 내전으로, 하가나, 이르군, 레히로 구성된 시온주의 군대와 비정규 팔레스타인-아랍 세력 사이의 전쟁이었다. 그 직후에 벌어진 두 번째 전쟁은 이스라엘과 아랍 이웃 국가들(이집트, 요르단, 시리아, 레바논, 이라크) 사이에서 일어난 국가 간 전쟁으로, 영국 위임통치령이 종료되고 이스라엘이 건국을 선언한 다음 날 시작되어 1949년 1월에 끝났다. 일반적으로 이 두 번의 전쟁은 하나의 사건(이스라엘 유대인들은 '독립 전쟁'이라고 부르고 팔레스타인인들은 '나크바[대재앙]'라고 부른다)으로 인식되지만, 사실 이 두 전쟁은 서로 다른 동기에 의해 촉발된 별개의 사건이다. 이스라엘인에게 널리 알려진 서사와 달리, 팔레스타인과 아랍 국가가 전쟁을 시작한 이유는 단지 유대 국가의 출현을 막기 위해서가 아니다. 팔레스타인의 목적은 (1947년 유엔 분할 계획에 따라) 땅을 분할하고 유대 국가의 수립을 막으려는 게 분명했지만, 이웃 국가들이 군사적으로 개입한 이유는 신생 유대 국가를 파괴하고 '유대인을 바다에 던져 버리려는'(당시 아랍 국가들이 외친 수사적 표현으로, 유대인이 그들의 서사를 주장하기 위해 강조하는 표현이다) 목적보다는 아랍 내부의 경쟁 관계와 국내 정치적인 요소가 훨씬 더 컸다.

　아랍 국가들이 분쟁에 적극적으로 개입하기 시작한 것은 1930년대였다(그중 일부 국가는 영국 정부의 초청으로 팔레스타인 문제를 의논하기 위한 1939년 런던 회의에 참석하기도 했다). 제2차 세계대전이 끝나고 영국과 프랑스로부터 독립한 이집트, 요르단, 시리아, 레바논, 이라크는 사우디아라비아 및 예멘과 함께 아랍 연맹Arab League을 결성해 각국의 관계를 돈독히 하고 정책을 조율했다. 그러나 아랍 연맹은 처음부터 두 진영으로 나뉘어 있었는데, 한쪽에는 요르단(요르단 하쉬미트 왕국)과 이라크가, 다른 쪽에는 이집트, 시리아, 사우디아라비아 등이 속해 있었다. 당시 요르단의 압둘라 국왕은 팔레스타인을 합병하려는(이후에는 시리아와 레바논도) 정치적 야망을 품고 있었고, 반대쪽 진영에서는 당연히 이를 반대했다. 이런 상황에서 유엔 분할 계획이 발표되자 아랍 연맹은 이를 거부하며 유대 국가가 세워질 경우 이를 '제거하는 전쟁'도 각오해야 할 거라고 공개적으로 위협했지만, 압둘라 국왕은 유엔 분할 계획을 지지하고 유대 기구 Jewish Agency(팔레스타인 유대인 공동체의 실질적 정부)와 비밀리에 협상을 벌였다. 요르단이 이스라엘에 할당된 지역을 공격하지 않는 대가로 '팔레스타인 아랍인'에게 할당된 영토를 일부 차지한다는 내용이었다. 당시 다른 아랍 국가들은 이 비밀 협약에 대해 알지 못했지만, 압둘라 국왕의 행동에 의혹을 표하며 요르단이 팔레스타인 땅을 차지하려는 건 아닌지 염려했다. 한편 이집트의 파루크 국왕 역시 압둘라 국왕과 경쟁하며 아랍 세계의 지도자가 되기를 꿈꾸었고, 팔레스타인 남부 지역을 합병하려는 야망을 품고 있었다(이라크, 시리아, 레바논 역시 팔레스타인에 대한 독자적인 계획이 있었다).

따라서 당시 아랍 연맹에 속한 5개 국가(이집트, 요르단, 시리아, 레바논, 이라크)가 이스라엘과 전쟁을 시작한 가장 큰 이유는 바로 자국의 이익(비록 통치자의 이익에 가까웠지만)이었다. 겉으로는 팔레스타인을 대신해 행동에 나서는 것이라고 선언하면서도 실제로는 영토에 대한 탐욕과 권력 경쟁이 훨씬 더 큰 이유였던 것이다. 그렇다고 해서 아랍 국가들이 난민이 된 팔레스타인 사람들의 절박한 처지에 관심이 없었다고는 말할 수 없다. 아랍 세계의 여론은 팔레스타인 대의를 강력하게 지지하고 시온주의에 대해서는 격렬하게 반대했다. 만약 아랍 국가들이 이러한 대중적 정서를 무시하고 시온주의자(나중에는 이스라엘 군대)들이 팔레스타인 사람들을 쫓아내는 것을 보고도 방관했다면, 이는 국내 정치 불안을 야기해 그러잖아도 취약한 정권의 안정을 위협하는 결과를 낳았을 수도 있다. 이런 점에서 아랍 국가의 군사적 개입은 국내 여론을 고려하고 권력을 유지하기 위한 어쩔 수 없는 선택이었다(그러나 아이러니하게도, 전쟁에서 보여준 이들 국가의 군사력은 영국군의 훈련을 받은 요르단 군대를 제외하고는 너무나 형편없었고, 이는 정권에 대한 불신으로 이어져 이후 10년 동안 이집트, 시리아, 이라크에서 지도자 교체 및 정권 변화의 물결로 이어졌다).

아랍 국가는 자국의 이익을 보호하고자 연합을 이루었으나 비조직적으로 행동했다. 이는 아랍 국가가 전쟁에서 패한 이유를 설명하는 데도 도움이 된다. 겉으로 보기에는 아랍 국가의 수적 우위(전쟁에 참여한 아랍 5개국의 총인구는 이스라엘의 50배였다)가 훨씬 강해 보였지만, 이스라엘군은 아랍군보다 규모도 크고 잘 훈련되어 있었다(이스라엘군 약 3만 5000명,

아랍 연합군은 2만 5000명). 게다가 아랍 군대는 각국의 공조가 거의 없었기 때문에 개별적으로 움직였고, 그 결과 이스라엘은 한 번에 하나의 적에만 집중하면 되었다. 예를 들어 요르단 군대의 경우 예루살렘 주변에서는 이스라엘과 치열한 전투를 벌였지만(이 지역은 앞에서 말한 요르단과 이스라엘의 영토 분할 협정에 포함되어 있지 않았다), 다른 지역에서는 이스라엘 군대에 맞서 싸우지 않았고, 심지어 1948년 11월부터 1949년 1월까지 이스라엘 방위군이 남쪽 네게브 지역에서 이집트군을 몰아내던 전쟁 막바지에는 아예 전쟁에서 빠져 있었다.

당시 아랍 군대가 규모도 작고 비조직적이었다는 사실은 이 전쟁에 관해 이스라엘이 주장하는 전통적인 서사에 대치된다. 이스라엘은 이 전쟁을 골리앗과 맞선 다윗 이야기의 현대적 버전, 즉 '다수를 상대로 소수가 이뤄낸' 기적적인 승리로 묘사하기 때문이다. 이는 또한 아랍 세계가 주장하는 '아랍의 단합 및 팔레스타인과의 연대'가 실제보다 수사적 표현에 가까웠다는 사실, 그리고 팔레스타인 사람들이 앞으로 고통스럽게 배워야 했던 냉혹한 현실을 보여주는 것이기도 하다.

1947~1949년 전쟁이 이스라엘과 팔레스타인에 초래한 결과는 무엇인가?

여러 면에서 1차 중동전쟁은 이 지역에 가장 큰 영향을 미친 전쟁이었다. 그 여파는 오늘날까지도 계속되고 있으며, 이에 대한 논의 없이 이스라엘과 팔레스타인 간의 평화를 모색하는 것은 불가능하다. 1차 중동전쟁으로 인한 가장 중요한 결과는 이스라엘의 건국이다. 1948년 5월 14일, 다비드 벤구리온은 텔아비브에 운집한 수많은 관중 앞에서 이스라엘 국가 수립을 공식적으로 선언했다. 미국과 소련은 그 즉시 유대 국가의 설립을 외교적으로 승인(신생 국가의 필수적 요건이다)했지만, 새로운 국가의 존립이 확실히 보장된 것은 이스라엘이 아랍 군대의 침략을 성공적으로 막아낸 다음의 일이었다. 만약 전쟁에서 패했다면 이스라엘은 존재하지 않았을 것이다. 바로 이것이 이스라엘 유대인들이 이 전쟁을 '독립 전쟁'으로 기념하는 이유다. '유대 국가 건설'은 이스라엘 유대인뿐만 아니라 전 세계 많은 유대인에게도 매우 중요한 의미를 지녔다. 이들은 유대 국가의 출현을 역사적으로, 심지어 신학적으로도 중요한 사건으로 해석했는데, 이는 특히 홀로코스트 직후에 유대인의 나라가 생겼다는 사실 때문이다. 이스라엘 및 디아스포라 유대인들은 1차 중동전쟁에서 이스라엘이 살아남았다는 사실을 기적으로 받아들인다. 시온주의의 성공인 동시에 유대 민족이 멸망을 눈앞에 두고 '구원'받은 것으로 인식하는 것이다.

이스라엘은 생존했을 뿐만 아니라 영토도 확장했다. 1947년 이스라엘은 유엔 분할 결의안에 따라 영국이 위임통치하던 팔레스타인 땅의 56%를 할당받았지만, 이들은 이 땅은 물론이고 팔레스타인에 할당된 영토도 차지하고자 했다. 그 결과 오늘날 이스라엘 영토는 예루살렘 서쪽 지역(유엔 분할 계획에 따라 국제 통제하에 두었던 지역)을 포함해 위임통치령 팔레스타인(제1차 세계대전 이후 국제연맹이 오스만 제국에서 분리해 영국에 할당한 지역 – 옮긴이)의 약 78%에 이른다. 1949년 체결한 휴전 협정에서는 1차 중동전쟁에서 확보한 이스라엘의 새로운 국경이 인정되지 않았지만, 시간이 지남에 따라 팔레스타인과 아랍 국가는 물론이고 국제 사회에서도 사실상의 국경으로 받아들여지고 있다(이스라엘은 이에 만족하지 않는다). 국경이 확대되면서 이스라엘은 외부의 공격에 덜 취약해졌으나 여전히 안전하지는 않다.

그러나 이스라엘이 얻은 승리는 팔레스타인에 엄청난 비극이었다. 팔레스타인 사람들은 이를 '나크바'라고 부르는데, 나크바는 1948년 전쟁 당시 베이루트아메리칸대학교 교수였던 콘스탄틴 주레이크가 쓴 책의 제목에서 따온 용어로, 대재앙이라는 뜻을 지닌다. 1차 중동전쟁은 유대 국가의 존립을 보장했지만 팔레스타인 국가의 출현을 막는 결과를 낳았다. 팔레스타인인들이 기대하던 것과 정반대의 결과였다. 유엔 분할 계획에서 구상했던 아랍 국가 탄생은 실현되지 않았고, 오히려 영토가 분할되었다. 구시가지를 포함한 예루살렘의 동쪽 절반과 요르단강 서쪽에 있어 '서안지구'로 불리는 팔레스타인 중부의 언덕 지역은 요르단이 점령 병합했고, 가자시 주변의 남부 해안을 따라 위치한 좁은 땅('가자지구')은 이집트가 장악한 것이다. 요르단과 이집트는 1967년에 발발한 제3차 중동전쟁에서 이스라엘이 이 지역을 정복할 때까지 이곳에 대한 통제권을 유지했다.

팔레스타인 사람들은 사실상 고향을 잃은 셈이었다. 민족 자결권과 국가 수립에 대한 희망도 산산이 부서졌다. 팔레스타인은 이스라엘, 요르단, 이집트 등 외국의 통치 아래 계속해서 살아야 했고, 이들 중 어느 나라도 팔레스타인의 독립을 지지하지 않았다(이스라엘과 요르단은 팔레스타인 민족주의의 표현을 억압하고 심지어 금지하기도 했다). 유엔 분할 계획에 따라 이스라엘 시민이 된 약 15만 명의 팔레스타인인은 '제5열fifth column(적을 이롭게 하거나 적과 내통하는 자 – 옮긴이)'로 간주되어 이스라엘 군사 통치하에서 소수민족으로 살았다. 요르단이 장악한 서안지구와 이집트 통치하의 가자지구에 거주하는 팔레스타인인 역시 엄격한 감시와 통제의 대상이었기 때문에 상황은 비슷했다.

총 130만 명에 달하는 팔레스타인인은 무국적 상태에 놓였고, 전쟁을 거치며 그중 절반인 60만~75만 명이 난민으로 전락했다(1949년 당시 팔레스타인 난민 수에 대한 추정치는 매우 다양하다). 대부분의 난민은 서안지구와 가자지구의 임시 텐트촌(현재는 과밀 판자촌)에 수용되었지만 시리아와 레바논으로 쫓겨 가거나 중동 전역 및 그 너머로 흩어진 난민의 수도 상당했다. 이렇게 시작된 팔레스타인 난민 문제는 해를 거듭할수록 규모 면에서 더욱 심각해졌는데, 이는 70만 명 정도였던 초기 팔레스타인 난민들이 5~6세대에 걸쳐 후손을 낳았고, 유엔 팔레스타인 난민구호기구UN Relief and Works Agency, UNRWA(팔레스타인 난민 지원 사업을 위한 유엔 특별기구)

의 기준에 따라 이들 역시 난민으로 정의되면서 그 수가 엄청나게 많아진 결과다. 현재 팔레스타인 난민은 500만 명이 훨씬 넘는다. 팔레스타인 난민의 귀환권을 둘러싼 논란을 비롯해 점점 커지는 난민 문제에 대한 책임이 누구에게 있는지, 그리고 이 사태를 어떻게 해결해야 하는지는 이스라엘-팔레스타인 분쟁에서 가장 논란이 많은 주제이며, 이 분쟁의 종식을 위해 넘어야 할 가장 큰 장애물이다.

이스라엘이 전쟁에서 승리하고 팔레스타인인들이 원래 살던 땅에서 쫓겨나면서 분쟁의 성격이 바뀌기 시작했다. 전쟁 이전의 이스라엘-팔레스타인 분쟁은 다수의 팔레스타인계 아랍인과 소수의 유대 민족 사이에 벌어진 공동체 간의 갈등이었다. 하지만 전쟁이 끝나자 이 분쟁은 이스라엘이라는 국가와, 국가의 존립 자체가 위태로운 상태에서 여기저기 흩어진 무국적 민족 간의 갈등이 되었다. 이 새로운 분쟁 국면에서 이스라엘은 중앙집권적 리더십, 군사력과 경제력, 외교 관계 등 국가적 지위를 바탕으로 강력한 힘을 발휘했다. 반면 지도자도 없고 힘도 없는 팔레스타인은 아랍 국가의 지원과 자금에 의존할 수밖에 없었다. 힘의 균형이 이스라엘 쪽으로 크게 기울어져 있었기 때문에 분쟁을 평화적으로 해결하자고 합의할 가능성은 거의 없었다(이는 힘의 균형이 팔레스타인에 유리한 것처럼 보였던 영국 위임통치 시기에 양측의 분쟁을 해결하기 힘들었던 것과 마찬가지다).

그러나 1차 중동전쟁 이후 20년 동안 이스라엘과 아랍 이웃 국가들 사이에 더 크고 광범위한 분쟁이 발생하면서 이스라엘-팔레스타인 분쟁은 시야에서 사라졌다. 이스라엘은 아랍 국가, 특히 이집트, 요르단, 시리아 등 주변 국가들을 주적primary enemy으로 여겼다. 이는 이들 국가의 지도자들이 이스라엘에 대해 호전적인 발언을 자주 한 데다 실제로도 그런 위협을 가할 만한 나라였기 때문이다. 반면, 팔레스타인 무장 세력인 페다인이 이스라엘 국경을 넘어 여러 차례 공격을 감행했음에도 불구하고, 이스라엘은 이들을 위협적인 상대로 여기지 않았다. 대부분의 이스라엘인에게 팔레스타인은 주의를 기울일 대상조차 아니었다.

팔레스타인은 아랍 세계에서도 존재감이 없었다. 팔레스타인의 대의는 이스라엘에 대항하는 아랍 민족주의 투쟁에 묻혔고, 팔레스타인은 이 투쟁에 열광적으로 동조했음에도 불구하고 투쟁의 중심 역할을 차지하지 못했다. 아랍 민족주의의 핵심 가치인 '시온주의 국가(이스라엘)' 거부와 '팔레스타인 해방'조차 팔레스타인을 위한 것이 아니었다. 이러한 대의는 아랍 정권의 이익과 권위주의 통치자들의 야망에 부합했고, (이스라엘 건국을 서구 열강이 아랍 땅을 식민지화하고 아랍 세계를 분열시키려는 의도로 인식하는) 아랍 민족주의와 범아랍주의의 이념적 세계관에도 힘을 실어주었다. 범아랍주의는 기존에 존재하던 여러 아랍 국가를 대신하는 아랍 단일 국가 건설을 추구했는데, 이는 1950년대 말~1960년대 초 이집트에 등장한 카리스마 넘치는 지도자 가말 압둘 나세르가 가장 강력하게 주장했으며, 이 시기에 세워진 시리아와 이라크의 바트주의Ba'athist 정권에서도 지지했다.

이스라엘 유대인들은 아랍 세계로부터 안위를 위협받는다고 생각했다(사실 아랍 세계는 이스라엘인들이 생각하는 것보다 훨씬 분열되어 있었지만). 또한 자신들이 항상 적에게 둘러싸여 있다는 생각과 고립감, 그리고 존립의 위협도 느꼈다. 이는 오늘날에도 이스라엘 유대인들에게 여전히 남아 있는 감정이지만 홀로코스트의 트라우마가 생생한 당시 상황에서는 이러한 느낌이 더욱 강화되었을 것이다. 유대인에 대한 박해와 반유대주의 폭력이 증가하면서 1948년에서 1956년 사이에 약 70만 명의 유대인이 아랍 국가에서 빠져나갔는데, 이는 이스라엘 유대인 사이에서 아랍 세계는 반시온주의가 아니라 반유대주의이며, 아랍인과 유대인은 적이라는 믿음이 확산하는 계기가 되었다(이로 인해 이스라엘의 많은 미즈라히 유대인은 자신이 '아랍인'임을 부인하고, 공공장소에서 모국어인 아랍어를 사용하지 않으며, 심지어 그들의 문화적 전통을 포기하기도 했다). 인구 통계적 측면에서 이스라엘로 대거 유입된 미즈라히 유대인은 이스라엘에 큰 힘이 되었지만 이러한 사실은 유대인 사회에서 미즈라히 유대인의 지위 향상에 아무런 도움도 되지 않았다.

정리하자면, 1947~1949년 전쟁은 양측의 적대감을 심화하고, 팔레스타인 난민 문제를 초래했으며, 갈등이 지역 및 국가 간 분쟁으로 확대되는 결과를 낳았다. 그 결과 아랍-이스라엘 분쟁이 일어났고, 이스라엘-팔레스타인 분쟁은 해결하기 훨씬 더 어려워졌다.

1948년 많은 팔레스타인인이 난민이 된 이유는 무엇이며, 그 책임은 누구에게 있는가?

이스라엘-팔레스타인 분쟁에서 난민 문제만큼 격한 감정을 불러일으키고, 선동으로 가득 차 있으며, 오랜 기간 논쟁의 대상이 되는 이슈는 없다. 많은 팔레스타인인, 특히 실제로 난민이거나 스스로를 난민이라고 생각하는 팔레스타인인에게 이 문제는 타협의 여지가 전혀 없는 중대한 일인 반면, 대부분의 이스라엘인은 이 문제가 인위적으로 부풀려졌다고 생각한다. 난민 문제에 대한 책임이 누구에게 있는지, 더 나아가 이 문제를 해결할 책임이 누구에게 있는지는 양측 모두에게 단순한 역사적 논쟁거리가 아니다. 이는 양측의 상반된 국가적 서사의 핵심이자 집단적 정체성을 관통하는 문제이기 때문이다. 팔레스타인인과 그 지지자들은 70년 동안 지속된 난민 문제를 민족적 비극을 드러내는 상징으로 이해한다. 따라서 난민은 피해자로서의 팔레스타인을 보여주는 전형이며, 당연히 이스라엘에 책임이 있다고 믿는다. 하지만 이스라엘 유대인들은 이러한 주장을 불공정하고 선동적인 것으로 간주할 뿐만 아니라, 무고한 희생자인 자신들을 악당으로 몰아붙이는 것이라 주장한다. 이처럼 팔레스타인 난민을 둘러싼 논쟁에서 문제가 되는 것은 각 민족이 지닌 집단적 기억과 서사, 그리고 정체성이며, 바로 이것이 난민 문제가 매우 첨예하고 타협하기 어려운 이유다.

1948년 전쟁으로 어떻게 70만 명에 달하는 팔레스타인 난민이 발생했는지에 대해서는 두 가지 설명이 있다. 팔레스타인과 그 지지자들은 처음에는 시온주의자, 나중에는 이스라엘 군대가 중앙의 지시에 따라 조직적으로 '종족 청소'를 자행했다고 주장한다. 즉, 순수한 유대 국가(아랍인이 없는 국가)를 만들기 위해 그곳에 살던 사람들을 폭력을 동원해 강제로 추방했다는 것이다. 이 설명에 따르면, 팔레스타인 난민 문제는 이스라엘에 전적으로 책임이 있으며, 따라서 이스라엘이 이에 대한 책임을 져야 한다. 반면, 이스라엘의 전통적인 주류 세력은 팔레스타인 사람들이 그들의 지도자, 혹은 외부 아랍 세계 지도자들의 지시에 따라 스스로 고향을 떠난 것이라고 주장한다. 아랍군이 전쟁에 뛰어들자, 팔레스타인 사람들은 유대인들이 전쟁에서 패해 그 땅을 떠나면 다시 돌아오려고 자발적으로 떠났을 뿐 시온주의자나 이스라엘의 종족 청소는 존재하지 않았다는 이야기다. 따라서 이스라엘의 서사에서 난민 문제는 팔레스타인 사람들 자신의 잘못이거나 유엔 분할 계획을 거부하고 내전을 일으킨 지도자의 잘못이며, 이스라엘을 공격한 아랍 국가들 역시 전쟁을 확대함으로써 팔레스타인인이 고향을 떠나도록 부추긴 책임이 있다고 주장한다.

　　이 두 가지 설명은 모두 편향되어 있을 뿐 아니라 매우 극단적이다. 이들의 목적은 당시 난민 문제가 어떻게, 그리고 왜 발생했는지에 대한 정확한 설명을 제공하기보다는 책임을 전가하거나 회피하는 데 있다. 그러나 최근의 역사가들, 특히 (이스라엘 기록 보관소의 자료를 연구해 전통적인 이스라엘의 주장을 반박하는) '수정주의revisionist' 역사학자의 대표적인 인물인 베니 모리스의 연구에 따르면, 팔레스타인인은 지도자의 권유나 명령에 따라 떠난 것이 아니라 시온주의자와 이스라엘 군대에 의해 강제로 추방되었다. 가장 큰 규모의 추방(전체 팔레스타인 난민 수의 10분의 1이 발생한 사건)은 1948년 7월 이스라엘군이 아랍 마을인 람레와 리다(오늘날에는 로드라고 불린다)를 점령했을 때 일어났다. 당시 현지 이스라엘 방위군 사령관이었던 이츠하크 라빈은 벤구리온의 지시에 따라 5만~7만 명의 팔레스타인 주민들에게 강제로 마을을 떠나라고 명령했다. 다행히도 일부는 버스라도 타고 떠날 수 있었지만, 나머지 사람들은 '리다 죽음의 행진'으로 알려진 행렬을 따라 걸어서 마을을 떠났다.

팔레스타인 사람들이 주장하는 것처럼 이 추방이 정말로 조직적인 종족 청소 작전의 일환이었을까? 일부 학자들은 1948년 3월 아랍 군대의 침공을 예상한 시온주의 지도자들이 하가나를 앞세워 수개월 동안 체계적으로 실행한 군사 계획(플랜 D)을 근거로 이것이 사실이라고 주장한다. 플랜 D는 유엔이 유대 국가로 설정한 영토의 경계와 가까운 아랍인 마을을 정복하고, 필요한 경우 파괴하라는 내용을 담고 있었다. 저항하면 국경 밖으로 추방하라고도 되어 있었다. 플랜 D는 이스라엘군 지휘관에게 팔레스타인 민간인을 추방할 권한을 부여했다. 그러나 이 권한의 실행 정도는 지휘관마다 달라서, 일관된 패턴도 없었고 팔레스타인인의 대응 방식 및 지휘관의 성격과 신념에 따라 지역마다 차이가 있었다. 이런 이유로 베니 모리스를 비롯한 일부 학자들은 유대 민족의 팔레스타인인 추방은 군사적 비상 계획이었을 뿐 정부의 지시나 정책은 아니었다고 주장한다. 모리스는 모든 팔레스타인인을 추방하기 위한 마스터 플랜은 없었으며, 만약 그런 계획이 있었다면 이스라엘에 남아있는 팔레스타인인은 극소수에 불과했을 것이라고 말했다(당시 이스라엘에는 약 15만 명의 팔레스타인인이 남아있었다). 하지만 그는 이스라엘 지도부가 팔레스타인인 추방을 묵인했을 뿐만 아니라 이를 호의적으로 바라봤다는 점은 인정했다. 그들은 아랍인이 없는 순수한 유대 국가를 원했고, 이를 위해 아랍인의 추방(또는 '이주')을 오랫동안 고려했다. 팔레스타인인 추방에 대한 정치적 지지가 있었던 것은 사실이었지만, 공식적인 종족 청소 정책은 아니었다는 의미다.

계획적이든 아니었든 간에, 전쟁 중에 민간인을 추방하는 것은 국제법에 따라 전쟁 범죄에 해당한다. 그러나 이러한 행동을 저지른 것은 팔레스타인과 아랍 군대도 마찬가지였다. 양측 모두 민간인 학살, 강간, 전쟁 포로 즉결 처형 등 다양한 종류의 전쟁 범죄를 저질렀다. 이스라엘이 아랍보다 더 많은 잔학 행위를 저질렀지만, 이는 단지 이스라엘의 군사력이 우세하고 더 많은 영토를 정복했기 때문이었을 것이다. 가장 악명 높은 사건은 1948년 4월 9일에 벌어진 데이르야신 학살이었다. 여성과 어린이를 포함해 마을 사람 100여 명이 희생된 이 사건을 포함해 여러 잔혹한 소문이 퍼져 나가자 팔레스타인 사람들은 집을 포기하고 도망쳤다.

대부분의 팔레스타인 난민이 강제 추방에 의해 발생한 것은 아니었겠지만, 이들이 전쟁 상황에서 두려움과 공포에 사로잡혀 삶의 터전을 포기하고 떠난 것은 사실이다. 공포와 공황이 전염병처럼 퍼지고 때로는 의도적으로 유도되고 조장되면서 팔레스타인 사회는 붕괴했고, 이는 결국 대규모 탈출로 이어졌다(내전 초기에 다수의 중상류층 팔레스타인인이 나라를 떠나 사람들을 하나로 모을 리더십이 부재했다는 사실 역시 이 사태를 초래한 이유 중 하나다). 전쟁 후반기에 접어들자 벤구리온을 중심으로 한 이스라엘 지도부는 이를 이스라엘의 아랍 인구를 줄일 기회로 여겼다. 1948년 6월 부터 이스라엘 정부는 난민 귀환을 공식적으로 금지했다. 그리고 사람들 이 돌아오는 것을 막기 위해 버려진 마을 수백 곳을 완전히 파괴하고 그 들의 집과 땅을 빼앗았다.

1949년, 아랍-이스라엘 분쟁을 해결하기 위해 유엔의 중재로 평화 회담이 열렸다. 이스라엘은 아랍 국가들이 나머지 난민을 흡수하고 평화 를 이루기로 합의한다면 최대 10만 명의 팔레스타인 난민을 받아들이겠 다고 제안했다. 하지만 당시 이스라엘 정부는 이미 팔레스타인 난민의 대 량 귀환을 막기 위해 입국을 금지하기로 결정한 상태였기 때문에 이 제 안의 진정성은 의심스럽다(이 제안이 등장한 배경에는 미국의 압력이 있었는 데, 이는 이스라엘이 유엔 가입을 간절히 원했기 때문이기도 하다). 한편, 아랍 국 가들은 이스라엘이 팔레스타인 난민을 모두 수용해야 평화 협상을 시작 할 수 있다고 주장하며 이 제안을 단호하게 거부했다. 이스라엘은 이를 자신들의 존재를 약화하려는 시도로 해석했고, 이후에는 포괄적 평화 협 정을 통해서만 팔레스타인 난민 문제를 해결할 수 있다고 주장하며 더욱 강경한 입장을 고수하고 있다.

정리하자면, 이스라엘은 팔레스타인 난민 문제에 대한 책임에서 결 코 자유롭지 않다. 그러나 이는 1947년 11월 유엔 분할 계획을 거부함으 로써 전쟁의 소용돌이를 일으킨 팔레스타인 지도부와 1948년 이스라엘 을 공격한 아랍 국가 역시 마찬가지다.

1956년 시나이 전쟁이란?

이 무렵, 아랍 세계에는 이스라엘이 서구 제국주의 국가와 다를 바 없다는 믿음이 널리 퍼져 있었다. 이런 상황에서 그해 10월 시나이 전쟁(수에즈 전쟁)이 발발하자 대중의 의심은 확신으로 변했다. 이 전쟁은 이스라엘과 영국, 프랑스가 이집트 대통령 가말 압델 나세르를 무너뜨리기 위해 비밀리에 모의한 결과였다. 나세르는 1952년 '자유 장교단'이 주도한 쿠데타로 군주제를 폐지하고 이집트 공화국을 수립한 후 권력을 장악했다. 카리스마 넘치고 대중적으로도 인기 있는 지도자였던 나세르는 범아랍주의를 주창하며 이 지역에서 이스라엘의 존재와 서방의 간섭에 격렬하게 반대했다. 이스라엘, 영국, 프랑스는 나세르를 제거하려는 각자의 이유가 있었다. 이스라엘은 팔레스타인의 '페다윈'이 이집트가 점령한 가자지구를 통해 국경을 넘나들며 공격해 오는 걸 막고 싶었다. 또한 1955년 9월 이집트가 티란해협(홍해로 나가거나 동아프리카와 아시아에 진출할 수 있는 좁은 수로) 통행을 막자 이를 해결하고자 했다. 그러나 무엇보다도 이스라엘은 1955년 이집트가 체코슬로바키아(소련의 꼭두각시 국가)와 대규모 무기 계약을 체결하자 군사적 힘의 균형이 바뀔 수 있다는 잠재적 위협을 느끼고 있었다. 이에 벤구리온이 이끄는 이스라엘 정부는 향후 예상되는 이집트의 공격을 막기 위해 선제적으로 '예방 전쟁'을 선택했다. 한편,

영국과 프랑스 정부 역시 나세르가 이들 국가가 소유하던 수에즈 운하를 국유화하는 것을 막고자 했다. 두 국가는 나세르를 중동에서 자신들의 영향력을 위협하는 위험한 선동가(히틀러에 비견되는 인물)로 여겼고, 특히 프랑스의 경우 나세르가 식민지 알제리의 민족해방전선을 지원한 것을 두고 위협을 느꼈다.

1956년 10월 29일, 사전에 계획된 시나리오대로 이스라엘이 시나이반도를 침공했다. 얼마 후 영국과 프랑스도 수에즈 운하를 공격으로부터 보호한다는 궁색한 구실을 앞세워 이 지역으로 군대를 보냈다. 그러나 이후 계획에 없던 일이 벌어졌다. 이집트에 대한 공격이 소련이 아랍 세계를 장악하게 만드는 결과를 낳을 것으로 우려한 미국 아이젠하워 행정부와 국제 사회가 전쟁에 대해 비판의 목소리를 높인 것이었다. 미국의 압력이 강해지자 영국과 프랑스는 중동에서 그들 국가가 영향력을 발휘하던 시대는 끝났고 이제 그 자리는 미국과 소련이 차지할 거라는 사실을 깨달으며 신속하게 퇴각했다. 이스라엘 역시 티란해협에 대한 해상 통행권을 보장하겠다는 미국의 약속을 받고는 시나이와 가자지구에서 철수했다(1957.3). 유엔은 이 지역에 최초의 유엔 평화유지군을 파견했다. 유엔이 중개한 휴전을 감독하고, 이집트군과 이스라엘군 사이의 완충 역할을 하며, 팔레스타인의 이스라엘 공격(이후 크게 감소했다)을 막기 위해서였다. 이스라엘은 이 전쟁으로 소기의 목적을 달성했지만, 국제적 명성에 손상을 입었고 미국과의 관계가 긴장되는 대가를 치러야 했다(하지만 이스라엘은 프랑스와의 관계를 강화해 주요 동맹국이 되었고 무기를 공급받았다. 이는 다음 10년간 이스라엘이 비밀리에 초기 핵 역량을 구축하는 데 도움을 주었다).

시나이 전쟁의 가장 큰 수혜자는 나세르였다. 이집트 군대의 실력은 형편없었고 이스라엘 방위군의 상대가 되지 못했지만, 수에즈 위기 앞에서 드러난 나세르의 도전적인 자세와 그를 축출하려는 세 나라의 음모에도 불구하고 정권이 살아남은 덕분에 그는 아랍 세계의 지도자 자리에 올라섰다. 전쟁 이후 나세르의 인기가 치솟고 '나세리즘Nasserism(아랍 민족주의를 기반으로 나세르가 제창한 사상 및 정책으로, 그가 사망할 때까지 중동의 정치와 외교를 지배했다 – 옮긴이)'이 숭배에 가까울 정도로 퍼져 나가면서, 이 이데올로기는 마침내 아랍 세계에서 가장 강력한 정치 세력이 되었다. 나세리즘은 범아랍주의, 아랍 사회주의, 반제국주의, 반식민주의, 반시온주의를 설파했고, 중동에서 서구의 영향력 제거, '반동적인' 아랍 정권 교체, '팔레스타인 해방'을 주창했다. 그리고 중동 전체로 퍼져 나가며 이라크 군사 쿠데타(1958), 레바논 내전(1958), 예멘 내전(1962~1970), 이집트와 시리아 간의 단기 연합(1958~1961) 등 그야말로 격변을 초래했다. 이렇게, 1956년 전쟁(2차 중동전쟁)은 나세리즘을 탄생시키며 11년 뒤에 발발할 3차 중동전쟁의 씨앗을 뿌렸다.

1967년 전쟁은 왜 일어났는가?

'6일 전쟁'이라는 이름으로도 알려진 1967년 아랍-이스라엘 전쟁(3차 중동전쟁, 아랍인들은 '6월 전쟁'이라고 부른다)이 발발한 데는 몇 가지 요인이 있다. 당시 이 지역에는 이스라엘과 이웃 국가들 간의 긴장 상태(팔레스타인 측의 공격과 이스라엘의 가혹한 보복)가 지속되고 있었고, 이스라엘이 느끼는 위협감(사방이 적으로 둘러싸여 있다는 생각), 미소 냉전 경쟁에서 비롯된 이집트-이스라엘 간의 군비 경쟁, 잦은 국경 충돌로 이어진 이스라엘과 시리아 간의 물 분쟁 등 곳곳에서 파열의 조짐이 감지되고 있었다. 또한 아랍 국가 간의 경쟁 관계(특히 나세르의 이집트와 시리아 바트주의 정권 간의 경쟁) 역시 이 지역에 팽팽한 긴장감을 조성해 전쟁의 원인으로 작용했다. 그러나 1967년 전쟁이 일어난 직접적인 원인은 1967년 5월 나세르가 취한 몇 가지 도발적인 행동에서 촉발된 위기였다. 나세르의 진짜 의도가 무엇이었는지는 여전히 불분명하다. 대부분의 학자는 나세르가 이스라엘과의 전쟁을 원하지도, 예상하지도 않았다고 생각한다. 그는 한때 아랍 세계의 영웅으로 불리던 자신의 명성과 독보적인 위치에 있었던 이집트의 지위를 회복하고자 했고, 이를 위해 상황을 극한으로 몰아가며 벼랑 끝 전술을 시도했다. 나세르가 생각한 것은 이른바 치킨 게임(한 쪽이 양보하지 않을 경우 양쪽이 모두 파국으로 치닫게 되는 극단적인 상황을 일컫는

말 - 옮긴이)이었다. 결국에는 이스라엘이 물러설 것이라고 확신한 나세르는 이 위험한 게임에 이스라엘을 끌어들이며 도발을 감행했다. 그러나 대중의 거센 압박과 군의 요청에도 불구하고 레비 에쉬콜 총리가 이끄는 이스라엘 정부는 물러서지 않았다. 대신 이집트의 도발을 선제공격이라고 주장하며 주도권을 장악하고 이집트를 공격했다(일부 역사학자들은 이러한 주장의 진정성에 의문을 제기하며 이스라엘 지도부가 이집트의 공격을 예상하지 못했다고 지적한다).

1967년 전쟁은 이집트가 도발하고 이스라엘이 시작했지만 양측 모두 전쟁을 원한 것은 아니었다. 이는 소련의 잘못된 정보와 나세르의 오판, 그리고 이스라엘의 두려움으로 인해 우발적으로 일어난 전쟁이었다. 전쟁으로 이어진 3주간의 위기를 촉발한 주체는 소련이었다. 1967년 5월 13일, 소련은 이스라엘이 시리아 국경에 군대를 집결시켰고 곧 시리아를 침공할 계획이라는 거짓 정보를 이집트에 흘렸다. 소련이 왜 이런 일을 벌였는지에 대해서는 상반된 해석이 있다. 일부 학자들은 소련이 이집트 및 시리아와의 동맹을 공고히 하고 다마스쿠스의 바트주의 정권을 지원하기 위해 이런 일을 벌였다고 주장하는 반면, 다른 학자들은 소련이 이집트가 이스라엘의 원자로를 파괴해 핵무기 개발을 막게 하고자 전쟁을 일으킨 거라고 주장한다. 한편, 나세르는 소련의 정보가 거짓이라는 것을 알고 있었지만, 이를 이스라엘에 맞서 동맹국을 보호하는 이집트의 능력을 보여줄 기회로 삼고자 했다. 그는 이스라엘을 압박하고자 시나이 지역(1956년 전쟁 이후 떠났던 지역)으로 이집트 군대를 이동시켰다. 하지만 당시 시나이에는 유엔 평화유지군이 주둔하고 있었기 때문에 이집트는 유

엔에 이들을 가자지구로 재배치해 달라고 요청했다. 이에 대해 유엔 사무
총장은 이집트에는 유엔 평화유지군 배치 지역을 선택할 권리가 없으며,
자국 영토에 주둔한 유엔 평화유지군의 철회만 요청할 수 있다는 규정을
근거로 이집트의 요청을 거부했다. 나세르가 공개적으로 이러한 요청을
하는 바람에, 이제 나세르에게는 나약한 존재로 인식될 위험을 감수하고
그대로 물러서거나 유엔 비상군의 전면 철수를 요구하는 것 외에는 다른
선택의 여지가 없었다. 대중의 지지를 등에 업은 나세르는 후자를 선택
했다. 그러고는 유엔 비상군의 철수를 강행하고, 이스라엘 남쪽 국경까지
이집트 군대를 이동시켰다. 그러자 이스라엘 역시 군대를 동원하고 모든
예비군을 소집했다. 이스라엘 예비군은 남성 인구의 상당 비율을 차지하
기 때문에 예비군이 장기간 동원되면 이스라엘 경제에 막대한 손실이 발
생한다. 그러나 이런 상황에서도 전쟁이 일어날 가능성은 여전히 희박해
보였다(이스라엘이나 미국 정부 모두 전쟁을 예상하지 않았다).

　　5월 22일, 나세르가 취한 다음 행동은 전쟁을 피할 수 없게 만들었
다. 나세르는 티란해협을 봉쇄해 이스라엘로 향하는 선박을 막음으로써
이스라엘에 각종 수입품 및 석유가 공급되지 못하게 했다. 과거에 이러
한 조치는 전쟁 행위로 간주하겠다는 점을 분명히 밝힌 이스라엘의 입장
에서 볼 때 이것은 선을 넘은 것이었다. 나세르는 (위기 상황에서 공개적으
로 초조해하고 주저하는 모습을 보인 적이 있는) 에쉬콜 총리가 여기에 적절히
대응하지 못한다면 이스라엘은 굴욕을 당하고 자신은 심리적, 정치적으
로 큰 승리를 거둘 것이라는 데 도박을 걸었다. 반대로 이스라엘이 선제
공격을 통해 먼저 전쟁을 시작한다면, 이스라엘은 외교적으로 고립되고

(지난번 전쟁에서 그랬던 것처럼) 미국, 소련, 유엔에 의해 공격을 중단하라는 강요를 받을 것이며, 그렇게 되면 이집트 군대가 이에 대처할 수 있을 것이라 믿었다.

이스라엘이 (1957년에 미국과 영국이 약속한) 티란해협에서의 자유로운 해상 통행권을 보장해 줄 국제 해군함대의 출동을 기다리는 동안, 나세르는 다시 한번 대담한 행동을 취했다. 5월 30일, 이집트는 요르단과 상호 방위 조약을 체결해 요르단 군대를 이집트 지휘하에 두고 이집트, 시리아, 요르단 간의 군사 동맹을 구축했다. 주변 아랍 군대가 이스라엘과 전면전을 벌일 준비를 하는 것처럼 보이자, 이라크, 쿠웨이트, 알제리 등 다른 아랍 국가들도 아랍 연합에 동참하기 위해 군대를 파견했다. 한편 나세르를 비롯한 아랍 지도자들이 이스라엘을 향해 파멸 위협을 거듭하자 많은 이스라엘 유대인들은 공포에 사로잡혔다. 나세르가 히틀러의 역할을 하는 제2의 홀로코스트가 일어날 가능성이 갑자기 현실화되면서 임박한 것처럼 느껴졌기 때문이다. 이스라엘군은 전쟁이 일어날 경우 자신들이 승리할 거라고 확신하고 있었지만, 이츠하크 라빈 참모총장을 비롯한 지휘부에서는 이스라엘이 먼저 공격해야 하며, 지금의 상황이 지속된다면 아랍군이 준비할 시간이 길어져 전쟁의 대가가 더 커질 것이라 주장했다. 대중의 공황과 군사적 압박이 가중되자 이스라엘은 국가 통합 정부를 수립했다. 그리고 미국의 (승인까지는 아니더라도) 묵인 정도는 받았다고 생각해 6월 4일, 정당방위라는 명분으로 전쟁을 결정했다.

다음 날인 6월 5일 아침, 이스라엘 공군은 이집트 공군 기지를 기습 공격해 불과 몇 분 만에 지상에 있는 거의 모든 항공기를 파괴했다. 그리고 같은 날, 요르단 공군(이스라엘은 요르단이 전쟁에 불참하도록 설득하는 데 실패했다)과 시리아 공군도 대부분 섬멸했다. 이로써 이스라엘은 공중에서 완벽하게 우위를 점했고, 이에 힘입어 지상에서도 이집트 및 요르단 군대를 쉽고 빠르게 격파했다. 이집트에서 시나이반도와 가자지구를, 요르단에서는 서안지구와 동예루살렘(구시가지 포함)을 정복한 이스라엘은 병력을 이동해 시리아 군대를 격파했고 전략적으로 중요한 지점인 시리아 남서부의 골란고원까지 정복했다. 그리고 6월 11일, 유엔의 중재하에 휴전이 체결되었다. 전쟁이 시작된 지 6일 만이었다.

이스라엘이 이 전쟁에서 거둔 승리는 현대 전쟁사에서 가장 빠르고, 놀랍고, 압도적인 승리로 남아 있다. 이스라엘 유대인들은 공포와 절망감에서 벗어나 안도감과 해방감에 휩싸였고, 전 세계 많은 유대인들도 이 승리에 자부심을 느끼며 축하를 보냈다(이들은 이후 이스라엘에 더욱 헌신했다). 또한 승리의 분위기와 막강한 힘에 도취된 일부 이스라엘 유대인 사이에서는 새로운 종교적 열정도 피어났다. 반면 아랍인들에게 아랍 연합군의 패배는 그야말로 기념비적인 실패이자 엄청난 굴욕이었다. 이들은 이 사건을 '나크사Naksa'라고 불렀는데, 이는 아랍어로 '퇴보'라는 의미다. 이로 인해 아랍 세계에서는 수년 동안 비판과 성찰이 이어졌으며, 특히 나세르의 명성과 지위에 심각한 타격이 가해졌다. 나세르는 이스라엘에 도발하는 위험한 도박을 감행했지만 재앙에 가까운 역효과를 일으키고 말았다. 그는 몇 년 후 갑자기 사망할 때까지(1970) 권력을 유지했지만, 이 실패로 인해 다시는 원래의 명성을 회복하지 못했고 아랍 세계에서의 정치적 영향력도 상실했다. 나세르 개인뿐만 아니라 그가 구현한 이데올로기인 나세리즘의 명성과 영향력도 훼손되었다. 하지만 이것은 전쟁이 이 지역에 끼친 여러 중요한 결과 중 하나에 불과했다.

1967년 전쟁은 어떤 영향을 끼쳤는가?

이 전쟁은 불과 6일 만에 끝났지만 50년이 지난 지금까지도 지속되는 엄청난 파장을 남겼다. 특히 전쟁에서 이스라엘이 정복한 서안지구(동예루살렘 포함)와 골란고원은 지금도 여전히 이스라엘의 영향력 아래 있으며, 이스라엘인이 이곳에 정착해 살고 있다. 1967년 전쟁은 전쟁 당사국(이스라엘, 이집트, 시리아, 요르단)뿐만 아니라 팔레스타인, 아랍 세계, 그리고 중동 지역 전체에 지대한 영향을 끼쳤다. 또한 이스라엘과 팔레스타인의 정치를 변화시키고, 아랍-이스라엘 및 이스라엘-팔레스타인 분쟁의 향방을 바꾼 분수령이 되었다. 이 전쟁이 정말로 아랍 정치와 중동 역사의 전환점이었는지에 관해서는 논란의 여지가 있지만, 나세리즘, 특히 범아랍주의의 이데올로기가 사라지고 이슬람주의가 재부상하는 데 기여했다는 사실은 분명하다. 이슬람주의는 나세리즘보다 먼저 등장했지만, 1967년 전쟁 이후 나세리즘에 대한 불신이 확산되면서 최근 수십 년간 중동에서 반제국주의, 반서방, 반시온주의 이데올로기로 대중적 호소력을 강화했다. 이슬람주의에 의하면 1967년 전쟁에서의 굴욕적인 패배는 아랍 세계의 세속주의 및 무슬림의 신앙과 단결력 부족 때문이었다. 한편, 이 전쟁은 중동 지역에서 미국과 소련의 개입이 확대되고, 아랍 세계의 힘의 균형이 이집트에서 사우디아라비아로 점진적으로 이동하는 결과를 낳았다

(이들 국가가 아랍-이스라엘 분쟁에 더 많이 관여하게 되었다는 의미이기도 하다). 이러한 사실은 오늘날에도 이 지역에 큰 반향을 일으킨다. 최근 이라크와 시리아에서 벌어진 전쟁도 부분적으로는 1967년 전쟁의 장기적인 결과다. 1967년 전쟁으로 시리아의 아사드 정권이 등장했고(현 시리아 대통령 바셔 알 아사드의 아버지인 하페즈 알 아사드가 1970년 무혈 쿠데타로 정권을 장악했다), 이는 결국 이라크의 사담 후세인이 새로운 나세르이자 아랍 세계의 지도자가 되려는 시도로 이어졌기 때문이다.

그러나 1967년 전쟁이 가장 큰 영향을 끼친 것은 이스라엘과 팔레스타인, 그리고 이스라엘-팔레스타인 분쟁 및 아랍-이스라엘 분쟁이다. 이스라엘은 불과 며칠 만에 위협적인 적들에 둘러싸인 작은 국가에서 적을 정복하고 군사력을 입증한 훨씬 큰 국가(보유 영토 기준)로 변모했고, 요르단의 서안지구, 시리아의 골란고원, 그리고 이집트의 시나이반도와 가자지구를 점령함으로써 영토가 3배 이상 확장되었다(지도 3 참조). 게다가 이 영토를 빠른 속도로 정복하고 당시 중동에서 가장 큰 군대였던 이집트를 포함한 3개의 아랍 군대를 완전히 격파함으로써 전술적 독창성과 기술적 정교함, 그리고 전략적 우위를 입증했다. 그 결과 이스라엘은 단숨에 이 지역의 지배적인 군사 강국으로 부상하면서 미국의 매력적인 동맹국이 되었다. 미국은 1967년 전쟁 이전에는 대체로 이스라엘과 적당한 거리를 유지했지만, 전쟁 이후 이스라엘과 가까워졌고 점차 비공식적인 동맹 관계를 발전시켰다. 1968년에는 존슨 행정부가 이스라엘에 팬텀 제트 전투기 50대를 판매해 두 나라 간에 첫 번째 대규모 무기 거래가 이루어졌다. 미국과 이스라엘의 관계가 강화되면서 이스라엘의 힘과 지역적 입지는 더욱 공고해졌다.

1967년 전쟁은 아랍 세계의 세력 균형에 극심한 변화를 불러왔고, 이스라엘-팔레스타인 관계는 물론 이스라엘과 주변 아랍 국가들과의 갈등 관계에도 큰 영향을 미쳤다. 역설적이게도 이 전쟁은 장기적인 관점에서 볼 때 두 가지 모순적인 상황을 초래했다. 즉, 아랍-이스라엘 간의 갈등은 완화되었지만 이스라엘-팔레스타인 갈등은 더욱 고조된 것이다. 이로 인해 아랍-이스라엘 분쟁은 해결이 용이해진 반면, 이스라엘-팔레스타인 분쟁은 해결하기가 더욱 어려워졌다.

아랍이 이스라엘의 존재를 인정하다

1967년 전쟁이 끝난 지 2년도 채 되지 않아 이스라엘과 이집트는 또다시 전쟁을 벌였다. 이러한 사실을 고려하면, 1967년 전쟁이 아랍-이스라엘 분쟁을 완화했다는 주장이 이상하게 들릴 수 있다. 1969년 3월부터 1970년 8월까지, 두 나라는 수에즈 운하를 따라 포격을 주고받거나 시나이 사막 상공에서 공중전을 벌이는 등 '소모전War of Attrition'으로 알려진 전쟁을 벌였다(간혹 소련 조종사가 이집트를 대신해 전투에 참여하기도 했다). 이 전쟁은 휴전으로 마무리되었지만, 불과 3년 후인 1973년 10월 이집트와 시리아가 이스라엘을 기습 공격하면서 또 다른 아랍-이스라엘 전쟁이 발발했다.

1967년 전쟁이 끝나고 나서 몇 년 동안 아랍 국가와 이스라엘 사이의 군사적 충돌은 더욱 격렬해졌다. 하지만 장기적인 측면에서 보면 아랍 지도자들은 이스라엘을 군사적으로 파괴하는 것이 불가능하다고 생각하게 되었고, 함께 살아가는 법을 고민했다. 이런 면에서 1967년 전쟁은 아랍-이스라엘 분쟁에 온건한 영향을 미쳤다고 할 수 있다. 이제 아랍은 이러한 인식을 바탕으로 현실적이고 합리적인 접근 방식을 고민했다. 이스라엘의 존재를 인정하되 아랍 세계를 향한 이스라엘의 군사력과 영향력을 제한하는 방법을 찾으려 한 것이다. 이스라엘에 대한 아랍 외교 정책의 변화는 1967년 9월 하르툼에서 열린 아랍 연맹 정상 회담에서도 나타났다(전쟁이 끝나고 3개월 뒤였다 - 옮긴이). 아랍 지도자들은 '이스라엘과의 평화 불가, 이스라엘 인정 불가, 이스라엘과의 협상 불가'라는 유명한 '3불' 원칙을 발표하면서도 이스라엘이 '이번 전쟁으로 점령한 아랍 땅'에서 물러날 것을 요구한다고 말했다. '팔레스타인 해방'이라는 초기 목표와는 배치되는 입장이었다.

하르툼 결의안에서 알 수 있듯이, 1967년 전쟁은 이스라엘을 제거할 수 없다는 사실을 깨달은 아랍 국가들이 이스라엘의 존재를 인정하게 만드는 결과를 낳았다. 또한 이스라엘에 배앗긴 영토를 되찾기 위해서는 이스라엘과 평화 협정을 체결하는 방법밖에 없다는 사실도 분명해졌다. 1967년 전쟁이 일어나기 전에는 아랍 국가들이 이스라엘과 평화 협정을 맺을 이유가 없었지만, 이제 이스라엘은 자신들에게 유리한 협상 카드, 즉 땅을 손에 넣었고, '평화와 영토의 맞교환land for peace'이라는 원칙은 이후 모든 아랍-이스라엘 평화 협상의 기초가 되었다. 1979년에는 나세르의 후계자인 이집트의 안와르 사다트가 이스라엘과 평화 조약을 체결했고, 1994년에는 요르단-이스라엘 간의 평화 협정이 이루어졌다. 1990년대 초반 이스라엘과 PLO 간의 합의를 근거로 한 오슬로 협정 역시 '평화와 영토의 맞교환' 원칙을 기반으로 한 것이다.

1967년 11월 유엔 안전보장이사회가 결의안 242호를 만장일치로 통과시킨 후 이집트와 요르단, 이스라엘은 '평화와 영토의 맞교환' 원칙을 받아들여 국경을 획정했다(시리아는 1973년 전쟁 이후, 리비아를 제외한 나머지 아랍 국가들은 1982년에 결의안 242호를 공식적으로 수용했다). 오랜 외교적 협상 끝에 통과된 결의안 242호는 양측의 입장을 신중하게 조율한 결과물이었다. 이 결의안은 '전쟁에 의한 영토 획득을 용납할 수 없으며, 이 지역의 모든 국가가 안전하게 살 수 있는 정의롭고 지속적인 평화를 위해 노력해야 한다'는 점을 강조하며 아랍과 이스라엘의 요구를 모두 수용했다. 결의안에서는 '중동의 정의롭고 지속적인 평화'를 위해 이스라엘이 '최근 분쟁으로 점령한 영토에서 철수'할 것, '일체의 교전 주장 행위 또는 교전 상태를 종식하고, 이 지역 내 모든 국가의 주권과 영토를 보전하며 정치적 독립을 존중'할 것, 그리고 '위협이나 무력 행위가 없는 안전하고 인정된 경계 내에서 평화롭게 살 권리를 존중'할 것 등의 해결안을 제시했다. 이 핵심 구절의 의미는 오랫동안 논란의 대상이 되어 왔다. 아랍 국가들은 이를 이스라엘이 점령한 '모든' 영토에서 철수해야 한다는 의미로 해석하지만, 이스라엘은 결의안 영문 버전에서 영토를 'the territories'가 아닌 'territories'로 표기했다고 지적하며 이 내용이 일부 영토에만 한정되는 것이라 주장한다(결의안 본문에서는 이스라엘의 주장대로 '모든'이라는 단어가 의도적으로 생략되었다). 어찌 되었든 결의안 242호는 이스라엘이 1967년 전쟁으로 점령한 지역에서 무조건적으로 철수할 것을 요구한 게 아니라 이를 아랍 국가와의 평화 협정과 연결했다. 여기서 주목할 것은 결의안이 팔레스타인 문제는 구체적으로 다루지 않았다는 사실이다. 그저 간단히 '난민 문제의 공정한 해결'이라는 문구로 모호하게 언급함으로써, 관련 당사자들에게 서로 다른 해석과 논쟁의 여지를 남겨두었다.

팔레스타인의 재부상

결의안 242호에서 팔레스타인 문제가 거의 다루어지지 않은 것은 당시 이 문제가 중요한 국제적 의제가 아니었다는 사실을 보여준다. 팔레스타인 사람들은 이름 없는 난민으로 전락했고, 국가 수립을 향한 그들의 열망 또한 거의 잊혔다. 또한 이스라엘에 대한 아랍 세계의 광범위한 투쟁이 주목을 받으면서 팔레스타인의 대의는 아랍 세계에서조차 간과되었다. 이는 팔레스타인에도 일부 책임이 있다. 1948년 전쟁에서 패해 살던 땅에서 쫓겨나면서 팔레스타인 민족주의가 약해졌고, 많은 사람이 범아랍주의로 전향해 나세르 같은 지도자에게 희망을 걸었기 때문이다. 이후 3차 아랍전쟁이 끝난 1967년까지 약 20년 동안, 팔레스타인 문제는 훨씬 더 광범위한 주제인 아랍-이스라엘 분쟁에 가려 조연으로 밀려났다. 그러나 이 모든 상황을 바꾼 것은 1967년 전쟁이었다. 팔레스타인 사람들은 아랍 국가들의 패배와 아랍의 구세주와도 같았던 나세르의 실패를 보며, 더 이상 아랍 국가에 기댈 것이 아니라 그들 스스로 자신의 문제를 해결해야 한다는 깨달음을 얻었다. 이후 수십 년 동안 아랍 국가들은 이스라엘과의 분쟁에서 조금씩 발을 뺐고, 그 사이 팔레스타인 문제가 다시 수면 위로 올라왔다. 그리고 이제는 이스라엘-팔레스타인 분쟁이 아랍-

이스라엘 분쟁을 덮어버렸다.

그러나 팔레스타인이 독립적인 세력으로 다시 등장하게 된 계기가 앞에서 말한 1967년 전쟁에 대한 실망과 범아랍주의의 쇠퇴, 그리고 이스라엘과의 분쟁에서 아랍 국가들의 이탈만은 아니다. 아이러니하게도, 팔레스타인 민족주의의 부활은 1967년 전쟁으로 이스라엘이 팔레스타인 거주 지역인 서안지구와 가자지구를 정복한 결과이기도 했다. 요르단과 이집트가 장악했던 두 지역이 이스라엘의 통제하에 들어가자 팔레스타인 사람들은 이스라엘 내부는 물론이고 두 지역을 비교적 자유롭게 왕래할 수 있게 되었다. 물리적인 재결합이 가능해지자, 비록 이스라엘이 통치하고 있긴 했지만 '팔레스타인'이라는 국가에 대한 소속감이 강해졌고 팔레스타인 민족주의가 다시 불붙기 시작했다. 이는 특히 이스라엘의 군부 통치하에서 표현의 자유, 언론의 자유, 정치적 결사의 자유를 박탈당한 채 살아가던 서안지구와 가자지구에서 더욱 그랬다(이들 지역에 거주하는 팔레스타인인은 취업이 가능했고, 이스라엘 역시 이 지역에 투자했기 때문에 경제적으로는 혜택을 누리긴 했다). 그러나 이스라엘 당국이 팔레스타인 민족주의를 억압하고 이를 이스라엘의 안보에 위협이 되는 행위로 간주해 범죄시할수록 팔레스타인 민족주의는 더욱 강해졌고 전투적으로 변모했다.

팔레스타인 민족주의의 부활은 다양한 팔레스타인 무장 단체의 설립으로 이어졌다. 그러나 이들 단체는 이스라엘의 통제하에서는 활동할수 없었기 때문에 대부분 요르단, 레바논, 시리아에 기반을 두었다. 대표적인 단체로는 1959년에 설립된 후 야세르 아라파트가 이끄는 정치 세력인 파타, 조지 하바시가 이끄는 마르크스주의 단체인 팔레스타인해방인민전선PFLP, 팔레스타인해방민주전선DFLP 등이 있다. 이들 단체는 프랑스에 대항한 알제리 독립전쟁 및 (베트남 등의) 반식민지 운동에 고무되어 게릴라전과 테러리즘을 포함한 무장 투쟁 전략을 채택했고, 이후 1960년대 후반과 1970년대에 비행기 납치를 비롯한 다수의 테러 공격을 감행하면서 전 세계의 주목을 받았다. 팔레스타인 무장 단체의 대부분은 1964년 아랍 연맹이 설립한 팔레스타인해방기구PLO에 소속되어 있었다. PLO는 무장 투쟁을 통한 '팔레스타인 해방'을 목표로 만들어진 단체였는데, 처음에는 이집트의 통제를 받는 꼭두각시 조직이었지만 1969년 파타가 장악하면서 새로운 의장으로 아라파트를 임명했다. 이후 아라파트의 지휘 아래 PLO는 훨씬 더 독립적이고 적극적인 조직으로 변모했다.

　　팔레스타인인이 전체 인구의 약 3분의 2를 차지하는 요르단(1967년 전쟁 등으로 난민이 된 서안지구 출신 팔레스타인인 약 20만 명 포함)은 PLO의 본거지이자 이스라엘에 대한 게릴라 공격이 증가하는 주 무대가 되었다. 그러나 이스라엘의 강력한 군사적 보복이 잇따른 데다 PLO가 요르단 정권에 도전하자 PLO와 요르단의 후세인 국왕 사이에 긴장이 고조되었고, 급기야 PLO가 후세인 국왕의 암살을 도모하는 일도 벌어졌다. 계속되던 갈등은 1970년 9월 후세인 국왕의 계엄령 선포로 양측 간에 피비린내 나는 내전이 벌어지면서 절정에 달했다. 그리고 마침내 요르단 군대는 수천 명의 팔레스타인인(민간인 포함)을 살해하고 PLO를 레바논으로 추방하는 데 성공했다. 팔레스타인은 이를 '검은 9월Black September'이라고 부른다. 한편, 스스로를 '검은 9월단'이라 칭하는 PLO 산하의 한 무장 저항단체가

1972년 뮌헨 올림픽 기간 중 이스라엘 선수촌에 침투해 이스라엘 대표팀 11명을 인질로 붙잡는 사건이 발생했다. 이들은 이스라엘에 억류 중인 팔레스타인 포로의 석방을 요구했지만 이스라엘은 이를 거부했고, 독일이 인질 구출 작전을 시도했으나 실패하며 인질 전원이 사망했다. '뮌헨학살Munich massacre'로 불리는 이 사건은 전 세계로 방송되었다.

요르단에서 추방되었음에도 불구하고 PLO는 1970년대에 아랍 세계의 중요한 정치 주체로 부상했고, 사실상 세계 무대에서 팔레스타인 민족을 대표하는 단체가 되었다. 예를 들어 1974년, 아랍 연맹은 PLO를 팔레스타인 민족의 유일한 합법적 대표로 인정했고, 유엔 총회는 PLO에 '옵서버permanent observer' 지위를 부여했다. PLO의 부상이 팔레스타인 문제에 대한 지역적, 세계적 관심을 불러일으킨 것은 사실이다. 하지만 폭력적이고 무차별적인 방식 때문에 많은 사람들이 팔레스타인을 테러리즘과 연관시키는 결과를 낳았다는 점에서 팔레스타인에 긍정적인 영향을 끼쳤는지에는 논란의 여지가 많다. PLO의 영향력과 위상이 커지면서 이스라엘-팔레스타인 분쟁은 더 큰 어려움에 봉착했다. 왜냐하면 초기의 PLO는 이스라엘의 존재를 인정하지 않았고, (팔레스타인 지역 전체가 아닌) 서안지구와 가자지구에만 팔레스타인 국가를 세우는 것에 반대했기 때문이다. PLO가 이스라엘의 존재를 부정하고 테러로 대응하자 이스라엘과 그 동맹국인 미국에서는 PLO에 대한 반감이 극도로 강화되었다(당시 미국이 PLO를 적대시한 이유는 PLO가 소련의 지원을 받고 있었기 때문이다. 한편, PLO의 강경한 입장은 1970년대 중반 PLO가 일시적인 해결책으로 이스라엘과 팔레스타인 국가의 양립을 고려하면서 완화되기 시작했다). 이후 오랜 세월이 흐르고 유혈 사태가 반복되며 양측의 정책이 여러 번 변화를 겪은 후에야 이스라엘 정부는 PLO를 합법적인 협상 파트너로 인정했다. 그러나 당시에도 많은 이스라엘 국민은 이러한 조치에 격렬히 반대하며 PLO에 대한 의구심을 지우지 못했다.

이스라엘의 영토 야망

1967년 전쟁이 끝나고 이스라엘-팔레스타인 분쟁이 더욱 악화된 데는 몇 가지 요인이 있다. 팔레스타인의 테러와 이스라엘의 팽창주의도 그중 하나다. 전쟁이 있기 전, 이스라엘은 1949년에 정해진 휴전선('그린라인Green Line')을 사실상의 국경으로 받아들였다(예루살렘 분할도 마지못해 받아들였다). 당시 이스라엘이 원한 것은 영토가 아니라 아랍 국가와의 평화였다. 아랍에서 주장하는 것과는 달리 이스라엘이 1967년에 전쟁을 일으킨 이유는 영토에 대한 탐욕이 아니다. 사실 이스라엘 정부는 전쟁이 벌어진 뒤에야 서안지구 점령을 결정했다. 그러나 일단 이 지역을 점령하고 나자 이스라엘은 갑자기 영토에 대한 욕구가 커진 듯했다. 이스라엘은 전쟁이 끝난 후 완전한 평화와 비무장화를 조건으로 시나이반도와 골란고원을 원래의 주인(이집트와 시리아)에게 반환했지만, 서안지구에 대해서는 결정을 유예했다. 이스라엘에게 이 지역은 동쪽에서 공격해 오는 적을 막는 군사적 완충지의 의미뿐 아니라 고대 유대 왕국이 통치했던 곳이자 성경에 등장하는 장소(베들레헴, 헤브론, 나블루스 등)라는 역사적, 종교적 의미가 있었기 때문이다. 이런 점에서 (이스라엘 유대인들이 '유대와 사마리아'라고 부르는) 서안지구는 많은 유대인에게 강렬한 민족주의와 종교적 감정을 불러일으켰다. 평화 협정을 맺는 대가로 서안지구를 요르단에 반환하자는 목소리도 일부 있었으나, 이는 '이스라엘 땅' 전체가 유대 민족의 소유이고 따라서 교환이나 분할은 절대 불가하다는 강한 반대에 부딪혔다. 서안지구 처리 문제는 1967년 이후 수십 년 동안 이스라엘 정치에서 가장 크고 의견이 갈리는 문제가 되었으며, 현재까지도 해결되지 않은 상태다.

　서안지구 및 다른 점령지의 미래에 대한 논쟁이 마무리되지 않은 상태에서 이스라엘 정부는 그 지역에 민간인을 위한 정착촌을 건설하기 시작했다. 초기의 정착촌은 이스라엘의 안보를 강화할 목적으로 주로 요르단 계곡 주변의 전략적 위치로 제한되었지만 시간이 지나며 1967년 전쟁으로 점령한 모든 영토로 확장되었다. 이 중 서안지구 정착촌의 규모가 가장 컸는데, 이러한 사실은 이스라엘이 이 지역에서 철수할 의지가 있는지에 대한 심각한 의문을 제기하는 동시에 시온주의자들이 이끄는 유대인 정착촌 운동이 탄생했다는 점에서 매우 중요하다. 시온주의자들은 3차 중동전쟁으로 이루어 낸 이 지역의 기적적인 '해방'을 유대 민족을 구원하겠다는 약속을 실현하는 신의 섭리이자 구원으로 받아들였다. 그들에게 이 사건은 오랫동안 기다려온 메시아의 도래를 의미했고, 특히 1967년 전쟁이 일어나기 불과 몇 주 전에 유대인들의 정신적 스승이자 유대교의 수석 신학자인 랍비(즈비 예후다 쿡)가 이를 예언했다고 확신했다. 1967년 전쟁 이후 등장한 새로운 세대의 시온주의자들은 이러한 종교적 신념으로 가득차 있었고, 정치적으로 실용적이고 온건한 성향을 보였던 이전 세대보다 훨씬 더 조직적이고 전투적이었다. 또한 서안지구와 가자지구에서 이스라엘 정착민 운동을 주도했고, 이스라엘 정부가 그들의 요구(정착촌 건설, 합법화 및 보호)를 수용하도록 강요할 수 있는 매우 강력한 압력 단체로 성장했다. 물론 이 급진적인 종교적 시온주의자 정착민들이 서안지구 정착촌 사업에 모든 책임이 있는 것은 아니다. 하지만 이들은 가장 헌신적으로 이 사업을 옹호한 집단이었고 이는 지금도 마찬가지다. 한편 이들은 이스라엘이 서안지구와 가자지구에서 철수하는 것에 대해 가장 격렬하게 반대하는 세력이기도 하다. 결과적으로 1967년 전쟁 이후 시작된 이스라엘 정착민 운동은 이스라엘-팔레스타인 분쟁의 해결을 훨씬 더 어렵게 만들었다고 할 수 있다.

더 넓게 보면, 이 전쟁은 내재해 있던 종교적 감정을 고취시킨 것이기도 했다. 양측의 종교적 감정은 유대인, 무슬림, 기독교인 모두에게 신성한 장소인 예루살렘 구시가지와 성지(특히 통곡의 벽과 성전산/하람 알 샤리프)를 둘러싸고 가장 극명하게 드러났다. 이스라엘 유대인들은 1967년 전쟁에서 이스라엘이 예루살렘 구시가지를 점령하자 격렬히 환호했다. 또한 팔레스타인의 강력한 반대에도 불구하고 동예루살렘을 사실상 합병했으며, 서예루살렘과의 재결합을 압도적으로 지지했다. 1967년 전쟁 이후 양측은 모두 예루살렘을 각국의 수도라고 주장했다. 그리고 종교적 수사를 이용해 같은 종교를 믿는 사람들의 감정에 호소했고, 이는 결국 이스라엘-팔레스타인 분쟁에 종교가 점점 더 많이 개입하는 결과를 낳았다.

이스라엘의 영토 점령(동예루살렘과 서안지구, 가자지구)과 정착촌 확장은 1967년 이후 이스라엘-팔레스타인 분쟁의 주요 쟁점이 되었다(일부에서는 이 분쟁이 1967년 이전에 시작되었다는 사실을 모를 정도다). 물론 이 분쟁이 서안지구 및 가자지구 점령과 정착촌 문제에만 국한되는 것은 아니지만, 이런 요인들이 분쟁을 증폭시킨 것은 분명하다. 이는 팔레스타인의 적대감과 분노를 부추겨 이들이 대규모로 결집할 수 있게 만들었으며, (이스라엘 민간인을 포함한) 수많은 시위와 폭력 행위의 동기가 되었다. 정리하자면 1967년 전쟁은 이스라엘-팔레스타인 분쟁을 더욱 악화시켰을 뿐만 아니라, 이 분쟁에 대한 이스라엘 내부와 아랍 지역, 그리고 전 세계의 관심을 촉발했다. 그러나 언젠가 이 분쟁이 끝나고 나면, 1967년 전쟁은 다른 시각으로 해석될 수도 있을 것이다. 즉, 이스라엘은 어떤 식으로 해결 불가능한 딜레마(어떻게 수백만 명의 팔레스타인 사람들을 통치하면서 민주주의를 유지할 수 있었는가)를 풀어나갔는지, 그리고 팔레스타인은 어떻게 '점령' 상태를 끝내고 서로 간에 평화롭게 지낼 수 있는 원동력을 만들었는지를 비롯해, 1967년 전쟁이 분쟁을 해결하는 데 한 발 더 가까워질 수 있는 씨앗을 심은 것으로 평가될지도 모른다.

1973년 전쟁의 의미는 무엇인가?

1970년 이집트의 나세르가 사망한 후 안와르 사다트가 새로운 대통령으로 취임했다. 1973년 아랍-이스라엘 전쟁('욤 키푸르 전쟁', '10월 전쟁', '라마단 전쟁', 혹은 4차 중동전쟁이라고도 불린다)은 바로 이 사다트의 아이디어로 시작된 전쟁이다. 나세르 정권에서 부통령을 지낸 사다트는 이집트 군주제를 무너뜨린 자유 장교단에서 나세르와 함께 한 인물이었다. 하지만 그는 나세르만큼 카리스마가 있거나 아랍 세계의 인기를 얻지 못했기 때문에 나세르의 길을 그대로 따르기 힘들었고, 대신 이집트의 국내 및 대외 정책에서 보다 실용적인 노선을 택했다. 사다트는 나세르의 범아랍주의를 포기하고 우선 이집트의 국내 문제에 집중했다. 그는 아랍 세계의 리더십보다는 이집트 경제를 우선시했고, 경제 성장을 촉진하기 위해 국가 주도의 경제를 자유화해 서구의 투자를 끌어오고자 했다. 또한 이집트의 막대한 국방비를 줄이고, 수에즈 운하를 국제 해운에 재개방하며, 수익성 높은 유전이 있는 시나이반도를 되찾고자 했다. 사다트는 이러한 목표를 달성할 수 있는 유일한 방법은 좋든 싫든 이스라엘과 평화를 이루는 것뿐이라는 사실을 알고 있었다. 문제는 이스라엘이 이집트가 수용할 수 있는 조건(시나이반도의 반환을 포함하는 조건)으로는 평화를 맺을 생각이 없다는 사실이었다. 이는 1970~1971년 당시 이스라엘의 골다 메이어 정부가 사다트의 초기 평화 제의를 무시한 것에서도 분명히 드러난다(당시 미국 닉슨 행정부는 이스라엘의 이런 태도에 지지를 보냈다). 1967년 전쟁에서 거둔 승리감에 젖어 있던 이스라엘은 자신감이 넘쳤고 타협할 기분이 아니었다.

사다트는 이스라엘 국민의 긴장감을 높이고 강대국들이 평화 프로세스를 시작하도록 유도하며 이스라엘 정부를 협상 테이블로 끌어내기 위해 또 한 번의 전쟁이 필요하다고 결정했다. 전쟁의 목표는 이스라엘에 군사적 타격을 가하고 아랍인의 자존심을 회복하는 것으로 제한되었다. 이는 이스라엘을 파괴하는 것은 물론이고 시나이반도를 정복하는 것조차 불가능하다는 사실을 사다트도 알고 있었기 때문이다. 사다트는 수에즈 운하(이스라엘군이 요새화된 동쪽 강둑을 파고 있는 곳)를 건너 시나이반도 일부를 빠르게 점령하고 이스라엘군에 대규모의 사상자를 발생시키려는 계획을 세웠다. 이렇게 하면, 강대국들이 개입해 전쟁을 끝내려 하더라도 짧은 시간에 군사적, 외교적으로 타격을 입힐 수 있을 것으로 생각했던 것이다. 이를 위해 사다트는 시리아를 끌어들였다. 시리아의 지도자 하페즈 알 아사드 역시 이스라엘이 점령한 골란고원을 탈환하고자 했기 때문에(사다트는 아사드에게 이 공격의 제한적인 목적이나 이스라엘과의 궁극적인 화해에 대해서는 말하지 않았다), 이집트와 시리아는 두 전선에서 이스라엘과 전쟁을 벌임으로써 이스라엘의 군사적 우위를 상쇄하고 전략적 우위를 점하려는 전략을 짰다. 또한 유대교의 축일인 욤 키푸르를 공격일로 정하고, 이스라엘이 대응할 준비가 가장 덜 된 시간에 기습 공격을 감행하기로 했다.

1973년 10월 6일 오후, 이집트와 시리아가 시나이와 골란고원에서 이스라엘군을 공격하기 시작했다. 이스라엘 정보기관은 요르단의 후세인 국왕 및 사다트의 측근이자 이스라엘이 심어 둔 스파이였던 나세르의 사위로부터 관련 정보를 입수했지만, 이스라엘 지도부는 군사적 힘의 균형이 이스라엘에 유리한 상황에서 이집트와 시리아가 감히 전쟁을 일으키지 않을 것으로 확신해 이를 무시했다(제한 전쟁을 예상하지 못했고 나중에 심각한 비난을 받았다). 전쟁 초기 이스라엘은 수세에 몰렸고 이는 큰 손실로 이어졌다. 이집트 군대는 수에즈 운하를 건너는 데 성공했고, 시리아 탱크 역시 골란고원 깊숙이 진격했다. 상황이 심각한 것으로 판단한 이스라엘 국방부 장관 모셰 다얀이 이스라엘의 핵무기 사용 가능성을 심각하게 고민할 정도였다(메이어 총리는 이를 거부했다).

그러나 전쟁이 계속되면서 주도권을 되찾은 이스라엘은 (닉슨 대통령의 승인하에) 미국으로부터 무기를 공급받았고, 골란고원에서 시리아군에 대한 반격에 성공한 후 이집트에도 대대적인 반격을 시작했다. 그리고 수에즈 운하를 건너 카이로에서 불과 100킬로미터 떨어진 이집트 본토까지 진격했다. 이렇게 극적인 반전 상황이 전개되자 소련은 이스라엘 방위군에 포위된 이집트군을 구출하기 위해 전쟁에 개입하겠다고 위협했고, 전쟁이 확대될 것을 우려한 미국은 이스라엘의 핵무기고를 철통 방어하며 이스라엘이 유엔 휴전 협정을 준수하도록 압박했다. 1973년 10월 26일, 3주간의 격렬한 전투 끝에 마침내 전쟁이 끝났다.

이 전쟁은 이스라엘의 승리로 끝났지만(심지어 시리아 영토를 추가로 점령했다), 이스라엘 사람들에게는 패배로 느껴졌다. 이스라엘은 예상치 못한 전쟁으로 큰 충격에 빠졌고, 사상자도 비교적 많이 발생했다(이스라엘 군인 2688명이 사망했는데, 이는 이스라엘 인구 비율로 계산했을 때 베트남 전쟁에서 사망한 미국인 수의 2배가 넘는다). 이스라엘 국민들의 분위기는 1967년 전쟁 때와는 확연히 달랐다. 환희나 승리감은커녕, 정보기관의 경고에 귀 기울이지 않은 이스라엘 지도부에 대한 분노가 팽배했다(다음 해 4월, 메이어 총리와 다얀 국방장관은 불명예 사임했다). 이 사건은 이스라엘 정치에도 큰 영향을 미쳐, 건국 이후 오랫동안 집권해 온 노동당의 지배력 약화와 1977년 선거에서 메나헴 베긴이 이끄는 우파 정당인 리쿠드당의 승리로 이어졌다.

1973년 전쟁은 이스라엘 노동당 지도부에 대한 대중의 신뢰를 무너뜨렸고, 이스라엘 군사력의 한계를 인식하게 했다. 전쟁 전의 통념과 달리 아랍 국가들은 이스라엘을 공격하는 데 주저하지 않았다. 또 이집트와 시리아는 이스라엘을 물리치지는 못하더라도 큰 타격을 입힐 수 있다는 것을 증명했다. 이는 자국의 피해 없이 쉽게 아랍 영토를 점령하고 아랍인들이 항복하고 평화를 요구할 때까지 기다리면 된다는 이스라엘의 믿음이 무너진 것이기도 했다. 결과적으로 이 전쟁은 이스라엘인에게 1967년 이후 부족했던 평화에 대한 동기를 부여했다(이는 1970년대 후반에 피스나우Peace Now가 주도하는 이스라엘 평화 운동이 등장한 이유를 설명하는 데도 도움이 된다).

1973년 전쟁은 이스라엘인에게 평화의 필요성을 절감하게 했고, 아랍인에게는 평화를 이룰 수 있다는 자신감을 심어주었다. 아랍인, 특히 이집트인에게 이 전쟁은 1967년의 굴욕적인 패배 이후 절실히 필요했던 심리적 승리였다. 전쟁 초기 이집트 군대와 시리아 군대의 성공은 (나중에 이들 군대가 패배했음에도 불구하고) 아랍인들의 집단적 자부심을 회복시켰다. 특히 이집트에서는 이 전쟁을 위대한 승리로 기념했는데, 이집트 군대가 수에즈 운하를 성공적으로 건넌 10월 6일은 오늘날까지도 이집트의 가장 큰 국경일 중 하나다. 회복된 자부심이 이스라엘과 화해하려는 의지를 얼마나 키웠는지는 알 수 없다. 하지만 이스라엘과의 협상에 임하는 이집트가 적어도 대등한 파트너라는 느낌을 가질 수 있도록 용기를 준 것은 틀림없다.

1973년 전쟁은 아랍인들에게는 심리적 안정을, 사다트에게는 정치적, 전략적으로 큰 성공을 안겨주었다. 비록 군사적으로는 실패했지만 이스라엘과의 전쟁을 감행한 그의 대담한 도박은 성공했다. 몇 년 후 사다트는 또 한 번의 대담한 행동으로 세계를 놀라게 했다. 1977년, 아랍 세계 지도자로서는 처음으로 이스라엘을 공식 방문한 것이다(이 방문을 계기로 중동 평화 회담의 물꼬가 트였다 - 옮긴이). 이러한 사건들로 인해 사다트는 이스라엘 국민이 (평화를 위해) 자국 지도부가 시나이반도에서 철수하는 결단을 내릴 수 있도록 지지하게 하는 데 큰 도움을 주었다. 어떻게든 이스라엘과 협상을 시작하고자 한 사다트의 노력은 결국 이스라엘을 협상 테이블로 끌어냈고, 미국과 소련이 이 분쟁을 종식하기 위해 보다 적극적으로 개입하게 만드는 데 성공했다(이 전쟁이 핵전쟁으로 비화하는 것을 우려한 미·소 양국은 더 이상 뒷짐만 지고 있을 상황이 아니었다). 1973년 전쟁을 끝내기 위한 미국과 소련의 치열한 외교전은 또 하나의 유엔 안보리 결의안(결의안 338호) 채택으로 이어졌다. 이 결의안은 결의안 242호에서 처음

천명한 '평화와 영토의 맞교환'이라는 기본 원칙을 재확인하고, '중동에 정의롭고 항구적인 평화를 구축하기 위해 적절한 감독하에 관련 당사국 간 교섭을 개시할 것'을 촉구했다. 결의안 338호는 두 강대국이 각자의 동맹국들을 협상에 나서도록 지속적으로 후원할 것을 촉구하는 서막과도 같았다. 그리고 마침내 이집트와 요르단, 이스라엘이 1973년 12월 미국과 소련이 공동 주재한 유엔 후원 평화 회의에 참가하기로 합의하면서, 1949년 이후 처음으로 최초의 공식적인 아랍-이스라엘 대면 회담이 제네바에서 개최되었다(이스라엘의 요구에 따라 PLO 초청이 불발되자 시리아는 참가를 거부했다). 제네바 회의에서는 구체적인 결과를 도출하지 못했다. 하지만 회의가 열렸다는 사실만으로도 아랍-이스라엘 분쟁이 평화 조성을 향한 전환점을 맞이했다는 것은 분명하다. 헨리 키신저 당시 미국 국무장관은 훗날 회고록에서 다음과 같이 기술했다. "1973년 제네바 회의는 훗날 이집트와 이스라엘이 함께 나아갈 평화의 관문을 열었다."

제네바 회담 이후 키신저의 '셔틀 외교'는 이집트와 이스라엘 간의 평화를 가져오는 데 중요한 역할을 했다. 키신저가 1974년과 1975년 두 차례에 걸쳐 중개한 이스라엘-이집트 분리 협정은(후자는 미국이 이스라엘에 관계 '재평가'를 언급하며 압박한 결과였다) 이스라엘군이 시나이반도에서 점진적으로 철수하고 일부 영토를 이집트에 반환하는 결과를 낳았으며, 1978년 이스라엘과 이집트 간에 체결된 캠프 데이비드 협정 및 1979년 평화 조약으로 이어지는 초석이 되었다. 키신저는 1974년 이스라엘과 시리아 간의 휴전 협정도 중개했다. 두 국가 간의 평화 협정은 매우 어려웠지만, 수십 년 동안 지속된 휴전이 효과를 발휘했는지 양국 간의 상호 적대에도 불구하고 (특히 최근 몇 년 사이 전쟁으로 파괴된 시리아에 수백 건의 이스라엘 공습이 있었음에도 불구하고) 또 다른 전면전은 발생하지 않았다.

1973년 전쟁은 이집트-이스라엘 간의 평화와 시리아-이스라엘 간의 전쟁 중단이라는 중요한 결과로 이어졌고, 아랍 세계는 물론 전 세계적으로도 큰 영향을 끼쳤다. 사다트는 소련의 영향권 아래 있던 이집트를 미국 진영에 편입시킴으로써 미국의 달러와 무기를 공급받는 주요 의존국 중 하나가 되었는데, 이는 중동 지역의 냉전 동맹을 재편성하는 커다란 사건이자 중동에서 소련의 영향력이 종식되는 시발점이었다(그러나 시리아는 계속해서 소련의 지원을 받았다). 이후 미국의 외교적, 군사적 개입이 증가하면서 미국은 중동 문제에 관여하는 유일한 초강대국인 동시에 유일한 외부 중재자 역할을 담당했지만, 이는 역으로 그 지역의 분노를 불러일으키기도 했다.

한편 석유수출국기구OPEC의 아랍 회원국들이 미국과 네덜란드에 부과한 석유 금수 조치도 빼놓을 수 없다. 이는 1973년 전쟁 당시 이들 국가가 이스라엘을 지원했다는 이유로 내려진 결정이었는데, 전 세계에 영향을 미쳐 유가 급등과 세계적인 경기 침체를 초래했으며, 특히 서유럽과 미국에 큰 타격을 입혔다. 이로 인해 서방에서는 아랍 걸프 국가들, 특히 사우디아라비아가 또다시 '석유 무기'를 사용해 막대한 비용이 드는 글로벌 석유 위기를 초래할 수 있다는 두려움이 팽배해졌다. 이는 아랍-이스라엘 분쟁(및 중동 정치 전반)에서 사우디아라비아의 역할을 강화했고, 한편으로는 분쟁의 해결 방안을 모색하려는 서방의 관심이 키지는 결과를 초래했다.

1982년 이스라엘이 레바논을 침공한
이유는 무엇인가?

이스라엘의 다른 이웃 국가들과 달리, 레바논은 1948년 1차 아랍-이스라엘 전쟁에 제한적으로 참여한 이후 이스라엘과 전쟁을 치른 적이 없었다. 지리적으로 작고, 군사적으로 약하며, 종교적으로 다양한 색채를 지닌 레바논은 이스라엘과 싸우기보다는 혼란스러운 자국 상황에 몰두했다. 레바논이 아랍-이스라엘 분쟁에 개입한 것은 어쩔 수 없는 선택이었다. 레바논은 1947~1949년 전쟁으로 발생한 약 10만 명의 팔레스타인 난민을 마지못해 수용했고(이들은 열악한 환경의 난민 캠프에서 생활했고, 레바논 시민권 및 평등권은 거부당했다), 1970년에는 요르단에서 추방된 PLO의 본거지가 되었다. 레바논으로 유입된 PLO는 수도 베이루트에 본부를 세우고 레바논의 팔레스타인 난민들을 합류시켰다. 또한 이스라엘 북쪽 국경에 인접한 레바논 남부 지역에 군사 훈련 캠프와 포병 진지를 설치하고, 그곳에서 정기적으로 이스라엘 마을을 포격하고 게릴라 공격을 감행해 수십 명의 이스라엘 민간인을 살해했다. 1978년 3월 11일, 이스라엘 역사상 가장 치명적인 테러 공격이 발생했다. 레바논 남부에서 배를 타고 이스라엘 북부 해변에 상륙한 11명의 PLO 특공대가 택시와 버스 2대를 납치해 어린이 13명을 포함한 이스라엘인 37명과 미국인 관광객 1명을 살해한 사건이었다. 이 사건은 이스라엘에서 '해안도로 대학살'로 알려져 있다.

시아파가 대부분인 레바논 남부 주민들의 강력한 반발에도 불구하고, PLO는 세력을 키워 나가 이른바 '국가 속의 국가'를 만들었다(이스라엘인들은 PLO를 구성하는 주요 정치 세력의 이름을 따서 이를 '파타랜드Fatahland'라고 불렀다). 이제 레바논은 과거에 요르단이 그랬던 것처럼, PLO가 주둔한다는 이유로 이스라엘 군사 보복의 표적이 되었다. 치명적인 보복이 잇달았음에도 불구하고 PLO는 공격을 멈추지 않았고, PLO와 레바논 기독교인 및 드루즈인 사이의 긴장은 더욱 고조되었다. 이러한 긴장은 1975년 레바논 내전이 발발하면서 절정에 달했다. 기독교 민병대가 PLO 및 기타 무장 단체와 대치하자 약 3만 5000명의 시리아 군대가 레바논에 투입되기도 했다. 레바논 내전이 한창이던 1978년 3월, 이스라엘은 레바논 남부에 대규모 군사 침공을 감행했다(이스라엘 방위군이 '리타니 작전Operation Litani'이라고 부르는 이 침공은 해안도로 대학살 사건에 대한 보복이었다). 이스라엘의 목표는 PLO를 이스라엘 접경 지역에서 몰아내고 이스라엘의 지원을 받는 레바논 기독교 민병대(자유 레바논군, 이후 남레바논군으로 개명)가 관할하는 '보안 구역'(즉, 완충 지대)을 설정하는 것이었다. 일주일간의 공세로 1000~2000명의 팔레스타인인과 레바논인(대부분 민간인)이 사망하고 10만 명 이상의 국내 난민이 발생했다. 3개월 후, 두 차례의 유엔 안전보장이사회 결의안(425호 및 426호)이 채택되면서 레바논 남부에서 이스라엘 방위군이 철수했고 유엔 평화유지군(레바논 유엔 임시군)이 파병되었다.

1982년 6월 6일, 이스라엘의 두 번째 레바논 침공이 시작되었다. 이는 1978년에 있었던 첫 번째 침공과 마찬가지로 표면적으로는 팔레스타인의 테러 공격에 대한 대응이었다(1982년 6월 3일 발생한 영국 주재 이스라엘 대사 암살 미수 사건으로, 이스라엘 대사는 중상을 입었다). 사실 이 사건은 PLO의 소행이 아니었다. 이는 이라크에 기반을 둔 팔레스타인의 라이벌 분파 단체(아부 니달Abu Nidal)가 벌인 것으로, 1981년 이스라엘의 원자로 폭격에 대한 보복 차원에서 바트당 정부가 지원한 것으로 추정되는 공격이었다. 이스라엘 정보 당국은 이 사건에 PLO가 연루되지 않았다는 사실을 알고 있었지만, 메나헴 베긴 총리가 이끄는 이스라엘 우파 정부는 공개적으로 PLO를 비난하고 이스라엘 방위군에 레바논 내 PLO에 대한 즉각 보복을 명령했다. 그러자 PLO 역시 무력으로 대응하면서 미국의 중재로 거의 1년 동안 유지되던 휴전이 종결되었다. 하지만 이것은 베긴 총리, 아리엘 샤론 국방장관, 라파엘 에이탄 이스라엘 방위군 참모총장이 미리 계획해 둔 레바논 침공을 실행하기 위해 기다리던 구실이었다(이스라엘 내각의 승인과 미국 레이건 행정부의 암묵적 동의를 얻어야 했기 때문이다). 사건 다음 날인 1982년 6월 4일, 이스라엘 내각은 레바논 남부에 대한 이스라엘 방위군의 지상 침공(레바논 내륙 40킬로미터 이내, 48시간 이내로 제한을 두었다)을 승인했다. 공식적으로 '갈릴리 평화 작전'이라고 불린 이 작전의 공개적인 목표는 레바논 남부에 있는 PLO 기지를 파괴하고 북쪽으로 밀어내 PLO가 이스라엘 북부에 가하는 안보 위협을 완화하는 것이었다(당시 PLO는 단순한 테러 위협이 아닌 군사 위협 세력으로 성장해 있었다. 예를 들어, 전년도 7월에는 이스라엘에 열흘간의 로켓 및 포격 공격을 감행해 수만 명의 이스라엘인이 방공호에 피신하고 피난길에 올랐다).

Chapter 3. 아랍-이스라엘 전쟁

그러나 1982년 레바논 침공의 진짜 의도는 이스라엘 내각이 승인하고 여론이 지지한 제한된 목표보다 훨씬 더 야심 찬 것이었다. 샤론과 에이탄이 실제로 염두에 둔 것은 공식적으로 승인받은 제한된 군사 작전이 아니라 레바논 깊숙이 침투하는 대규모 장기 공격이었다. 즉, 이들의 진짜 목표는 (레바논 남부가 아니라) 레바논 전체에서 PLO의 존재를 완전히 박멸하는 것이었다. 그들은 레바논에 있는 PLO의 군사적, 정치적 기반을 파괴함으로써 조직을 무력화하고 대중적인 지지를 잃게 만들고자 했다. 그렇게 되면 베긴 정부는 서안지구와 가자지구에 대한 이스라엘의 계획, 다시 말해 이스라엘의 영구 통치하에 팔레스타인에 행정 자치권을 부여하는 계획에 대한 팔레스타인의 저항을 극복할 수 있을 것으로 보았다. 샤론은 PLO가 패배하면 이미 레바논 인구의 다수를 차지하고 있는 팔레스타인 사람들을 요르단으로 대거 이주시켜, 그곳에서 (그들이 원한다면 언젠가) 팔레스타인이 독자적인 국가를 세우는 게 낫겠다고 판단했다(샤론은 이스라엘 우파의 대중적 믿음인 '요르단은 팔레스타인'이라는 입장에 동의했다). 그는 더욱 원대한 계획을 꿈꿨다. 레바논에서 시리아군을 몰아내고, 그곳에 친이스라엘 기독교 정권(마론파[가톨릭] 기독교 민병대[팔랑헤Phalange] 지도자가 이끄는 정권)을 수립한 다음 이스라엘과 평화 조약을 체결하는 것이었다. 요컨대, 초강경파인 샤론(분명하진 않지만 베긴 역시)에게 레바논 침공은 팔레스타인 문제를 완전히 해결하고, '대이스라엘Greater Israel'을 보장하며, 북쪽 국경을 확보하고, 지역 패권을 장악하는 훨씬 더 원대한 목표를 이루기 위한 수단이었다.

1982년 6월 6일 탱크를 앞세운 약 8만 명의 이스라엘 지상군이 레바논을 침공하고 얼마 후, 이스라엘 내각과 국민은 정부가 그들에게 말한 것보다 훨씬 더 큰 규모의 군사 작전이 이루어지고 있다는 사실을 깨달았다. 이스라엘은 전면전을 치르고 있었다. 게다가 과거와는 달리 이번 전쟁은 전적으로 자의에 의해 참전한 상황이었다(대부분의 이스라엘인이 1948년, 1967년, 1973년 전쟁은 '선택의 여지가 없는 전쟁'으로 간주하는 반면, 이번 전쟁은 '선택한 전쟁'이었다). 레바논 내륙 깊숙이 진격한 이스라엘군이 베이루트 외곽에 도달하고 이스라엘 사상자가 증가함에 따라, 이스라엘 내에서는 전쟁에 대한 논란이 커졌다. 역사상 처음으로 전쟁에 대한 대중의 항의가 광범위하게 퍼져 나갔고, 일부 이스라엘인은 공개적으로 참전을 거부하는 전례 없는 일이 벌어졌다(양심적 병역 거부자들은 예쉬 그불Yesh Gvul('한계/국경은 있다'라는 의미)이라는 자체 단체까지 결성했다. 레바논에서 자행되는 이스라엘의 군사 행동, 특히 PLO 지도부가 있던 서베이루트를 두 달 동안(1982.6.14~8.21) 포위하고 집중 폭격하는 장면과 주민들의 고통을 보여주는 영상이 TV 화면을 통해 방영되면서, 전 세계 곳곳에서 분노가 일어났다. 국제 언론의 비판이 거세지자 이스라엘의 가장 가까운 동맹국인 미국을 비롯한 외국 정부도 이스라엘의 행동을 비판했다. 베긴 정부를 제지할 수 없었던 레이건 행정부는 이스라엘에 무기 공급을 중단하고 제재를 통해 이스라엘을 위협하는 방안까지 고려했다.

그러나 베긴과 샤론은 이 모든 비판에도 굴하지 않고, PLO의 항복을 강요하고 이들을 베이루트에서 퇴거시키기로 마음먹었다. 여름이 끝날 무렵, 미국의 중재로 야세르 아라파트 PLO 의장이 수천 명의 PLO 전사들과 함께 베이루트를 떠나는 데 동의하면서 이스라엘은 마침내 목표

를 달성했다. 이를 위해 미군, 프랑스군, 이탈리아군으로 구성된 다국적
군이 베이루트에 임시 배치되어 PLO가 안전하게 철수하는 것을 감독하
고 도시 주변에 위치한 대규모 난민 캠프에 남은 팔레스타인 민간인들을
보호했다. 그러나 평화유지군이 떠난 지 불과 며칠 만에 레바논 전쟁 최
악의 잔학 행위가 발생했다. 이스라엘군이 미국이 중재한 휴전을 위반하
고 서베이루트로 진격했고, 베이루트를 장악한 이스라엘군의 묵인 및 공
조하에 레바논 기독교 민병대가 팔레스타인 난민 캠프에 급습해 남아있
는 PLO 전사들을 몰살하는 일이 벌어진 것이다. 레바논 대통령으로 선출
된 마론파의 바시르 제마엘 대통령이 이틀 전 폭탄 테러로 피살된 사건
에 대한 복수였다. 이들은 조직적으로 이동하면서 비무장 팔레스타인인
들을 살해하고 신체 일부를 훼손하고 여성들을 강간했다. 이 난동은 3일
동안(1982.9.17~19) 벌어졌는데, 난민촌 밖에 있던 이스라엘 군인들은 그
안에서 무슨 일이 벌어지고 있는지 알고 있었지만 최종 명령을 받을 때
까지 개입하지 않았다(이스라엘 방위군 참모총장 에이탄은 실제로 살인이 벌어
지고 있다는 정보를 받았음에도 불구하고 아무 조치도 취하지 않았다). 기록에 따
라 다르지만 당시 사망한 팔레스타인인의 수는 800명에서 최대 2750명
으로 추산되며, 대부분 여성, 어린이, 노인이었다.

이 사건은 이 일이 발생한 팔레스타인 난민 캠프의 이름을 따서 '사
브라-샤틸라 학살'로 명명되었다. 시신이 무더기로 쌓여 있는 끔찍한 사
진이 공개되자 전 세계는 충격에 빠졌다. 이스라엘군이 이 사건을 저지른
것은 아니지만, 이스라엘은 공모 혐의로 기소되어 국제 사회의 비난을 면
치 못했다. 이스라엘 국민 또한 경악을 금치 못했다. 텔아비브에서는 학

살에 대한 사법 조사(당시까지 이스라엘 역사상 최대 규모의 조사위원회였다)와 이스라엘 방위군의 레바논 철수를 요구하는 대규모 시위가 벌어졌다. 조사 결과 샤론과 에이탄이 학살에 간접적인 책임이 있다는 결론이 났고, 두 사람은 사퇴 압박을 받았다. 사브라-샤틸라 학살은 레바논 전쟁의 전환점이 되었다. 국제 사회의 거센 비판과 미국의 압박, 전쟁에 대한 대중의 지지 감소에 직면한 이스라엘 정부는 레바논에서 벗어날 방법을 모색했다(1983년 8월 베긴이 사임하자 리쿠드의 또 다른 강경파 지도자인 이츠하크 샤미르가 그 뒤를 이었다). 1985년 6월, 2년 반 만에 이스라엘군이 레바논 대부분 지역에서 철수하면서 마침내 이스라엘 역사상 가장 길고 소모적이었던 전쟁이 종식되었다. 하지만 그 후에도 레바논-이스라엘 국경을 따라 펼쳐진 좁은 땅(폭 약 16킬로미터)에는 여전히 소수의 이스라엘 군인이 남아있었다. 이들은 이스라엘이 자금을 지원하는 기독교 민병대 무장단체인 남레바논군과 협력하여 이 보안 구역을 순찰했다. 이스라엘 방위군이 레바논에서 완전히 철수하기까지는 이로부터 15년이 더 걸렸다. 2000년 5월, 에후드 바라크 당시 이스라엘 총리의 지시에 따라 일방적이고 급박하게 레바논 철수가 진행된 이후(그는 1999년 선거 당시 누구에게도 지지받지 못한 레바논 남부 주둔을 종료하겠다고 약속했다), 이스라엘은 마침내 레바논의 피비린내 나는 수렁에서 벗어났다.

1차 레바논 전쟁의 결과는 어떠했나?

1차 레바논 전쟁은 국제적으로 논란이 많았고, 이스라엘 내에서는 분열을 일으켰으며, 정치 및 군사 측면에서 큰 비용이 들었지만 결국에는 실패로 끝난, 이른바 '이스라엘판 베트남 전쟁'이었다. 이 전쟁으로 인해 이스라엘의 국제적 이미지가 실추되었고, 미국(레이건 행정부)과의 관계가 악화되었으며, 이집트-이스라엘 간의 '냉전'도 강화되었다(당시 이집트는 사다트 암살 이후 새 대통령인 호스니 무바라크가 이끌고 있었다). 또한 이스라엘 국민은 양극단으로 분열되었고, 이스라엘 군인 약 1만 2000명이 목숨을 잃었다(사망자 대부분이 민간인이었던 팔레스타인과 레바논 측의 인명 손실이 더 크긴 했다). 전쟁을 설계한 세 지도자(베긴, 샤론, 에이탄)의 원대한 목표를 달성하는 데도 실패했다. 레바논 남부의 PLO 군사 인프라를 파괴함으로써 이스라엘 북부의 위협을 종식시키는 데에는 성공했지만, 이스라엘 방위군이 이 지역을 점령하자 (처음에는 환영했던) 현지 시아파 주민들의 적대감을 불러일으켰고, 이로 인해 반이스라엘 성향의 시아파 정당인 아말 운동에 대한 지지도가 높아졌다. 급진 시아파 이슬람 단체인 헤즈볼라('신의 당'이라는 뜻)도 결성되었다. 헤즈볼라는 시리아의 지원을 등에 업고 이란의 자금과 무기를 공급받았으며, 1983년 10월 베이루트에서 미군과 프랑스군 막사를 폭격해 299명의 군인을 살해한 사건을 주도하는 등 레바논 남부에서 지배적인 세력으로 성장했다.

유대 국가 파괴라는 이데올로기적 신념을 지닌 헤즈볼라는 1980년 대와 1990년대에 걸쳐 레바논 남부 지역에서 이스라엘 방위군과 그 지역 동맹인 남레바논군을 상대로 매우 효과적인 게릴라전을 벌였다. 헤즈볼라는 과거에 PLO가 했던 것과 마찬가지로 2000년 5월까지 이스라엘 북부에 총 4000여 발의 로켓을 발사했는데, 이로 인한 사망자는 거의 없었지만 이스라엘 주민의 일상에 큰 혼란이 초래되었다. 이에 대응하여 이스라엘군은 레바논에서 두 차례의 대규모 군사 작전(1993년 '책임 작전', 1996년 '분노의 포도 작전')을 수행했다. 하지만 헤즈볼라의 지속적인 로켓 공격을 막는 데는 실패했다. 2000년 5월, 이스라엘이 레바논 남부에서 철수함으로써 18년간의 점령(1982년 침공 이후)을 끝낸 후에도 헤즈볼라는 이스라엘이 여전히 레바논 영토의 일부를 점령하고 있다고 주장하며 공격을 계속했다(유엔은 이 주장을 받아들이지 않았다). 헤즈볼라의 로켓 공격과 국경을 넘나드는 습격(이스라엘 군인을 생포해 이스라엘이 보유한 헤즈볼라 포로와 교환하는 게 목표였다), 그리고 이스라엘 방위군의 제한적 보복이 수년 동안 반복되었다. 2006년 7월 헤즈볼라가 이스라엘 군인 8명을 사살하고 2명을 생포한 사건 이후, 이스라엘은 마침내 헤즈볼라에 대한 전면적인 보복에 나섰다. 에후드 올메르트 이스라엘 총리는 베이루트의 헤즈볼라 본부를 포함한 레바논의 헤즈볼라 거점에 전면적인 군사 공격을 개시했다(이스라엘은 의도적으로 레바논 기반 시설도 표적으로 삼았다).

이스라엘에서는 '2차 레바논 전쟁', 레바논에서는 '7월 전쟁'이라고 부르는 이 전쟁은 34일 동안(2006.7.12~8.14) 지속되었으며, 이 기간에 헤즈볼라는 이스라엘 북부에 약 4000발의 미사일을 발사해 수십만 명의 이스라엘 민간인을 방공호로 대피시키고 일상을 마비시켰다. 그러나 이스라엘은 헤즈볼라의 무차별적인 로켓 공격을 막아내지도, 레바논 남부에 있는 헤즈볼라의 요새화된 진지를 파괴하지도 못했다. 헤즈볼라가 정교한 지하 벙커 네트워크를 구축하고 있는 데다, 게릴라군의 장비와 훈련 상태 역시 훌륭했기 때문이다. 이후 유엔의 중재로 전쟁이 끝날 때까지 이스라엘인 165명(민간인 44명 포함)과 레바논인 최소 1100명(대부분 민간인)이 사망했으며, 약 100만 명의 레바논 민간인이 난민으로 전락했다. 전쟁에서 살아남은 헤즈볼라는 승리를 자축했고, 지도자 하산 나스랄라는 아랍 전역에서 환호를 받으며 당대의 나세르, 새로운 범아랍 영웅이 되었다(반면 올메르트 총리는 회복할 수 없는 정치적 타격을 입었다). 전쟁 이후 대중적 인기를 등에 업은 헤즈볼라는 정치적 영향력을 강화했고, 레바논 정부에도 영향력을 행사할 수 있게 되었다(2005년 정치권에 진출한 이후 지금도 주요한 정치 세력이다).

어떻게 보면, 이스라엘의 1차 레바논 전쟁은 2차 레바논 전쟁으로 이어질 수밖에 없었다. 1차 전쟁으로 인해 레바논 남부에 있던 위협적인 적(PLO)을 훨씬 더 위협적인 적(헤즈볼라, 현재 2006년 당시보다 10배나 많은 10만 기의 미사일을 보유한 것으로 추정된다)으로 대체한 결과를 낳았기 때문이다. 설상가상으로 헤즈볼라는 과거에도 그랬고, 지금도 이란으로부터 자금과 훈련, 무기를 지원받고 있기 때문에 1차 레바논 전쟁은 이란이 레바논에서 꾸준히 영향력을 확대할 수 있는 계기를 만든 셈이 되었고, 이란은 최근 몇 년 동안 이스라엘에 더 큰 잠재적 위협이 되고 있다. 1차 레바논 전쟁은 레바논에서 시리아의 영향력을 높이는 결과를 낳기도 했다. 이스라엘의 의도대로 시리아를 레바논에서 몰아낸 것이 아니라, 전쟁으로 레바논 내부의 혼란과 불안이 증폭되면서 시리아가 레바논에서 군사력을 확장하는 것이 어느 정도 정당화되었기 때문이다. 전쟁 이후 레바논에서 이스라엘에 우호적인 정부가 탄생한 것도 아니었다(1983년 5월 전쟁 중에 레바논-이스라엘 평화 조약이 체결되었지만, 이는 레바논 의회에 의해 곧바로 철회되었다). 전쟁으로 인해 중앙 정부의 위상이 약화되면서 1990년까지 이어진 레바논 내전을 더욱 악화시켰을 뿐이었다.

1차 레바논 전쟁이 PLO에 미친 영향도 이스라엘의 의도와는 다르게 전개되었다. 전쟁에서 패하고 레바논에서 쫓겨나면서 조직이 약화되긴 했지만, PLO는 베긴과 샤론이 기대했던 것처럼 파괴되지 않았다. PLO 지도부는 튀니스에 새로운 본부를 세웠고, 전사들은 아랍 전역으로 흩어졌다(주로 시리아였으며, 일부는 나중에 레바논으로 귀환했다). PLO는 팔레스타인 주민들 사이에서 지배적인 정치적 지위를 계속 유지했으며, 민족 자결에 대한 열망과 이스라엘 통치하의 자치령에 대한 거부 역시 그대로 유지했다. 그러나 PLO는 국제 외교와 궁극적으로 이스라엘과의 평화 회담을 진행하기 위해서는 이스라엘에 대한 무장 투쟁 노선을 포기해야 한다는 사실을 깨달았다. 전쟁으로 인해 이스라엘과 인접한 국경 지대에서 로켓과 포를 발사하고 국경을 넘는 공격을 감행할 수 있는 전진기지를 빼앗겨 이스라엘과 싸우는 것이 훨씬 더 어려워졌기 때문이다(그렇다고 테러 공격을 멈춘 것은 아니었다). 이는 이스라엘의 존재와 두 국가 해법을 거부하던 PLO가 정치적 신념을 변화시키는 계기가 되었고, 결국 PLO

는 이스라엘을 인정하고 두 국가 해법을 수용하는 쪽으로 입장을 선회했다(1988년 PLO 의장인 야세르 아라파트가 공식적으로 이스라엘을 인정함으로써 미국과 PLO 간에 대화가 이루어졌고, 이는 이스라엘과의 오슬로 평화 프로세스의 토대가 되었다).

따라서 장기적으로 보면, 1차 레바논 전쟁은 PLO를 실용적인 노선으로 변화하게 만들어 이스라엘과 팔레스타인 간의 평화 프로세스를 위한 길을 닦았다고 할 수 있다. 이는 베긴과 샤론이 레바논 침공을 시작할 때 구상했던 결과와는 반대의 상황이었다. 아이러니하게도, 이스라엘의 서안지구와 가자지구 합병의 전초전으로서 PLO를 제거하려던 그들의 계획은 결국 이스라엘의 지원을 받아 PLO가 해당 지역에서 권력을 장악하는 결과를 낳았다. 더 넓게 보면, 1차 레바논 전쟁은 팔레스타인 문제를 해결했다기보다는 국제적으로나 이스라엘 내에서나 팔레스타인 문제를 더욱 부각시켰다. 이는 또한 몇 년 후 발발한 1차 인티파다(1차 레바논 전쟁의 결과로 초래된 측면도 있다)의 원인으로도 작용해 많은 이스라엘인이 팔레스타인과의 분쟁에 군사적 해결책은 없으며, 따라서 일종의 영토적 타협이 필요하다는 것을 확신하는 데 도움이 되었다.

평화 프로세스

평화를 위한 첫 번째 시도는 언제였나?

아랍인과 유대인 사이의 평화를 위한 첫 번째 시도는 한 세기 전 팔레스타인 분쟁이 폭력적으로 변하기 전으로 거슬러 올라간다. 여기에는 두 명의 인물이 등장하는데, 하임 바이츠만과 에미르 파이살 빈 후세인이다. 하임 바이츠만은 시온주의 기구Zionist Organization의 의장으로 후에 이스라엘의 초대 대통령이 되었고, 후세인 빈 알리 왕의 아들인 에미르 파이살 빈 후세인은 1918년 시리아 아랍 왕국의 왕이 된 후 1921~1933년까지 이라크 왕국을 통치했다. 시온주의자와 아랍 민족주의자 간의 협력을 통해 양측의 국가적 열망을 발전시키려 했던 이들 두 사람은 제1차 세계대전이 끝나기 직전과 직후에 두 차례 만남을 가졌다. 파리평화회의Paris Peace Conference(제1차 세계대전 종료 후 평화 체제를 논의한 회담 - 옮긴이)가 열리기 직전인 1919년 1월 3일, 두 사람은 중동 지역에 독립 아랍 왕국을 건설하고 밸푸어 선언 인정 및 팔레스타인에 유대인의 나라를 건설하는 것에 동의하며 양측이 상호 협조하겠다는 내용의 협정에 서명했다. 단, 파이살은 아랍인들이 독립할 경우에만 이 협정을 존중하겠다고 명시했다. 그러나 제1차 세계대전이 끝나자 아랍 지역은 프랑스와 영국의 통치하에 놓이게 되었고, 결국 이 협정은 발효되지 못했다.

팔레스타인을 위임통치한 30년 동안, 영국은 팔레스타인에서 아랍인과 유대인 분쟁을 해결하기 위해 다양한 방법을 시도했다. 처음에는 양측의 권력을 분배하는 방안을 제안했고, 1937년에는 팔레스타인을 아랍 국가와 유대 국가로 분할하는 계획을 제시했다. 1947년에는 유엔이 '두 국가 해법'을 채택했지만, 이 계획은 분쟁을 해결하는 데 실패했고 내전 civil war에 이어 1차 아랍-이스라엘 전쟁으로 이어졌다. 그 이후로도 평화를 이루기 위한 시도는 계속되었다. 분쟁을 해결하기 위한 공식/비공식, 공개/비공개 노력이 다양하게 이루어지고 평화 회담을 시작하거나 협정을 중개하기 위해 유엔과 미국 대통령, 국무장관이 엄청난 시간을 투자했지만 별 소득이 없는 경우도 많았다. 아래 목록에서도 알 수 있듯이, 이스라엘-팔레스타인 분쟁 및 아랍-이스라엘 분쟁의 역사에는 폐기되었거나 실패한 평화 계획과 이니셔티브가 산재해 있다.

파이살-바이츠만 협정(1919)

필 파티션 계획 (1937)

모리슨-그레이디 계획(1946)

유엔 분할 계획(1947)

로잔 회의(1949)

후스니 알 자임 이니셔티브(1949)

알파 계획(1954~1955)

로저스 플랜 (1969)

제네바 회의(1973)

비긴 플랜 (1977)

페즈 이니셔티브 (1982)

레이건 플랜 (1982)

브레즈네프 계획 (1982)

런던 협정 (1987)

슐츠 이니셔티브 (1988)

샤미르 계획 (1989)

마드리드 회담 (1991)

오슬로 협정(1993~1995)

베이린-아부 마젠 협정 (1995)

캠프 데이비드 협정 (2000)

클린턴 파라미터 (2000)

타바 회담 (2001)

아랍 평화 이니셔티브 (2002)

제네바 이니셔티브 (2003)

평화를 위한 로드맵 (2003)

아나폴리스 컨퍼런스 (2007)

케리 이니셔티브(2013~2014)

이는 아랍-이스라엘 간의 평화 조성이 얼마나 어려운지를 잘 보여준다. 이스라엘과 아랍 이웃 국가들, 이스라엘과 팔레스타인 간의 분쟁이 해를 거듭할수록 더 많은 희생자를 낳고 있는 것은 외교적 노력이나 국제적 관심이 부족하기 때문이 아니다. 양측의 주장과 달리, 분쟁은 단순히 어느 한 쪽의 잘못 때문도 아니다. 30년(1948~1978) 동안 이스라엘과 아랍 국가, 그리고 팔레스타인은 분쟁의 궁극적인 해결 방법뿐만 아니라 평화 회담의 방식이나 절차에 대해서도 정도의 차이는 있지만 모두 타협하려는 태도를 보이지 않았다. 이스라엘은 아랍 각 국가와 직접적인 양자 협상을 원한 반면, 아랍 국가들은 먼저 이스라엘이 그들의 요구를 수용하면 그다음에 이스라엘과 집단으로 협상하겠다는 입장이었다. 이스라엘은 팔레스타인을 독립적인 협상 상대로 인정하지도 않았다. 아랍과 이스라엘 지도자들의 비타협적인 태도와 두 사회에 쌓인 상호 불신과 적대감이 수십 년 동안 이어지면서, 아랍과 이스라엘의 평화 조성은 제자리를 맴돌았다.

교착 상태는 1978년 이스라엘과 이집트가 캠프 데이비드 협정을 체결하면서 마침내 깨졌다. 이 협상 역시 포괄적인 평화 협정을 체결하는 데는 실패했지만, 1979년 3월 이집트-이스라엘 평화 조약이라는 '최초의, 그리고 가장 중요한' 아랍-이스라엘 평화 협정으로 이어졌다. 이스라엘과 이집트 사이에 40년간 평화가 유지된 이 평화 조약은 아랍-이스라엘 분쟁의 역사에서 가장 중요한 외교적 성과로 남아 있다.

Chapter 4. 평화 프로세스

캠프 데이비드 협정이란 무엇이며,
어떻게 만들어졌나?

1973년 이스라엘, 이집트, 시리아가 벌인 전쟁(4차 중동전쟁)을 계기로, 평화를 위한 국제적 노력이 다시 활기를 띠기 시작했다. 그 결과 유엔 제네바 회의가 개최되었고, 미국의 중개로 1974~1975년 이스라엘-이집트 및 이스라엘-시리아 분리 협정이 체결되었다. 그러나 전쟁으로 인해 아랍-이스라엘 간의 평화 논의가 진전될 여건이 조성되었음에도, 양측 사이에는 여전히 거대한 '심리적 장벽'이 존재했다. 이집트 대통령 안와르 사다트의 말을 빌리자면, 이 장벽은 이스라엘과 아랍 사이에 오랫동안 존재해 온 의심, 공포, 증오, 오해로 이뤄진 거대한 벽으로 만들어졌고, 양측은 서로에게 불신의 대상이었다. 이러한 '심리적 장벽'을 극복하고 이스라엘-이집트 간의 양자 간 직접 평화 회담을 시작하기 위해서는 사다트의 대담한 외교적 결단력이 필요했다. 마침내 1978년 9월, 역사적인 캠프 데이비드 협정이 체결되었다.

사다트는 이스라엘이 1967년 전쟁에서 정복한 후 1973년 욤 키푸르 전쟁이 끝나고도 통치권을 유지한 시나이반도를 되찾고자 했다. 그러나 국제 외교무대는 그가 생각하는 속도대로 움직이지 않았다. 유엔은 다자간 회의를 소집한 후 이를 통해 문제에 접근했고, 답답해진 사다트는 조바심을 내기 시작했다. 사다트는 (1973년 이스라엘에 대한 기습 공격에서 보여준 것처럼) 다시 한번 주도권을 쥐고 모두를 놀라게 했다. 그는 1977년 11월 9일 이집트 국회 연설에서, 평화를 위한 노력을 진전시키기 위해 "이스라엘 의회에 직접 갈 수 있다"라고 말했다. 그러자 (그해 초 선거에서 깜짝 승리를 거둔 우파 리쿠드당 지도자 메나헴 베긴이 이끄는) 이스라엘 정부는 불과 며칠 뒤 사다트를 초청해 크네세트에서 연설하도록 했다.

1977년 11월 19일, 사다트는 아랍 국가 원수 중 최초로 이스라엘을 방문했다. 이는 이스라엘과 이집트, 그리고 아랍 세계 전체에 큰 충격을 준 사건이었다. 사다트는 이스라엘 국립 박물관과 홀로코스트 기념관을 방문했고, 이스라엘 전사자 추모비에 화환을 바쳤으며, 크네세트에서 연설했다. 그는 포괄적인 아랍-이스라엘 평화와 함께 모든 아랍 점령지에서의 이스라엘 철수, 그리고 팔레스타인 국가 건설을 촉구했다. 그러나 그가 한 말보다 중요한 의미를 갖는 것은 사다트가 예루살렘에 있다는 바로 그 사실이었다. 사다트는 이스라엘을 방문했고, 이스라엘 사람들과 직접 대화했다. 이는 이스라엘과의 관계는 물론 이스라엘의 존재 자체를 인정하지 않는 아랍의 금기를 깨는 것이었다. 사다트의 이러한 행동은 이집트는 물론 아랍 전역에서도 호응을 얻지 못했고, 특히 이스라엘의 새로운 우파 정부를 고려하면 실패로 끝날 수도 있었기 때문에 정치적으로 무모한 행동이었다. 그러나 그의 도박은 성공했다. 사다트의 행동은 말 그대로 하룻밤 사이에 이스라엘 여론에 극적인 변화를 불러왔다. 그의 의도대로 이스라엘인들에게 이집트가 평화를 원한다는 확신을 심어준 것이다. 마침내 평화를 원하는 아랍 파트너가 생겼다고 믿은 이스라엘 국민은 이집트와 즉시 평화 협정을 맺는 대가로 시나이반도를 기꺼이 포기하고 베긴 정부가 이집트와 진지한 평화 협상에 나서야 한다고 압박했다.

사다트의 이스라엘 방문은 획기적인 사건이었지만 평화 협상의 돌파구를 마련하기에는 충분하지 않았다. 이를 위해서는 지미 카터 미국 대통령의 정치적 용단이 필요했다. 1978년 9월, 카터 대통령은 메릴랜드 숲속의 대통령 휴양지인 캠프 데이비드로 사다트와 베긴을 초대했다. 미국 대통령직의 위신과 자신의 정치생명을 걸고, 실패 가능성이 농후한 정상 회담을 위해 위험한 결정을 내린 것이었다. 사실 카터 대통령 이전이나 이후 어느 미국 대통령도 아랍-이스라엘 분쟁을 중재하는 데 이처럼 많은 시간과 정치적 자본을 투자한 적이 없다(빌 클린턴 대통령이 유일하게 근접했다). 카터는 아랍-이스라엘 평화를 행정부의 외교 정책 우선순위 중 하나로 삼았다. 독실한 기독교 신자였던 그는 자신이 신의 사명을 받았다고 믿었고, 이집트와 이스라엘 지도자를 한자리에 불러 언론과 대중의 감시를 피해 한적한 곳에서 비공개 대화를 나누게 하면 교착 상태를 타개하고 상호 타협을 촉진할 수 있을 것이라는 순진한 기대도 하고 있었다. 그러나 정상 회담이 시작되자 베긴과 사다트 사이의 개인적인 적대감이 드러나고 두 사람 사이에 격렬한 언쟁이 오가면서 이러한 희망은 금세 증발해 버렸다. 카터는 베긴과 사다트 사이에 고성이 오가면 직접 개입해 두 사람을 물리적으로 떼어놓았고, 두 지도자 간의 대면 회담이 생각했던 것과 달리 비생산적이라는 사실을 깨닫자 남은 일정 동안 두 지도자를 분리하기도 했다. 카터는 두 정상 사이를 오가며 그들이 머무른 통나무집에서 따로 만났지만 그래도 회담은 진전이 없었다. 인내심이 바닥난 미국은 협상을 유도하는 대신 이를 주도하기로 마음먹었다. 그러고는 평화 계획 초안을 작성해 양측 지도자에게 제시하고, 의견을 수렴한 후 상호 합의가 이루어질 때까지 계획을 수정하는 일을 반복했다. 평화 계획은 23번이나 수정되었다. 지치고 힘든 과정이었으며, 예상보다 훨씬 오랜 시간이 걸렸다(캠프 데이비드에서의 정상 회담은 13일 동안 진행되었는데, 이는 당시 카터가 중간 선거를 앞두고 있었고, 높은 인플레이션과 경제 성장 둔화, 유가 급등 등 여러 가지 국내 문제에 직면해 있었다는 사실을 고려할 때 엄청난 시간 투자라고 할 수 있다). 협상이 여러 차례 결렬되자 사다트와 베긴은 자국으로 돌아가겠다고 으름장을 놓기도 했다. 카터는 개인적으로 두 사람을 회유하고 압력을 가하기도 하면서 잔류하도록 설득했다. 심지어 두 나라에 대한 미국 정부의 지원을 놓고 위협하기도 했다. 카터의 끈질긴 집념과 노력이 없었다면 아마도 이 회담은 결렬되었을 것이다.

협상은 쉽지 않았다. 베긴은 시나이 전체를 이집트에 반환하는 것을 원치 않았고 이스라엘이 그곳에 세운 유대인 정착촌을 포기하는 것에 대해서도 강력하게 반대했다(결국 회담이 끝날 무렵, 베긴은 이스라엘 의회가 시나이 정착촌 해체 및 철수 문제를 투표에 부칠 것을 마지못해 동의했다). 그러나 더 큰 문제는 사다트가 팔레스타인 문제에 대해 일정 정도의 합의에 도달하길 원한다는 사실이었다. 베긴은 이스라엘이 서안지구의 통제권을 유지하고 궁극적으로 서안지구를 이스라엘에 합병하는 데에 주력했기 때문에 팔레스타인 문제는 완전히 관심 밖이었다. 하지만 사다트가 정치적 위험을 무릅쓰고 캠프 데이비드 회담에 참여한 것은 이스라엘과 단독으로 평화를 맺고 팔레스타인은 버리려는 의도가 아니었다. 그는 이스라엘과의 합의에 대한 정치적 명분을 얻기 위해서라도 팔레스타인 문제에

Chapter 4. 평화 프로세스

대해 이스라엘의 양보를 얻어내야 한다고 생각했다(카터 역시 이를 지지했다). 그러나 안타깝게도 베긴은 팔레스타인 국가 설립에 단호하게 반대했고(당시 대부분의 이스라엘인이 그랬던 것처럼), 서안지구와 가자지구의 팔레스타인 사람들에게 제한적인 자치권만 허용하겠다는 입장을 굽히지 않았다. 결국 사다트는 서안지구와 가자지구에, 현지에서 선출한 행정부를 5년간 일시적으로 유지하고, 영토의 최종 지위 문제는 그 이후에 협상하자는 제안을 받아들일 수밖에 없었다(그러나 이 제안에는 이후 팔레스타인의 자치 문제에 대한 언급은 없었다). 이스라엘은 향후 영토 문제에 관한 협상에 요르단뿐만 아니라 팔레스타인 측도 포함하는 것에 동의했고, '팔레스타인 국가권Palestinian national rights'을 공식적으로 인정하기로 합의했다(팔레스타인 국가권이 무엇인지 구체적으로 명시하지는 않았다). 그러나 여기서 결정적인 것은 팔레스타인의 자치권 문제가 이스라엘-이집트 간의 평화 협정을 체결하기 위한 필요조건이 아니었다는 사실이다. 미국의 거센 압력으로, 사다트는 두 개의 별도 협정을 체결하는 데 동의했다. 하나는 이스라엘-이집트 관계만을 다루는 것이었고, 다른 하나는 서안지구 및 가자지구 문제에 관한 협정이었다. 이 두 협정은 서로에게 영향을 미치지 않는 개별적인 협정이었다.

거의 2주에 달하는 격렬한 논의 끝에, 베긴과 사다트는 마침내 '이집트와 이스라엘 간의 평화 조약 체결을 위한 프레임워크'와 '중동 평화를 위한 프레임워크'라는 두 개의 협정에 동의했다. 여기서 주목할 것은, 전자는 이집트와의 평화를 조건으로 이스라엘이 시나이에서 완전히 철수할 것을 요구했고, 후자는 서안지구와 가자지구에 '팔레스타인 자치정부'

를 수립할 것을 요구함으로써 결국 '최종 지위' 회담으로 이어졌다는 사실이다. 이 두 협정을 합쳐 '캠프 데이비드 협정Camp David Accords'이라고 한다. 1978년 9월 17일 백악관에서 서명한 캠프 데이비드 협정에는 미국과 양 당사자 간의 여러 부속 문서도 포함되어 있다. 이에 따라 미국은 이집트에 연간 약 21억 달러, 이스라엘에 연간 30억 달러의 원조를 제공하기로 약속함으로써 두 국가는 오늘날까지 미국 대외 원조의 가장 큰 수혜자가 되었다.

캠프 데이비드 협정은 의심할 여지 없이 아랍-이스라엘 분쟁에서 외교적 돌파구를 마련한 전기가 되었다. 그러나 이는 사다트와 카터가 기대했던 것에는 미치지 못했다. 이 협정으로 이집트와 이스라엘 사이에 평화 조약이 체결되었지만 팔레스타인 문제는 해결하지 못했기 때문이다. 예루살렘 분쟁이나 팔레스타인 난민의 운명에 대한 언급은 아예 없었고, 자치권에 관한 내용은 팔레스타인에 의해 거부되었다(결국 1990년대 초 이스라엘과 PLO 간의 오슬로 협정으로 이어지긴 했다). 그렇다고 다른 아랍 국가들이 이집트의 선례를 따라 이스라엘과 화해를 시도한 것도 아니었다. 이집트에 이어 마침내 요르단이 두 번째로 이스라엘과 평화 협정을 체결하기까지는 15년이 더 걸렸다. 캠프 데이비드 협정은 아랍-이스라엘 간의 새로운 시대를 여는 대신, 이집트와 이스라엘 사이에 어색한 평화를 가져다주었을 뿐이었다. 이집트는 아랍 세계에서 배척당했고(일례로 이집트는 아랍 연맹에서 10년간 회원 자격이 정지되었다), 사다트는 아랍 대의를 배신한 자로 낙인찍혀 널리 비난받았다. 이스라엘에 대한 아랍의 반대를 약화시키고 팔레스타인을 배신했다는 비난을 받은 사다트는 1981년 10월 6일

카이로에서 열린 군사 퍼레이드 중 이슬람 극단주의자(이집트 이슬람 지하드Egyptian Islamic Jihad라는 조직의 일원)에 의해 암살당했다.

그러나 이집트, 팔레스타인, 그리고 아랍으로부터 거센 비난을 받았음에도 불구하고, 캠프 데이비드 협정은 여전히 성공적인 것으로 여겨진다. 이 협정으로 당시 군사적으로 가장 강력한 아랍 국가였던 이집트가 아랍-이스라엘 분쟁과 거리를 둠으로써 대규모 아랍-이스라엘 전쟁의 위험을 크게 줄였기 때문이다. 이집트 군대의 위협 및 이집트를 포함한 2~3개국이 전면에 나서는 전쟁 가능성이 사라지자, 아랍 국가들(주로 시리아와 요르단)은 군사적으로 훨씬 더 강력한 이스라엘과 전쟁을 벌인다는 선택지를 잃었다. 그 결과 캠프 데이비드 협정 이전 30년 동안 이스라엘과 아랍 이웃 국가들 사이에는 네 차례의 대규모 전쟁(1948, 1956, 1967, 1973)이 있었지만, 이후 현재까지 40년 동안 국가 간 전쟁은 발생하지 않았다(시리아가 1차 레바논 전쟁 초기에 개입하기는 했다). 이것이 바로 캠프 데이비드 협정의 가장 큰 성과다. 아랍-이스라엘 분쟁을 해결하지는 못했지만 적어도 분쟁을 안정시켜 수많은 생명을 구했기 때문이다. 아랍-이스라엘 분쟁이 소강상태에 접어들면서 이스라엘-팔레스타인 분쟁에 관한 관심이 더욱 높아졌다. 한편, 캠프 데이비드 협정은 외교의 효과를 입증하고 '땅과 평화의 교환' 공식(1967년 유엔 결의안 242호에서 처음 제안되었다)을 다시 한번 구현함으로써 이후 아랍-이스라엘 간의 평화 시도(특히 이스라엘-팔레스타인 간의 오슬로 평화 프로세스, 1994년 이스라엘-요르단 평화 조약 및 1990년대 이스라엘-시리아 간의 산발적인 평화 회담)에 중요한 선례를 남겼다. 정리하자면, 캠프 데이비드 협정은 아랍과 이스라엘의 평화를 가져오지는 못했지만, 그 가능성을 높인 협정이었다.

이스라엘과 팔레스타인의 평화 회담은
언제 시작되었나?

분쟁이 지속되는 동안 양측은 직접 협상을 거부해 왔다. 팔레스타인 지도자들은 이스라엘과의 협상이 이스라엘을 인정하는 것과 다름없다고 생각했고(이들은 심지어 이스라엘의 이름을 언급하는 것조차 거부하고 '시온주의자 단체'로 불렀다), 이스라엘 지도자들은 팔레스타인이라는 독립된 국가의 존재를 인정하지 않았을 뿐 아니라 이스라엘의 분쟁은 (팔레스타인이 아닌) 아랍 국가들과의 분쟁이 유일하다고 주장했다. 아이러니하게도 팔레스타인의 존재를 공식적으로 인정한 최초의 이스라엘 지도자는 1977년 집권한 리쿠드당의 수장이자 당시까지 가장 우파 성향이 강했던 메나헴 베긴 총리였다. 그러나 이스라엘 정부는 팔레스타인인의 존재를 인정했음에도 불구하고, 팔레스타인의 국가 지도부인 PLO가 테러 조직이라는 이유, 즉 PLO가 이스라엘 민간인을 대상으로 한 수많은 테러 공격에 책임이 있다는 이유로 1980년대에 팔레스타인과의 협상을 단호하게 거부했다. 또한 이스라엘 시민이 PLO 구성원과 만나거나 대화하는 것조차 법으로 금지했다(간혹 비밀 접촉이 있긴 했다).

상호 간의 보이콧에 변화의 조짐이 나타난 것은 1991년이 되어서였다. 그해 10월 말, 스페인 수도 마드리드에서 아랍-이스라엘 간의 평화를 위한 국제회의가 개최되었다. 마드리드 회의는 이스라엘-팔레스타인 분쟁은 물론 아랍-이스라엘 분쟁에서도 분수령이 된 사건이다. 이 회의는 공식적으로 미국과 소련이 후원했지만, 실제로 회의가 성사되기까지는 조지 H.W. 부시 행정부, 특히 제임스 베이커 국무장관의 역할이 컸다. 미국은 지미 카터 대통령 시절부터 중동 평화 회의 재소집을 간간이 시도해 왔으나(1973년 유엔의 후원으로 열린 제네바 회의가 마지막이었다), 제대로 된 중동 평화 회의가 개최된 것은 냉전이 종식되고 걸프전이 발발한 후인 1991년이었다. 1990년 8월, 사담 후세인의 이라크가 쿠웨이트를 침공하면서 시작된 걸프전쟁은 미국이 다국적군을 구성해 쿠웨이트에서 이라크 군대를 몰아내며 끝났다. 당시 부시 대통령은 주변 아랍 국가들, 특히 시리아를 미국 주도의 연합에 참여시킬 목적으로, 걸프 위기가 끝나면 아랍-이스라엘 분쟁을 해결하기 위해 새로운 노력을 기울이겠다고 약속했다. 이후 소련이 서서히 붕괴하면서 미국은 유일한 초강대국이 되었고, 1991년 초 신속하고 단호하게 이라크를 격파한 미국은 새로운 패권국 지위를 활용해 아랍 동맹국과의 약속을 이행하고자 했다. 탈냉전 이후 중동에서 팍스 아메리카나를 구축하고자 한 부시 행정부는 아랍-이스라엘 분쟁을 종식하는 것이 중요하다고 믿었다. 이를 위해 미국은 과거 강력한 후원자였던 소련을 잃은 시리아를 끌어들였고, 이스라엘을 압박해 마드리드 회의에 참가하게 만들었다. 이스라엘은 오랫동안 국제 평화 회의(수적으로 많은 아랍 국가에 비해 열세라고 생각했다)보다는 개별 아랍 국가와의 양자 협상을 선호해 왔고, 당시 이스라엘의 강경 우파 총리였던 이츠하크 샤미르는 '유대 국가'의 존재를 무조건 반대하는 아랍인들에게 영토를 양보하는 것을 피하고 싶었기 때문에 이 회의에 참가하는 것을 주저하는 입장이었다. 샤미르는 이스라엘 땅 전체, 특히 서안지구에 대한 이스라엘의 영구적 지배를 유지하기 위해 최선을 다했다(나중에 그는 팔레스타인 자치에 관한 협상을 10년 동안 끌고 가려고 했으며, 그 사이 50만 명의 유대인이 서안지구에 정착하면 팔레스타인 국가가 생길 가능성을 막는 데 도움이 될 것이라고 말한 바 있다).

마드리드 회의는 역사적인 회의였지만, 이는 연설이나 협상 내용, 혹은 이 회의를 계기로 개최된 양자 및 다자 회담 때문이 아니다. 회의에서는 새로운 내용이 언급되지도, 합의에 도달하지도 못했고, 그 결과 평화 회담은 궁극적으로 아무 진전도 이루지 못했다. 그러나 이 회의는 이스라엘과 주변 아랍 국가(시리아, 레바논, 요르단), 이스라엘과 팔레스타인 사이에 공식적인 대면 평화 회담이 처음으로 열렸다는 점만으로도 중요한 의미를 지닌다. 1973년 제네바 회의에 초청받았지만 참석을 거부했던 시리아와 달리, 이스라엘의 지속적인 반대로 이전까지 이스라엘과 평화 회담을 진행한 적이 없던 팔레스타인이 이스라엘과의 공식 평화 회담에 초청받은 것은 전례가 없는 일이었다. 비록 조건이 따르긴 했지만, 어쨌든 마드리드 회의에서 팔레스타인은 마침내 협상 테이블에 앉게 되었다.

그러나 이스라엘이 끝까지 팔레스타인 자체 대표단을 구성하는 것에 동의하지 않았기 때문에 팔레스타인은 요르단과 공동 대표 자격으로만 마드리드 회의에 참가할 수 있었다. 이스라엘은 PLO와 연계된 팔레스타인인의 참가도 허용하지 않았다(그러나 팔레스타인 대표단은 PLO 승인하에 회의에 참석했고 튀니스에 있는 PLO 지도부와 계속해서 연락을 취했기 때문에, PLO는 사실상 비공식 '자문 대표단'을 파견한 셈이었다). 한편, 이스라엘은 동예루살렘이나 디아스포라 상태의 팔레스타인인에게는 눈길조차 주지 않았고 서안지구 및 가자지구 출신의 팔레스타인인과만 대화를 나눴다. 그럼에도 불구하고, 팔레스타인이 회의에 참여했다는 사실은 그 자체로 역사적인 일이었다. 이에 따라 향후 팔레스타인을 평화 회담에서 배제하거나, 이스라엘과의 분쟁에서 스스로를 대변하는 독립적 행위자가 아닌 존재로 간주하는 것은 불가능해졌다. 더욱이 마드리드 회의에 참석한 팔레스타인 대표단과 미국 국무부에서 열린 후속 협상(1991.12~1993.7)에 참석한 팔레스타인 대표단이 PLO의 지시를 받고 있다는 사실이 알려지자, PLO와 직접 대화를 시작해야 한다는 주장은 훨씬 더 힘을 얻게 되었다. 결국, 중도 좌파 노동당의 이츠하크 라빈이 이끄는 차기 이스라엘 정부는 노르웨이 오슬로에서 PLO와 비밀 회담을 진행해 오슬로 협정을 체결하기에 이르렀다.

오슬로 협정이란 무엇인가?

이스라엘과 팔레스타인이 오랜 세월 피 흘리며 격렬하게 대립하는 동안, 서로의 적대감을 극복하고 타협하여 평화를 이룰 수 있을 것 같았던 순간은 그리 많지 않았다. 그중 가장 의미 있고 기억에 남는 것은 1993년 9월 13일 백악관 잔디밭에서 이츠하크 라빈 이스라엘 총리와 야세르 아라파트 PLO 의장이 악수를 나눈 장면이다. 오랜 세월 적대 관계에 있던 두 사람이 악수를 나누고 빌 클린턴 대통령이 두 팔을 뻗어 그들을 격려하는 장면은 상징적인 이미지가 되었으며, 전 세계 많은 사람들은 마침내 평화가 이루어졌거나 적어도 임박했다고 생각하면서 놀라움과 기쁨으로 이를 지켜보았다. 이후 벌어진 여러 사건으로 인해 이러한 낙관론은 곧 산산조각이 났지만, 당시의 낙관론은 화창한 가을날 체결된 그날의 협정에 대한 오해와 희망에서 비롯된 것이었다.

이 합의는 '임시 자치 협정에 관한 원칙 선언Declaration of Principles on Interim Self-Government Arrangements, DOP'이라고 불렸다. DOP는 '오슬로 협정'으로 통칭하는 이스라엘과 PLO 간의 임시 합의 중 첫 번째 것으로, 1993년 1월부터 8월까지 노르웨이 오슬로에서 비밀리에 진행된 비공개 채널 회담back-channel talks에서 나온 결과다. 일반적으로 알려진 것과 달리,

DOP 협정('1차 오슬로 협정'이라고 한다)은 평화 협정이 아니다. 이 협정은 이스라엘이 가자지구(정착촌은 제외)와 서안지구의 여리고Jericho에서 철수할 것을 요구한 것에 불과했다. 서안지구 나머지 지역에서의 철수는 5년의 과도기를 두었고 그 사이 팔레스타인 준정부기구(팔레스타인 자치정부 Palestinian Authority, PA)를 설립해 이스라엘군이 빠져나간 지역에서 치안 유지, 세금 과세, 의료, 사회복지, 교육, 문화, 관광 등 일상적인 관리를 담당하고자 했다. DOP 협정은 향후 평화 협정에서 해결해야 할 주요 쟁점으로 팔레스타인 국가의 성격과 국경, 이스라엘 정착촌과 정착민의 미래, 보안 조치, 팔레스타인 난민 문제, 예루살렘의 지위 등을 확인했다. 합의안을 작성한 이스라엘과 팔레스타인 협상가들은 이스라엘과 PLO 사이에 신뢰가 쌓이고 양측 국민들의 화해 분위기가 조성되면 타협의 여지가 더 많아질 것으로 기대하면서 논쟁의 여지가 많은 이 문제는 나중으로 미루기로 했다. 이 협정은 이러한 '최종 지위 문제'를 해결하기 위해 대략의 스케줄을 정했는데, 이스라엘과 PLO 간의 협상은 2년 이내에 시작하기로, 포괄적 평화 협정은 5년 안에 체결하기로 했다. 그러나 '최종 지위 협정'이 실제로 무엇을 의미하는지, 특히 팔레스타인 국가 설립을 포함할 것인지에 대해서는 아무것도 명시되지 않았다.

그러므로, 이스라엘과 PLO 간의 DOP 협정은 팔레스타인 일부 지역 민에게 어느 정도의 자치권을 부여하겠다는 약속에 불과했다. 이는 팔레스타인의 자결권(즉, 국가 수립)과, 서안지구와 가자지구에서 이스라엘 군인과 정착민을 완전히 철수하라는 팔레스타인의 요구와는 상당한 거리가 있는 내용이었다. DOP 협정에서는 이스라엘 군대를 (철수하는 게 아니

라) 재배치할 것을 요구했을 뿐이며, 정착촌 건설이나 확장을 중단하라고 요구하지도 않았는데, 이는 이스라엘의 주장에 따라 PLO가 마지못해 묵인한 것으로 보인다. 그럼에도 불구하고 DOP 협정은 이스라엘과 팔레스타인 관계에 역사적인 돌파구를 마련했으며, 이스라엘과 PLO 간의 평화 프로세스를 시작해 분쟁을 점진적으로 종식하고자 했다는 평가를 받는다. DOP 협정이 체결되기에 앞서 아라파트와 라빈이 주고받은 서신도 매우 중요하다. 이 서한에서, PLO는 테러 활동을 중단하고 '이스라엘 국가가 평화롭고 안전한 환경에서 존재할 권리'를 명시적으로 인정했으며, 이스라엘은 PLO를 '팔레스타인 국민의 대표'이자 공식적인 협상 파트너로 인정했다(그러나 팔레스타인이 나라를 세울 권리는 인정하지 않았다). 이러한 상호 인정을 바탕으로, PLO를 테러 단체로 규정하고 대화를 거부하던 이스라엘 정부와 이스라엘의 존재를 인정하지 않던 PLO 간에 팽팽하게 유지되던 수십 년간의 상호 보이콧이 종식되었다. 그렇다고 서로 간에 의심이 사라진 것은 아니었다.

오슬로 협정에는 그로부터 2년 뒤인 1995년 9월 28일 워싱턴 D.C.에서 체결된 '서안지구와 가자지구에 관한 임시 협정Interim Agreement on the West Bank and the Gaza Strip(2차 오슬로 협정)'도 포함된다. 이 협정은 서안지구를 세 개의 관할 구역으로 나눈, 더욱 세부적인 내용을 담고 있다(지도 4 참조). 협정에 따르면, A 구역은 헤브론을 제외한 팔레스타인의 모든 도시 지역을 말하는데, 이 지역은 전적으로 팔레스타인이 관할한다. B 구역은 팔레스타인 소도시와 마을(당시 서안지구의 24%)로, 팔레스타인 자치정부는 민사 문제를 처리하고 이스라엘은 치안을 담당하는 등 팔레스타인-

이스라엘이 공동 통치하는 지역이다. 마지막으로 C 구역은 소규모 팔레스타인 마을과 모든 이스라엘 정착촌 및 군사 기지, 농경지, 주요 도로 및 수자원 보호구역(당시 서안지구의 73%에 해당)을 포함하는데, 이곳은 1999년 여름에 완료될 예정인 최종 평화 회담 전까지 이스라엘이 계속 통제한다고 되어 있었다. 서안지구를 A, B, C 구역으로 나눈 행정 구역 분할은 5년을 넘기지 않는 한시적 조치로 합의된 것이었으나 20년이 지난 지금까지도 여전히 유효하여 팔레스타인 사람들의 불만을 사고 있다. 당시에 비해 달라진 것은 이스라엘이 서안지구 일부 지역에 대한 전체 또는 부분적 관할권을 팔레스타인 자치정부에 이양함에 따라, 각 구역의 상대적 규모만 차이가 있을 뿐이다.

이스라엘-팔레스타인 분쟁의 해결을 위해 단계적인 접근 방식을 채택한 오슬로 협정은 평화가 단기간에 쉽게 달성될 수 없다는 인식을 전제로 한다. 평화 회담은 양측의 신뢰 관계가 없으면 실패하기 쉽다. PLO는 통치 능력을 입증하고 이스라엘을 향한 폭력을 방지할 의지를 보여줘야 했고, 이스라엘은 서안지구의 통제권을 점진적으로 팔레스타인 자치정부에 양도하고 팔레스타인 인구 밀집 지역에서 군대를 멀리 이동시켜야 했다. 오슬로 협정의 설계자들은 양측이 약속을 이행하고 함께 노력하면 대중의 태도가 부드러워지고 극단주의자들이 소외되며 평화가 가까워질 것이라고 기대했다. 하지만 상황은 반대로 전개되었다. 어느 쪽도 약속을 지키지 않았고, 기한을 어겼으며, 그 결과 신뢰가 형성되지 않았다. 양측의 강경파가 오슬로 평화 프로세스에 격렬하게, 때로는 폭력적으로 반대하면서 이스라엘과 팔레스타인의 대중적 지지도 감소했다. 그러나 이러한 실패에도 불구하고 오슬로 협정은 여전히 중요한 성과로 남아 있다. 오슬로 협정은 폭력에 대한 외교의 승리이자, 이스라엘 정부(주로 라빈 총리와 시몬 페레스 외무장관)와 PLO 지도부(아라파트와 그의 오랜 부통령인 마흐무드 압바스)가 만들어낸 정치적으로 대담한 이니셔티브의 상징이다. 이에 노벨상 위원회는 1994년 라빈, 페레스, 아라파트에게 공동으로 노벨 평화상을 수여하며 '중동의 평화를 위한 노력'을 인정했다.

결과적으로 오슬로 협정은 '중동의 평화'를 이루지 못했다. 이스라엘이 원하던 안보나 팔레스타인이 갈망하던 자유를 가져다주지도 못했고, 기대치가 높았던 만큼 양측은 큰 실망을 안게 되었다. 그러나 오슬로 협정은 몇 가지 성과도 남겼다. 이스라엘의 경우 요르단과 평화 협정을 체결했고, 아랍 이웃 국가들, 특히 (무역 관계를 시작한) 아랍 걸프 국가와 화해의 길을 열었다. 팔레스타인은 협정을 통해 주요 도시에서 이스라엘 군대가 철수했고, 일상에 대한 이스라엘의 통제도 다소 완화되었다(도시 지역에 거주하는 팔레스타인인의 경우). 또한 오슬로 협정으로 팔레스타인 자치정부가 수립되어 서안지구와 가자지구의 팔레스타인에 어느 정도의 자치권을 부여했다는 점에서 비록 제한적이긴 하지만 (팔레스타인 여권 발급을 비롯해) 팔레스타인이 국가로서의 지위를 일부 확보한 부분도 있다고 하겠다.

이스라엘과 PLO는 왜 오슬로 협정에 서명했는가?

오슬로 협정은 이스라엘과 PLO가 오래도록 견지해 온 입장이 급진적으로 변화한 것을 의미했다. 양측 모두 근본적으로 정책을 바꾸었고, 과거에는 상상할 수 없거나 논란의 여지가 많던 것들을 수용했다. 그중에서도 PLO의 정책 변화가 더욱 두드러진다. 과거 PLO는 1978년 캠프 데이비드 협정에서 제안한 서안지구와 가자지구의 팔레스타인 자치를 거부했고, 팔레스타인 국가 건설을 보장하지 않는 모든 종류의 임시 협정에 반대해 왔다. 그러나 PLO는 오슬로 협정에 서명함으로써 자치 계획과 임시 협정(분쟁의 영구적 해결은 고사하고 논의되기까지도 오랜 과도기가 필요했다)이라는 두 가지 명제를 모두 받아들였다. 그동안 이스라엘 정부가 추진해 온 분쟁 해결 방식과 본질적으로 동일한 접근 방식을 채택한 것이다. 이는 PLO 지도부의 중대한 양보였으며, PLO 구성원을 포함하여 팔레스타인인들 사이에서도 큰 논란이 되었다. 팔레스타인의 저명한 작가 에드워드 사이드와 마흐무드 다르위시 같은 비평가들은 아라파트가 자신의 정치적 야망을 채우기 위해 이스라엘에 항복하고 팔레스타인 대의를 배신했다고 비난했다(오슬로 협정으로 아라파트가 망명에서 돌아와 새로 설립된 팔레스타인 자치정부의 수장이 되었기 때문이다).

PLO의 위기

아라파트의 개인적인 동기가 무엇이든 간에 오슬로 협정에 서명하기로 한 그의 결정은(이는 실제로 그가 내린 결정이었다) 대부분 필요에 의한 것이었다. 무엇보다도 오슬로 협정은 절망적인 상황에 놓인 PLO가 살아남기 위한 방책이었다. 1차 레바논 전쟁에서 패하고 베이루트에서 멀리 떨어진 튀니지의 수도 튀니스로 쫓겨난 이후 PLO는 팔레스타인 국민, 특히 이스라엘이 점령한 서안지구와 가자지구 주민들을 상대로 지도력을 유지하기 위해 고군분투하고 있었다. 팔레스타인 사람들 사이에서 PLO의 영웅적인 이미지는 훼손되었고, 이스라엘 접경 지역에 더 이상 전투기와 무기를 배치할 수 없게 되자 PLO는 무장 투쟁을 계속하기 힘들어졌다.

점령지의 팔레스타인 사람들이 이스라엘 통치에 반대하는 자발적인 대규모 시위를 벌이기 시작한 것도 PLO에는 더 큰 도전이었다. 시위는 1987년 12월 8일 가자 난민 캠프에서 이스라엘 군용 차량에 의해 팔레스타인인 4명이 사망하는 사건(이스라엘은 교통사고라고 주장했지만 팔레스타인은 고의적인 행동이라고 믿었다)에 대한 반발로 시작되었는데, 이는 가자지구와 서안지구 전역으로 빠르게 퍼져 나가며 '인티파다Intifada'(아랍어로 '떨쳐내다'라는 뜻이다)라고 불리는 대중 봉기로 확대되었다. 대규모 시위 및 폭동(특히 돌 던지기)으로 시작된 1차 인티파다는 총파업, 이스라엘 제품 불매운동, 납세 거부 등 이스라엘 점령에 반대하는 비폭력 시위로 확대되었다. 처음에 시위를 조직한 것은 이스라엘의 통치 아래 성장한 젊은 세대를 주축으로 한 팔레스타인 지역 활동가들이었다. 군사 점령과 그에 따른 제약, 굴욕, 일상적인 좌절에 시달리던 이들은 PLO의 무기력한 무장 투쟁에 인내심을 잃었고, 아랍 세계(1980년대 아랍은 팔레스타인 문제보다 이란-이라크 전쟁에 더 관심이 많았다)로부터 버림받았다고 느꼈다.

갑작스러운 1차 인티파다 발발에 놀란 데다 대중의 지지를 잃고 내부에서조차 외면당할 위험에 처한 PLO는 '역사적 타협'으로 대응했다. 1988년 11월, 알제리에서 폐막한 팔레스타인 민족평의회Palestinian National Council(PLO의 의회)에서 아라파트 의장은 '알제리 선언Algiers Declaration'으로 알려진 팔레스타인 독립 선언을 발표했다. 이는 서안지구와 가자지구(팔레스타인 자치지구의 22%에 불과한 지역)에만 팔레스타인 국가를 세우겠다는 것으로, PLO가 처음으로 유엔 결의안 181호(분할 계획), 242호, 338호(후자의 두 결의안에서는 '평화와 영토의 맞교환'이라는 공식을 제안했다)를 공식적으로 수용한다는 의미였다. 한 달 후 아라파트는 '두 국가 해법'을 공개적으로 지지하고 테러 활동을 포기하며 이스라엘의 생존권을 인정했다. 이로써 PLO는 국제적 정당성을 확보했고, 미국 정부는 이 단체와 공식적인 '대화'를 시작할 수 있게 되었다(이는 1990년 6월까지 지속되었다).

PLO는 1차 인티파다를 계기로 차츰 통제력을 강화해 나갔으나, 하마스Hamas(아랍어로 '열의'를 의미하며 'Harakat al-Muqawama al-Islamiyya[이슬람 저항 운동]'의 머리글자이기도 하다)의 등장으로 또 다른 도전과 마주했다. 하마스는 인티파다가 시작된 직후인 1987년 12월에 가자지구에서 설립된 단체로, 이집트에 기반을 두고 여러 아랍 국가에 지부를 둔 수니파 이슬람 단체 무슬림형제단Muslim Brotherhood의 무장 분파였다. 팔레스타인 민족주의와 급진적 이슬람주의를 결합한 하마스는 팔레스타인 위임통치령 전역에 샤리아Sharia가 통치하는 이슬람 국가를 건설할 것을 주장했다.

이들은 이스라엘과의 분쟁에 대한 해결 방안으로 제시된 두 국가 해법을 단호히 거부하며, 유대 국가를 파괴하고 팔레스타인을 '해방'하기 위한 폭력적인 지하드jihad, holy war(성전)를 주장했다(최근 하마스는 특정 상황에서는 두 국가 해법을 수용할 수도 있다는 입장을 밝힘으로써 두 국가 해법에 대한 반대 입장을 다소나마 누그러뜨렸다). PLO가 전술을 완화하고 영토적 야망을 제한하면서, 하마스는 더 비타협적이고 폭력적인 경쟁자로 부상했다(팔레스타인 이슬라믹 지하드Palestinian Islamic Jihad라는 더 작고 급진적인 단체도 1차 인티파다 기간 활동 수위를 높여 나갔다). 하마스에 대한 대중의 지지가 특히 가자지구의 가난하고 독실한 팔레스타인인들 사이에서 점점 높아지면서, PLO는 팔레스타인에 대한 리더십을 재확인하고 구체적인 성과를 달성해야 한다는 압박을 받고 있다.

정치적 문제뿐만 아니라 재정적 압박과도 싸워 온 PLO는 결국 파산 직전에 이르렀다. 인티파다를 지속하는 데 드는 비용(일례로, 파업 중인 팔레스타인인이나 이스라엘에 수감된 사람들에게 지급하는 비용)이 적지 않은 데다가 소련의 지원마저 줄었기 때문이다. 그러나 결정적인 것은 1990년 8월, 아라파트가 쿠웨이트를 침공(걸프전)한 이라크를 지원하면서였다. 그동안 PLO를 재정적으로 후원하던 (석유가 풍부한) 아랍 걸프 국가들, 특히 사우디아라비아는 이에 대한 보복으로 PLO에 대한 자금 지원을 끊었다(쿠웨이트에 거주하던 다수의 팔레스타인인도 1991년 걸프전 발발 이후 쿠웨이트를 떠나야 했다). PLO의 생존이 위태로워진 상황이었다.

이런 상황에서 오슬로 협정은 정치적 어려움과 재정적 위기에 봉착해 있던 PLO에 생명줄이나 다름없었다. PLO는 이스라엘로부터 팔레스타인 국민의 유일하고 합법적인 대표자라는 공식 인정을 받았고, 더욱 중요한 것은 오랫동안 망명 생활을 하던 PLO의 지도자와 전사들이 돌아와 팔레스타인 자치정부에서 권력을 누리고 후원을 받는 지위를 차지했다는 사실이다. 이로써 PLO는 적어도 10년 이상 팔레스타인에서 정치적 우위를 점하게 되었다.

오슬로 협정에 서명하고 이스라엘과 평화 프로세스를 시작하기로 한 PLO의 결정이 그들의 이익만을 위한 것이 아니었음은 확실하다. 아라파트와 압바스는 오슬로 평화 프로세스가 팔레스타인 국가 수립으로 이어질 것으로 기대했고, 이를 진심으로 희망했다. 그러나 국가 수립을 명시적으로 약속하지 않은 협정에 서명하고, 제한된 영토에 대한 제한된 수준의 자치권을 받아들였으며, 팔레스타인 사람들이 깊이 우려하는 중요한 문제(난민 문제 등)에 대한 해결은커녕 협상을 미루는 것을 묵인했다는 사실은 당시 PLO의 위상이 상당히 낮아졌음을 드러낸다 하겠다.

이스라엘의 기회

이스라엘이 오슬로 협정에 서명한 것은 부분적으로 PLO의 힘이 약해졌기 때문이기도 했다. 수십 년 동안 이스라엘 역대 정부는 PLO가 벌이는 일(테러)과 원하는 것(팔레스타인 국가 수립)을 이유로 PLO와의 협상을 단호하게 거부해 왔다. 이는 1992년 선거에서 노동당이 승리함으로써 라빈이 두 번째로 이스라엘 총리가 되었을 때도 마찬가지였다(처음에 라빈은 이스라엘에 군사적 위협이 되지 않는 팔레스타인보다 시리아와의 평화 협정에 더 관심이 많았다). 그러나 1년 후인 1993년 5월, 시몬 페레스로부터 오슬로에서 PLO 고위급 인사와 이스라엘 학자 두 명이 비공식 비밀 회담을 통해 놀라운 진전을 이뤘다는 소식을 들은 라빈은, 아라파트에 대한 불신에도 불구하고 두 명의 이스라엘 관료를 보내 이를 공식 회담으로 격상시켰다. 이 무렵 워싱턴 D.C.에서는 미국의 후원하에 이스라엘-팔레스타인 평화 회담이 간헐적으로 열리고 있었다. 그러나 회담의 진전이 없자 라빈은 양자 간의 직접 협상을 통해 PLO의 약점을 토대로 전례 없는 양보를 얻어내고자 했다.

PLO의 약점은 라빈 정부에게 이스라엘에 유리한 조건으로 협상을 타결할 수 있는 기회를 제공했지만, 한편으로는 심각한 위험을 초래할 수도 있었다. PLO가 붕괴하면 극단주의 성향이 강한 하마스가 부상할 것이고, 그렇게 되면 평화 협정은커녕 평화 회담도 불가능할 터였다(하마스가 극렬히 반대했기 때문이다). 분쟁의 성격이 민족주의 투쟁에서 끝없는 종교 전쟁으로 바뀔 가능성도 있었다. 하마스와 비교하면 PLO가 그나마 나은 선택지라고 생각했던 라빈 정부는 오슬로 협정을 체결함으로써 PLO의 입지를 강화해 주는 동시에 향후 평화 회담에 적합한 대화 상대를 확보할 수도 있었다.

그러나 라빈 정부가 오슬로 협정에 서명한 데에는 또 다른 중요한 이유가 있었다. 1992년 라빈의 중도 좌파 노동당이 이끄는 '비둘기파' 연립 정부가 선거에서 압승을 거두며 지난 10년 동안 이스라엘 정치를 거의 마비시켰던 좌파와 우파 간의 정치적 교착 상태를 깨뜨렸다(1973년 이후 19년 만에 이룬 노동당의 승리였다). 노동당의 승리에는 여러 이유가 있었기 때문에 이를 평화에 대한 대중의 열망으로만 돌리는 것은 지나치게 단순한 해석이다. 노동당의 선거 캠페인은 '미스터 안보Mr. Security'라는 라빈의 평판을 강조했고, 과거 리쿠드 정부(우파 정권)가 소홀히 했던 사회, 경제적 관심사를 부각했다. 대부분의 이스라엘인이 여전히 깊은 불신을 지닌 팔레스타인과 평화를 이루겠다고 선언한 노동당의 주장은 대중의 호감을 얻지 못했다. 그럼에도 불구하고 이스라엘 국민은 팔레스타인 문제에 대해 타협할 수 있다는 태도를 보였는데, 이는 팔레스타인 사람들이 서안지구와 가자지구에 대한 이스라엘의 지배를 계속해서 묵과하지 않을 것이며 이를 유지하려면 치러야 할 대가가 크다는 사실을 인티파다를 통해 확인했기 때문이다. 여론 조사에 따르면 점점 더 많은 이스라엘인이 팔레스타인 영토에서 철수하는 것을 선호하고, '평화와 영토의 맞교환'이라는 개념을 지지하며, 심지어 적대 세력인 PLO와도 협상할 의향이 있는 것으로 나타났다.

노동당은 1992년 선거에서 이러한 새로운 대중의 정서에 호소했다. 이후 집권에 성공한 노동당 지도부, 특히 오랜 라이벌이었던 라빈과 페레스는 평화를 이루려는 정치적 동기뿐만 아니라 국민적 지지도 느꼈다. 또한 이스라엘이 팔레스타인 및 아랍 세계와 평화를 이룰 때가 되었다고도 믿었다. 두 사람은 냉전 종식(1989), 걸프전(1991), 마드리드 회의(1991), 소련 해체(1991)와 같은 중대한 지역적, 세계적 정세 변화가 이스라엘에 강자의 위치에서 평화를 이룰 기회의 창을 열어준다고 생각했다. 이스라엘은 그 어느 때보다 강했고 패권 국가인 미국의 지원을 받고 있던 반면, 상대는 약하고 분열되어 있었다. 라빈과 페레스는 지역적 힘의 균형이 이스라엘에 크게 유리한 상황일 때 아랍-이스라엘 분쟁을 완전히 끝낼 수 있기를 바랐다.

　이러한 원대한 목표와 함께, 라빈에게는 PLO와의 협상을 받아들이는 게 도움이 될 더욱 시급한 문제도 있었다. 라빈은 외교적, 군사적, 경제적, 도덕적으로 이스라엘에 큰 비용을 초래하는 인티파다를 끝내고 싶었다. 라빈 정부가 구성된 1992년 7월 무렵 인티파다의 동력은 고갈되어가고 있었지만, 겉으로 드러나는 모습은 더욱 폭력적으로 변했다. 인티파다가 시작된 초기 2년 동안 이스라엘 국방부 장관을 지낸 라빈은 이스라엘 군인들에게 팔레스타인 시위대의 '뼈를 부러뜨리라고' 지시한 악명 높은 인물이다. 그는 인티파다가 해외에서의 이스라엘의 평판은 물론이고 IDF의 사기와 군사 대비 태세에 끼친 피해를 잘 알고 있었다. 또한 인티파다에 대한 군사적 해결책이 없다는 사실도 누구보다 잘 인지하고 있었다. 라빈은 PLO 지도부를 망명에서 돌아오게 하고, 이들이 이스라엘이 서안지구와 가자지구 일부를 통치하고 치안을 유지하는 데 도움을 줄 반자치 팔레스타인 조직을 지휘하도록 허용하는 것이 최악의 선택은 아니라고 판단했다.

　라빈이 오슬로 협정을 서안지구와 가자지구에 대한 이스라엘의 지배를 종식하기 위한 서막으로 여겼는지, 아니면 더 편리하고 저렴한 방법으로 이를 유지할 수단으로 여겼는지는 오늘날까지도 분명치 않다. 그는 공개적으로는 오슬로 평화 프로세스의 최종 목표인 팔레스타인 국가 수립과 서안지구에서 이스라엘의 완전한 철수를 반대했다(예루살렘 분할에 대해서도 마찬가지였다). 안타깝게도 우리는 라빈이 팔레스타인과 평화를 이루기 위해 어디까지 갈 수 있었는지 알 방법이 없다. 1995년 11월 4

일 저녁, 라빈은 텔아비브에서 열린 평화 프로세스를 지지하는 대규모 집회에서 연설을 마친 후 암살당했다. 라빈이 신성한 고향의 일부를 팔레스타인에 내주어 유대 민족을 배신하고 위험에 빠뜨린다고 믿은 이스라엘 우파 극단주의자의 소행이었다. 그는 자신이 신의 인도에 따라 옳은 일을 한다고 확신했고, 라빈을 암살함으로써 오슬로 평화 프로세스를 중단시키고자 했다.

많은 이들은 암살범이 바라던 대로 이루어졌다고 믿는다. 아라파트는 라빈의 암살 소식을 접한 후 "평화 프로세스는 오늘로 종료되었습니다"라고 선언했다. 라빈의 암살은 평화 프로세스에 심각한 타격이었다. 오슬로 평화 프로세스는 이후 5년간 간신히 명맥을 유지하다가 캠프 데이비드 정상 회담 실패와 2차 인티파다의 발발로 무너져 내렸다.

Chapter 4. 평화 프로세스

이츠하크 라빈의 암살은 오슬로 평화 프로세스에 어떤 영향을 미쳤나?

라빈 암살 사건은 이스라엘 총리가 암살된 최초의 사건이었을 뿐만 아니라 암살범이 팔레스타인인이 아닌 유대인이라는 점에서 이스라엘 국민에게 큰 충격을 주었다. 이전부터 유대인 극단주의자의 살해 위협이 있긴 했지만, 대부분의 이스라엘인은 유대인이 이스라엘 지도자를 살해하는 일은 일어나지 않을 것으로 생각했다. 대중은 슬퍼했고, 분노에 찬 비난과 애도가 이어졌다. 시온주의자, 특히 정착민들은 민주주의를 경멸하고 법치를 무시하며 정치적 폭력을 정당화한다는 비난을 받기도 했다(라빈의 암살범인 이갈 아미르는 정착민이 아니었지만 서안지구의 유대인 정착촌을 자주 방문하고 시온주의를 열렬히 신봉하는 사람이었다). 좌파 이스라엘인들은 야당인 리쿠드당의 지도자 베냐민 네타냐후를 포함한 우파가 오슬로 평화 프로세스에 반대하는 사람들이 라빈을 비방하는 것을 묵인하고 심지어 부추겼다고 비난했다(네타냐후는 라빈에게 나치 제복을 입힌 플래카드를 걸어 놓은 한 시위에서 라빈을 반역자라며 격렬히 비난하는 연설을 한 적이 있다). 라빈의 암살과 이에 대한 대중의 반응은 이스라엘 국민들이 평화 프로세스에 대해 위험할 정도로 분열되어 있으며, 심지어 내전 발발에 대한 두려움까지 존재했다는 사실을 보여준다. '민족적 단결'을 호소하는 목소리가 잇따랐고 유대인 사회 내부의 소통과 이해를 증진하기 위한 수많은 노력이 수반되었다. 팔레스타인과의 평화보다 이스라엘 유대인 사이에서의 평화가 국가적 우선순위가 되면서 이들의 마음속에 오슬로 평화 프로세스의 중요성이 줄어들었고, 대중의 에너지와 관심이 다른 곳으로 쏠리면서 결과적으로 평화 프로세스에도 악영향이 초래되었다.

라빈이 암살된 후 새로운 총리를 뽑는 선거(1996)에서 네타냐후가 총리 대행을 맡고 있던 시몬 페레스를 누르고 근소한 차이(2만 9000표 차이)로 승리한 것이 결정적이었다(이스라엘 국민이 정당뿐 아니라 총리에 직접 투표한 것은 이번이 처음이었다). 다수의 좌파 이스라엘인과 국제 관측통은 라빈이 살아 있었다면 네타냐후가 총리로 선출되지 않았을 거라고 주장하지만, 라빈이 다음 선거에서 또다시 승리했을지는 확신할 수 없다. 라빈이 사망하기 전에 라빈 정부는 이미 이스라엘 유대인의 지지뿐만 아니라 크네세트에서도 의석의 과반수를 잃었기 때문이다(반대파는 라빈 정부와 그들이 추구하는 평화 정책에 정당성이 부족하다고 주장했다). 네타냐후는 라빈의 암살 사건에도 불구하고 선거에서 승리한 것이지 그 사건 덕분에 승리한 것이 아니었다. 사건 이후 평화 프로세스와 노동당에 대한 이스라엘 대중의 지지가 급증했지만 페레스는 이를 활용하지 못했고, 여론조사에서 큰 우위를 점하고도 선거에서 패했다. 그러나 이는 페레스의 정치적 부족함보다는 하마스의 자살 폭탄 테러 때문으로 보는 게 더 타당하다. 1996년 2월과 3월, 4대의 버스에 나눠 탄 자살 폭탄 테러범들이 폭탄을 터뜨려 이스라엘인 59명이 사망하는 사건이 발생했다(하마스는 1995년 12월 이스라엘이 폭탄 제조 책임자인 야흐야 아야쉬를 암살한 데 대한 보복으로 버스 폭탄 테러를 지시했다). 선거 직전에 발생한 테러의 영향으로 '군대와 국경이 없는 새로운 중동'이라는 페레스의 비전은 현실과 동떨어진 구호로 전략했다. 반면 네타냐후는 '안보를 통한 평화'를 달성하겠다는 선거 공약을 내세워 큰 반향을 일으켰다.

네타냐후는 오슬로 협정을 맹비난하며, PLO는 여전히 이스라엘을 파괴하려는 테러 조직이기에 이들을 신뢰할 수 없다고 주장했다. 하지만 그는 집권 후 평화 프로세스를 중단하는 대신 속도를 늦추고 이를 약화시켰다. 미국의 압력과 국내 여론을 계속해서 무시할 수 없었기 때문이다. 네타냐후 정부는 아라파트와의 회담을 미루고 이스라엘이 이미 합의한 조치의 이행을 지연시켰다. 예를 들면 가자지구의 공항과 항구 건설을 반복적으로 미루고, 팔레스타인 자치정부에 대한 자금 이체를 장기간 중단시킨 것이다. 네타냐후는 여러 측면에서 평화 프로세스를 훼손했다. 이전 정부에서 시행하던 서안지구 정착촌 건설에 관한 부분적 동결 조치를 해제해 서안지구에 유대인 정착민 수가 급격히 늘어나도록 했고, 1996년 9월에는 예루살렘의 통곡의 벽으로 이어지는 고대 지하 터널 개통을 승인해 논란을 일으켰다. 이로 인해 팔레스타인 폭동이 일어나고 이스라엘 군인과 팔레스타인 자치정부 보안군 사이에 무력 충돌이 발생해 군인 17명과 팔레스타인인 70명이 사망했다.

이스라엘-팔레스타인 관계가 극도로 악화되었음에도 불구하고, 클린턴 행정부의 적극적인 중재 노력으로 평화 프로세스는 유지되었다. 1997년 1월, 네타냐후와 아라파트는 헤브론 의정서Hebron Protocol에 서명하여 이스라엘이 서안지구 헤브론 마을(팔레스타인인 13만 명이 거주)의 통제권을 팔레스타인 자치정부에 이양하는 대신 마을의 20%에 해당하는 지역(400여 명의 유대인 정착민이 거주하는 중심 지역)은 이스라엘이 통제하는 데 동의했다. 1998년 10월에는 서안지구에서 이스라엘 군대를 추가 철군해 팔레스타인 자치정부의 관할 구역을 확대하는 '와이강 각서Wye River Memorandum'에 서명했다(A 구역 및 B 구역). 마지못해 서명한 이 협정으로 네타냐후는 우파 지지층과 연립정부 파트너들의 지지를 잃었고, 1999년 5월에 치러진 조기 선거에서 노동당의 에후드 바라크에게 완패했다. 이스라엘 역사상 가장 많은 훈장을 받은 장군 출신인 바라크는 레바논에서 이스라엘 군대를 철수하고 시리아 및 팔레스타인과 평화를 이루겠다는 대담한 공약을 내세웠다. 많은 사람에게 그는 라빈의 진정한 후계자처럼 보였고, 이스라엘과 팔레스타인은 그가 흔들리는 평화 프로세스를 바로잡아 마침내 평화를 가져올 것이라는 희망을 품었다. 그러나 평화 프로세스가 무너진 것은 바라크의 짧은 재임 기간(1999~2001) 중이었다(바라크는 2000년 5월 레바논에서 이스라엘 방위군을 일방적으로 철수시켰다).

Chapter 4. 평화 프로세스

오슬로 평화 프로세스가 무너진 이유는 무엇인가?

2001년 1월 이집트 홍해의 휴양지 타바에 모인 이스라엘과 팔레스타인 협상가들이 평화 협정을 체결하기 위해 필사적으로 노력했지만 오슬로 평화 프로세스는 결국 붕괴되었다. 회담이 끝난 후 양측은 공동 성명을 통해 "합의에 근접하지 못했지만, 우리는 이스라엘 선거가 끝나고 협상이 재개되면 남은 간극을 좁힐 수 있다고 믿는다"라고 선언했다. 그러나 2001년 2월 선거에서 오슬로 평화 프로세스에 반대하는 리쿠드당 지도자 아리엘 샤론이 승리하면서 평화 협상은 재개되지 않았다. 샤론이 바라크를 상대로 압승을 거둔 것은 몇 달 전 발발한 2차 인티파다에 대한 이스라엘 대중의 반응을 대변하는 것이었다. 2차 인티파다(알 아크사 인티파다라고도 한다)의 도화선을 제공한 것은 샤론 자신이었다. 2000년 9월 28일, 성전산을 방문한 샤론이 팔레스타인 사람들이 성지로 여기는 알-아크사 모스크에 발을 들여놓았다. 이곳은 유대인과 무슬림 모두에게 신성한 곳으로, 이스라엘과 팔레스타인 양측 모두 소유권을 주장하며 첨예하게 대립하는 지역이었다(이곳은 1967년 전쟁 이후 이스라엘의 통제를 받았지만, 이스라엘은 이슬람 종교 신탁이 이 역사적 유적을 계속 관리할 수 있도록 허용했다). 팔레스타인 사람들은 1000명이 넘는 이스라엘 경찰이 동행한 샤론의 방문에 분노했다. 이들은 자신들의 성지에 발을 디딘 샤론의 행동을 계산에 의한 고의적 도발로 인식한 반면, 대부분의 이스라엘인은 이를 국내용 정치 쇼로 여겼다. 다음 날, 분노한 팔레스타인이 시위와 폭동을 벌이자 이스라엘 경찰은 팔레스타인 시위대 4명을 사살하고 200명을 다치게 했다. 바로 이것이 2005년까지 4년 동안 이어진 2차 인티파다, 피비린내 나는 폭력의 순환이 시작된 계기였다. 이로 인해 약 1000명의 이스라엘인과 3200명의 팔레스타인인이 사망했다.

양측은 2차 인티파다 발발과 오슬로 평화 프로세스 붕괴에 대한 책임을 서로에게 돌리며 비난한다. 이스라엘은 팔레스타인 지도자 야세르 아라파트가 평화 프로세스 기간에(특히 하마스와 이슬람 지하드의 자살 폭탄 테러 등 테러 공격이 급증했던 1990년대 중반) 테러를 막지 못했을 뿐 아니라, 2차 인티파다 중에는 폭력을 부추기고 심지어 자금을 지원했다고 주장한다. 이는 오슬로 협정에서 합의한 반이스라엘 폭력에 대응하겠다는 약속을 위반한 것으로, 대부분의 이스라엘 사람에게 PLO(특히 그 지도자인 아라파트)가 폭력 사용을 진정으로 포기하지 않았다는 것을 시사했다(게릴라 투사였던 아라파트가 정치가로 변모할 역량이 부족했다고 지적하는 사람도 있었다). 이들은 2000년 7월, 클린턴 대통령이 바라크의 촉구로 소집한 캠프데이비드 정상 회담에서 평화 협정을 체결하지 못한 것에 대한 책임도 아라파트에게 돌렸다. 당시 바라크는 '서안지구의 약 91%와 가자지구 전체, 동예루살렘 일부'에 팔레스타인 국가를 건설할 것을 제안했는데, 이스라엘인들은 당시까지 이스라엘 지도자가 제안한 것 중 가장 큰 양보라며 이를 매우 관대하게 받아들였지만, 아라파트는 이 제안을 수용하지 않았다. 이 사실은 이스라엘 사람들에게 아라파트는 평화를 위한 진정한 파트너가 아니었다는 주장의 근거로 널리 알려져 있다. 이러한 이유로 이스라엘 사회를 지배하는 대중적 서사는 오슬로 평화 프로세스가 무너진 이유를 아라파트의 비타협성과 폭력성 때문으로 인식한다.

그러나 팔레스타인인과 그 지지자들은 오슬로 평화 프로세스가 무너지고 2차 인티파다가 발발한 이유에 대해 전혀 다른 설명을 내놓는다. 그들은 특히 네타냐후와 바라크 정부의 끊임없는 이스라엘 정착촌 건설이 오슬로 협정의 정신을 위반한 것이라 주장한다. 실제로 오슬로 평화 프로세스가 진행되는 동안 이스라엘 정착민 수는 11만 5000명에서 20만 명으로 약 70% 증가했는데, 비록 협정에 이스라엘의 정착촌 확대 및 신설에 대한 명시적인 금지 조항이 기재되지는 않았지만, 팔레스타인 사람들은 이를 이스라엘이 팔레스타인 영토에서 철수할 의사가 전혀 없다는 명백한 증거로 간주한다. 이스라엘이 서안지구와 가자지구 사이에 안전한 통로를 개설하겠다는 약속을 이행하지 않았고, 군대를 재배치하고 서안지구의 영토를 팔레스타인 자치정부 통제하에 넘겨주는 것을 꺼린다는 점을 강조하며, 이스라엘이 협정에서 논의된 바를 지키지 않는다고 주장하는 것이다. 팔레스타인 사람들은 평화 프로세스가 자유와 번영을 가져다주기는커녕 오히려 팔레스타인 사람들의 생활 수준이 악화되는 결과를 낳았다고 생각했다. 이동의 자유가 제한되자(팔레스타인인은 일을 하기 위해 이스라엘에 들어가는 것조차 금지되었고 이로 인해 수입이 끊겼다) 경제난은 더욱 가속화되었다. 그들은 캠프 데이비드 정상 회담에서 바라크가 제안한 것으로 알려진 '관대한 제안'이 자신들의 상처에 모욕을 더하고 그들이 원하는 최소한의 팔레스타인 국가(가자지구와 서안지구, 동예루살렘 전체 영역) 조건에도 훨씬 못 미치는, 비통할 만큼 말도 안 되는 것으로 간주했다. 따라서 이러한 불만이 누적되고 이스라엘 점령이 계속되자 대중의 좌절과 분노가 폭발해 2차 인티파다가 발발했다는 것이다. 이스라엘의 무력 사용(이스라엘 방위군은 2차 인티파다 발생 직후 한 달 동안 100만 발 이상의 총알을 발사했다)에 대응해 봉기는 더욱 폭력적으로 변모했고, 이들은 이를 어쩔 수 없는 '무장 투쟁'으로 정당화했다.

이스라엘과 팔레스타인 모두 오슬로 평화 프로세스에 실망할 만한 충분한 이유가 있었다. 양측 모두 희망과 기대가 충족되지 않았기 때문이다. 평화 프로세스는 이스라엘이 갈망하던 안보를 가져다주지 못했고, 오히려 이스라엘 정착민뿐만 아니라 이스라엘 내부의 민간인에 대한 팔레스타인의 테러가 더 많이 발생하는 결과를 초래했다. 팔레스타인 역시 이스라엘의 통제에서 벗어나지도, 생활 여건이 개선되지도 않았다(팔레스타인 자치정부 내 만연한 부패와 연고주의로 인해 부자가 된 소수를 제외하면). 실제로 대부분의 팔레스타인 사람은 더 가난해졌고(1993년 이후 팔레스타인의 1인당 국민소득은 거의 40%나 급감했다), 행동의 자유도 제한되었다. 양측 모두 약속을 이행하거나 기한을 지키지 않았고 상대방에게 타협과 평화의 의지를 설득하려는 노력도 하지 않았다. 상호 신뢰와 협력을 구축하는 대신 지연과 중단이 잦아지면서 평화 프로세스는 훼손되었고, 비난과 보복이 이어지고 불신이 심화하며 협력 관계에 찬물을 끼얹었다. 예를 들어 포괄적 평화 협정을 체결하기 위한 '영구적 지위 협상'은 늦어도 1997년에 시작되어 1999년까지 완료되어야 했지만 2000년 7월 캠프 데이비드 정상 회담이 열릴 때까지 시작조차 하지 못했는데, 그 무렵에는 양측 모두 평화 프로세스에 대한 여론이 악화되어 크게 양보하지 않으려는 분위기가 팽배했다.

　오슬로 평화 프로세스가 결렬된 데는 양측의 지도자 모두에게 일정 부분 책임이 있다. 라빈은 팔레스타인의 폭력에 대응하는 방법으로 서안지구와 가자지구를 반복적으로 봉쇄함으로써 팔레스타인 사람들이 이스라엘에서 일할 수 없게 만들어 중요한 수입원을 박탈했다. 네타냐후는 아라파트와 PLO에 대한 의혹을 부채질하고 평화 프로세스를 의도적으로 지연시켰으며 동예루살렘의 새로운 정착촌을 포함해 정착촌 건설을 확대했다. 바라크 역시 이스라엘 정착촌을 계속 확장했을 뿐만 아니라, 이스라엘이 체결한 합의에 따라 서안지구에서 이스라엘 군대를 재배치하는 것을 거부하고 미국의 유보와 팔레스타인의 거부에도 불구하고 평화회담을 추진했다. 그런 다음 그는 회담 결렬의 책임을 공개적으로 아라파트에게 돌리며 이스라엘 국민이 "평화를 논의할 파트너가 없다"고 생각하게 만들었다. 팔레스타인의 아라파트 역시 책임에서 벗어날 수 없다. 처음에 아라파트는 하마스와 이슬라믹 지하드의 테러 활동을 용인하고 (아마도 그로부터 이익을 얻고자 했을 것이다) 반이스라엘 감정을 선동했으며, 권위주의적이고 부패한 팔레스타인 자치정부의 수장으로서 사람들의 불만을 억누르고 그들의 희생을 바탕으로 측근이 부를 축적하는 것을 묵인했다. 아라파트는 국가를 건설하는 데도 별다른 노력을 기울이지 않았고 이스라엘인에게 평화에 대한 열망을 불어넣기 위한 진지한 시도도 하지 않았다. 1977년 예루살렘을 방문한 안와르 사다트 이집트 대통령의 행보와는 확연히 다른 모습이었다. 무엇보다도 아라파트는 캠프 데이비드 정상 회담에서 바라크의 제안을 아무런 반대 제안 없이 거부했다.

평화 프로세스가 붕괴된 원인을 정치 지도자에게서 찾는 것은 쉬운 일이다. 분명 이들은 평화를 만드는 데 필요한 정치적 의지, 외교적 기술, 공감과 이해가 부족했다. 하지만 당시 상황을 생각해 보면, 그들은 계속해서 국내의 반대 여론에 부딪혔고 이로 인한 정치적 제약에 맞서 전략적으로 방법을 찾아야 했다. 이런 면에서 보면 오슬로 평화 프로세스의 실패는 이스라엘과 팔레스타인 국민이 가진 서로에 대한 의심과 적대감이 고착화되었기 때문이기도 하다. 처음에는 양측 모두 평화 프로세스에 대한 지지와 열정이 컸지만, 프로세스가 길어지고 약속된 혜택이 실현되지 않자 지지도가 점차 떨어졌다. 그러나 평화 프로세스를 약화시킨 것은 대중의 지지가 감소했기 때문만이 아니라, 보다 근본적으로 양측의 신념, 태도, 인식의 변화가 선행되지 않았기 때문으로 보는 게 타당하다.

대부분의 이스라엘인과 팔레스타인인은 서로를 적으로 인식했다. 또한 상대의 의도를 의심하고 자신들이 분쟁의 유일한 희생자라고 생각하면서 양측의 관계를 제로섬의 관점으로 이해했다. 그동안의 길고 격렬한 갈등을 고려하면 당연한 일이다. 수십 년에 걸친 두려움과 반목, 불신을 극복하고 피해 의식과 과거의 트라우마에 대한 기억을 떨쳐낸 새로운 집단 정체성을 형성하는 것은 쉬운 일이 아니었다. 대화를 통해 서로를 이해하고 이를 바탕으로 화해 분위기를 조성하려는 다양한 풀뿌리 이니셔티브가 시도되었지만, 이러한 노력은 소규모에 불과했고 자금이 부족해 널리 퍼지지 못했다. 오슬로 평화 프로세스는 엘리트가 주도하는 하향식 과정으로 진행되었다. 대중이 프로세스에 참여하지 않고 옆에서 지켜보는 관중에 불과한 상황에서 양측의 심리적 장벽은 무너지지 않았고 화해는 좀처럼 이루어지지 않았다. 이는 양쪽 대중이, 캠프 데이비드 회담을 성공시키기 위해 필요한 수준의 양보를 수용할 준비가 되어 있지 않다는 것을 의미했다. 또한 2차 인티파다가 일어나자 점점 더 폭력적으로 변해가는 자국의 행동을 지지하고 상대방을 비난했던 이유를 설명하기도 한다.

오슬로 평화 프로세스의 설계자들은 이스라엘인과 팔레스타인인이 서로에 대해 느끼는 의심과 적대감을 잘 알고 있었다. 바로 이것이 가장 어렵고 논쟁적인 주제에 대한 논의를 마지막까지 미룬 이유였을 것이다. 이들은 시간이 가면 신뢰가 쌓이고 적대감이 줄어들기를 바랐지만 그런 일은 일어나지 않았다. 의심과 적대감의 뿌리가 깊이 자리 잡고 있었고 이를 극복하려는 노력이 제한적이었던 탓도 있지만, 평화 프로세스에 반대하고 이를 방해하려는 일부 극단주의 단체와 개인이 취한 폭력적인 행동 때문이기도 했다. 정치학자들이 '스포일러'라고 부르는 이러한 행위는 전략적으로 폭력을 사용해 평화 프로세스를 지연시키고 대중의 지지를 떨어뜨렸다. 평화 프로세스의 진행 기간이 긴 데다가 그마저도 여러 단계를 거쳐 천천히 진행된다는 특성 때문에 충분히 가능한 일이었다.

그중에서도 가장 악명 높은 '스포일링'은 이스라엘의 유대교 극단주의자가 (서안지구에서 이스라엘이 철수하는 것을 막고자) 라빈 총리를 암살한 사건이다. 그 전 해인 1994년 2월 25일에는 같은 이유로 또 다른 이스라엘 극단주의자가 헤브론의 한 모스크에서 기도하던 팔레스타인인 29명을 살해했다. 이에 대한 보복으로 하마스는 그 후 몇 달 사이에 이스라엘에서 두 차례 테러 공격을 감행했다. 하마스와 이슬람 지하드(둘 다 이란의 지원을 받았다) 역시 평화 프로세스를 방해하기 위해 이스라엘 군인과 민간인을 대상으로 여러 차례 공격을 자행해 수백 명을 살해했다. 그러나 이러한 자살 폭탄 테러는 역설적으로 1996년 봄, 라빈의 후계자이자 오슬로 평화 프로세스의 대표적인 지지자였던 페레스를 패배시키고 오슬로 회담의 주요 비판자였던 네타냐후가 집권하는 데 결정적인 도움을 주었다.

만약 이러한 폭력이 없었다면 평화 프로세스는 성공했을까? 그렇게 믿고 싶겠지만, 안타깝게도 그렇지 않다. 오슬로 평화 프로세스가 붕괴된 이유는 극단주의자들의 폭력과 대중의 불신, 그리고 정치권의 관리 부실과 악행이 모두 작용한 결과였다. 따라서 평화를 이루지 못한 책임을 한가지 이유로 압축하거나 모든 책임을 한쪽에만 돌리는 것은 잘못된 것이다. 만약 오슬로 평화 프로세스가 지연, 후퇴, 약속 파기 없이 순조롭게 진행되었다 하더라도 당시 이스라엘과 PLO가 포괄적인 평화 협정을 맺을 수 있었을지는 여전히 의문으로 남는다. 캠프 데이비드 정상 회담이 실패한 것에서 알 수 있듯이, 양측 모두 상대방이 원하는 바에 근접한 평화 협정은 받아들일 의지도, 능력도 없었기 때문이다.

이스라엘-팔레스타인 평화 협정에서 해결해야 할 주요 쟁점은 무엇인가?

평화 협상을 어렵게 하고 포괄적인 평화 협정에 도달하는 데 가장 큰 장애물이 되는 네 가지 주요 이슈는 다음과 같다.

(1) 분쟁 도시인 예루살렘의 미래

(2) 팔레스타인 난민의 운명

(3) 미래 팔레스타인 국가의 국경

(4) 이스라엘과 팔레스타인 국가 간의 안보 협정

소위 최종 지위 문제final-status issues라고 불리는 이 네 가지가 평화 협정에서 해결해야 할 유일한 문제는 아니다. 예를 들어 물 공유(물이 부족한 중동 지역에서 수자원 문제는 이스라엘-팔레스타인 문제를 이해하는 중요한 핵심 쟁점 중 하나다 - 옮긴이)와 같은 경제 및 자원 문제 역시 중요한 과제다. 그러나 이스라엘과 PLO(평화 회담에서 공식적으로 팔레스타인을 대표하는 기구) 양측 모두 예루살렘, 난민, 국경, 안보 문제가 가장 중요하다는 데 동의한다(최근 이스라엘은 팔레스타인에 자신들을 유대 국가로 공식 인정해 달라고 요구하지만 팔레스타인은 그러한 인정이 불필요하다고 주장하므로 이는 최종 지위 문제로 받아들여지지 않고 있다). 이 네 가지 문제가 왜 그렇게 논쟁적이고 해결이 어려울까? 이에 대한 대답은 지난 20년 동안 이 문제를 놓고 진행된 공식 협상(2000년 7월 캠프 데이비드 정상 회담, 2001년 1월 타바 회담, 2007~2008년 아나폴리스 프로세스, 2013~2014년 존 케리 당시 미국 국무장관이 중재한 마지막 간접 평화 회담 등)에 관해 공개적으로 알려진 내용을 바탕으로 양측의 상반된 입장을 요약하는 것으로 대신한다.

예루살렘의 미래

예루살렘의 미래는 이스라엘과 팔레스타인 간의 평화 협상에서 다루는 모든 쟁점 중 가장 논쟁적이고 어려운 문제다. 예루살렘은 전 세계 유대인, 무슬림, 기독교인에게 역사적·종교적으로 중요한 도시이기 때문에 양측 모두 포기하지 못하는 첨예한 이슈가 되었다. 양측이 오랫동안 예루살렘의 주권을 놓고 다투어 왔다는 사실 때문에 1947년 유엔 분할 계획에서는 예루살렘을 누구의 소유도 아닌 국제도시로 제안했으나, 결국 이 계획은 실현되지 않았다.

1947년 전쟁에서 이스라엘은 예루살렘의 서쪽 절반을, 요르단은 구시가지와 성지를 포함한 동쪽 절반을 점령했다. 이후 1967년 전쟁에서 이스라엘이 동예루살렘을 정복(많은 이스라엘인은 이를 '해방'이라고 표현한다)할 때까지 예루살렘은 냉전 시기 베를린과 마찬가지로 분단 도시로 남아있었다. 그 뒤 이스라엘은 이 지역을 사실상 합병하고 팔레스타인 주민들에게 거주권을 부여했지만 시민권은 허용하지 않았다(이스라엘 시민권을 신청할 수는 있지만 실제로 신청한 사람은 거의 없으며, 수년 동안 수천 명의 팔레스타인 주민이 거주권을 박탈당했다). 또한 예루살렘의 경계를 크게 확장

Chapter 4. 평화 프로세스

해 다수의 팔레스타인 마을을 포함한 서안지구의 땅을 상당 부분 통합했다. 이스라엘은 동예루살렘에 대한 지배력을 강화하기 위해 그곳에 12개의 대규모 유대인 '마을'(정착촌)을 건설했으며, 그 결과 현재 이곳에는 약 28만 명의 이스라엘인(대부분 초정통파 유대인)이 거주한다. 한편, 이스라엘 당국은 팔레스타인 지역의 성장과 개발을 제한하는 규정 및 건축 허가법과 같은 다양한 규제를 신설해 동예루살렘의 일부 팔레스타인 사람들을 다른 지역으로 강제 이주시켰다. 제대로 된 정책적 지원도 부족하고 오랜 기간 차별과 소외로 고통받아 왔음에도 불구하고, 동예루살렘의 팔레스타인 인구는 1967년 이후 5배 이상 증가하여 현재 예루살렘 전체 인구의 약 40%에 해당하는 약 37만 명에 달한다.

이스라엘과 팔레스타인 모두 예루살렘을 국가의 수도로 삼고자 한다. 이스라엘은 1949년에 스스로 예루살렘을 수도로 선언했지만, 현재 공식적으로 이를 인정하는 국가는 미국을 비롯한 몇몇 나라뿐이다(2017년 12월, 도널드 트럼프 미국 대통령은 예루살렘을 이스라엘의 수도로 인정한다고 발표해 논란을 일으켰다). 반면, PLO는 더 이상 예루살렘 전체를 팔레스타인의 수도로 주장하지 않으며, (유엔이 인정한 대로) 현재 팔레스타인의 땅으로 간주되는 동예루살렘으로만 권리를 제한해 주장하고 있다. 수십 년 동안 이스라엘 지도자들은 "예루살렘은 분할할 수 없는 이스라엘의 영원한 수도"라며, 팔레스타인의 주장을 단호하게 거부하고 분할을 고려하지 않았다. 이스라엘 정치인들은 여전히 이 말을 반복하고 있지만, 팔레스타인과의 협상에서는 동예루살렘 일부에 대한 팔레스타인의 주권을 기꺼이 인정했다. 에후드 바라크는 캠프 데이비드 정상 회담에서 아라파트에게 동예루살렘 외곽 지역에 팔레스타인 수도를 건설할 것을 제안하며 예루살렘 분할에 대한 이스라엘의 금기를 깼다(그러나 아라파트는 구시가지 일부를 포함해 더 넓은 영역의 동예루살렘을 원했기 때문에 이 제안을 거부했다). 한편, 2006년부터 2009년까지 이스라엘 총리로 재직한 에후드 올메르트는 당시 아라파트의 후계자인 마흐무드 압바스와의 협상에서 동예루살렘 내 팔레스타인 인구 밀집 지역은 팔레스타인이 통치하고, 유대인 지역은 이스라엘이 통치하는 방안을 제안했다(이 아이디어는 클린턴 대통령이 퇴임 직전에 처음 제안한 것으로, 바라크의 제안에서 한발 더 나아갔다는 평가를 받는다). 압바스는 큰 틀에서는 이 제안을 받아들였지만, 서안지구의 베들레헴을 예루살렘과 단절시키는 동예루살렘의 유대인 거주 지역이자 정착촌인 하르 호마의 미래에 대해서는 올메르트와 합의점을 찾지 못했다.

어쩌면 동예루살렘의 팔레스타인 지역은 팔레스타인 국가의 수도가 되고, 동예루살렘의 이스라엘 지역과 서예루살렘은 이스라엘의 수도로 인정하는 합의에 도달할 수 있을지도 모른다. 이는 서예루살렘과 동예루살렘의 유대인 지역이 상당 부분 인접하고 있다는 사실에서도 상상할 수 있는 합의다. 그러나 예루살렘을 분할하는 것은 말처럼 쉬운 일이 아니다. 점점 더 많은 이스라엘 유대인이 의도적으로 동예루살렘의 팔레스타인 지역으로 이주하고 있어 분할이 어려운 데다, 현재 많은 팔레스타인인(동예루살렘 팔레스타인 노동력의 약 절반)이 서예루살렘에서 일하는 상황에서 도시가 분할되면 일자리와 생계를 잃을 수 있기 때문이다. 물론 동예루살렘의 팔레스타인 주민들 역시 이스라엘의 병원이나 대학, 복지 혜택을 포기해야 한다.

예루살렘 구시가지는 더욱 심각하다. 이 지역은 1제곱킬로미터도 안 되는 좁은 곳이지만, 유대교에서 가장 성스러운 성지인 성전산과 이슬람의 3대 성지 중 하나인 하람 알 샤리프 등 역사·종교 유적지로 가득한 장소다. 또한 수천 명의 유대인과 3만 명 이상의 팔레스타인인이 거주하고, 수많은 외국인 관광객이 몰려들어 국가 수익에 큰 역할을 하는 자산이기도 하다. 따라서 양측 모두에게 구시가지, 특히 성전산/하람 알 샤리프에 대한 주권은 포기할 수 없는 부분이다. 캠프 데이비드 정상 회담이 결렬된 이유도 양측 모두 이 신성한 공간에 관한 주장을 철회할 의지가 없거나 포기할 수 없었기 때문이다(아라파트는 하람 알 샤리프에 대한 이스라엘의 주권을 인정할 경우 암살당할 것을 우려한 것으로 알려져 있다). 이후 구시가지를 분할해 치열한 논쟁이 벌어지고 있는 성전산/하람 알 샤리프에 대한 통치권을 양측 모두에게 부여하거나 혹은 아무에게도 주지 말 것 등 창의적인 제안이 나왔지만, 이스라엘과 팔레스타인 지도자들은 이를 받아들이지 않았다.

올메르트는 새로운 대안을 제시했다. 양측 모두 구시가지와 그 주변 지역(많은 종교 유적지가 있어 '성지Holy Basin'라고 부르는 지역)에 대한 주권을 포기하고 이곳을 이스라엘, 팔레스타인, 미국, 사우디아라비아, 이집트, 요르단으로 구성된 국제 컨소시엄의 통제하에 두자는 내용이었다(요르단은 이미 하람 알 샤리프의 관리를 일정 부분 담당하고 있다). 압바스는 이러한 제안을 받아들인 것으로 알려졌지만, 통제 구역의 규모에 대해서는 합의에 실패했다. 이후 올메르트는 여러 건의 부패 혐의에 연루되면서 총리직을 사임했고(이후 수감되었다), 그의 뒤를 이어 이스라엘 총리가 된 강경파 리쿠드당 지도자 베냐민 네타냐후는 예루살렘에 대한 모든 종류의 분할을 공개적으로 거부했다. 물론 네타냐후가 비공개적으로는 예루살렘에 대해 타협할 의향이 있을 수도 있지만, 적어도 현시점에서 그의 정치적 생존은 팔레스타인 문제에 대한 비타협성에 크게 의존하고 있다.

어쩌면 미래의 이스라엘 지도자는 예루살렘에 대한 주권을 팔레스타인과 나누거나 심지어 공유하려 할 수도 있다. 만약 그런 일이 벌어진다면, 이는 분명 이스라엘 유대인과 전 세계 유대인들 사이에서 큰 논란이 될 것이다. 그러나 예루살렘을 분할하거나 공유하자는 제안이 공개되고 일정 부분 설득력도 얻었기 때문에, 더 이상 이 주장은 이스라엘 대중이 절대로 받아들일 수 없는 제안이 아니다. 대부분의 팔레스타인 사람이 서예루살렘에 대한 이스라엘의 통치를 마지못해 받아들인 것처럼, 머지않아 이스라엘 사람들도 동예루살렘 일부와 구시가지 일부 지역(특히 팔레스타인 사람들이 많이 거주하는 이슬람 및 기독교 구역. 구시가지는 크게 이슬람 구역, 유대 구역, 아르메니아 구역, 기독교 구역의 네 구역으로 구분되는데 각 구역마다 종교적 색채가 같은 사람들이 모여 산다 - 옮긴이)에 대해서는 팔레스타인에 통치를 양보해야 할지도 모른다.

난민

예루살렘의 주권을 포기하는 것이 이스라엘이 양보해야 할 가장 어려운 일이라면, 팔레스타인에게 가장 어려운 양보는 팔레스타인 난민의 '귀환 권리'를 포기하는 것이다. 팔레스타인 난민 문제는 1948년 이스라엘 건국 당시 팔레스타인인인들에게 일어난 국가적 비극인 나크바와 관련된 것으로, 팔레스타인인들의 집단적 기억과 국가 정체성의 핵심이다. 따라서 이 문제는 모든 최종 지위 문제 중에서 가장 감정적인 문제다. 1947년부터 1949년 사이에 발발한 내전과 아랍-이스라엘 전쟁으로 약 70만 명의 팔레스타인인이 피난을 떠나거나 추방된 이후 팔레스타인인들은 난민과 그 직계 후손들이 고국으로 돌아가 재산을 되찾을 권리가 있다고 주장해 왔다(1967년 전쟁으로 난민이 된 약 30만 명의 팔레스타인인에게도 이 권리를 요구하고 있다). 실제로 많은 팔레스타인 난민들은 지금도 예전에 살던 집 열쇠를 소중한 가보로 보관한다. 팔레스타인 사람들은 당시 이스라엘이 팔레스타인 민간인을 고의로, 그리고 조직적으로 추방했고 전쟁 후에도 고향으로 돌아가지 못하게 하고 있기 때문에 팔레스타인 난민의 귀환은 도덕적으로 정당할 뿐만 아니라 국제법상으로도 합법적이라고 생각한다. 특히 1948년 12월, "고향으로 돌아가 이웃과 평화롭게 살기를 원하는 난민은 가능한 한 빠른 시일 내에 귀환할 수 있도록 허용되어야 한다"라고 명시한 유엔 결의안 194호가 통과되자, 이들은 귀환권이 확립되었다고 주장한다(이후 여러 유엔 결의안에서 재확인되었다).

이스라엘이 수십 년 동안 팔레스타인 난민의 귀환을 거부하고 애초에 난민을 이주시킨 책임을 부인하는 것은 팔레스타인 사람들이 생각하는 이스라엘의 가장 큰 범죄 중 하나로, 팔레스타인에서는 이를 '원죄'라고 부른다. 이런 의미에서 팔레스타인 사람들은 이스라엘이 이들 난민에게 가한 역사적 불의에 대한 책임을 인정하고, 난민의 고통과 물질적 손실을 보상할 것, 그리고 귀환을 원하는 난민(그리고 그 후손)에게는 이를 허용하는 것을 조건으로 이스라엘과의 화해 의지를 표명해 왔다. 많은 팔레스타인 사람에게 이러한 요구는 타협할 수 없는 영역이다. 이 문제에 대한 책임과 배상 없이는 화해는커녕 평화도 불가능하기 때문이다. 팔레스타인 난민의 상당수는 나크바 이후 70년이 지난 지금도 여전히 무국적 상태이며, 서안지구, 가자지구, 시리아, 레바논의 좁고 과밀한 난민 캠프에 거주한다(레바논에서는 공식적인 차별도 겪고 있다). 이러한 상황은 팔레스타인 난민 문제에 심각성을 더하는 것으로, 이 문제를 도덕적, 법적, 역사적 문제뿐만 아니라 지금도 진행 중인 인도주의적 문제로 만드는 것이기도 하다.

그러나 이스라엘의 공식적인 입장은 팔레스타인의 요구와 정반대다. 이스라엘 정부는 여야를 막론하고 팔레스타인 난민의 귀환권을 단호하게 거부해 왔다. 이는 이스라엘이 팔레스타인인의 최초 이주에 대해 도덕적인 책임이 없고, 그 후손(이스라엘과 현 미국 행정부에 따르면 난민 지위가 대물림되어서는 안 되므로 후손은 난민으로 간주하지 않는다)을 법적으로 인정할 의무가 없다는 이유다. 이스라엘은 1947~1949년 전쟁 당시 이들이 대부분 자발적으로 떠났으며, 난민 발생에 대한 책임은 당시 유엔 분할 계획을 거부하고 이스라엘 건국을 막기 위해 전쟁을 벌인 아랍 국가들과 팔레스타인 지도부에게 있다고 주장해 왔다. 또한 난민 문제가 지속되는 이유는 요르단을 제외한 아랍 국가들이 팔레스타인 난민을 자국민으로 통합(이스라엘이 아랍 국가 출신 유대인 난민에게 했던 것처럼)하지 않고 아랍-이스라엘 분쟁에 사용할 카드로 남겨두었기 때문이라며 이들을 비난했다. 마지막으로, 이스라엘은 팔레스타인 난민 문제의 책임이 누구에게 있든 국제법상 팔레스타인 난민을 인정할 의무가 없다고 주장하며, 유엔 결의안 194호는 무조건적인 '귀환 권리'를 규정하고 있지 않을 뿐 아니라, 안보리가 아닌 유엔 총회에서 통과되었기 때문에 법적 구속력이 없다고 지적한다(안보리 결의안만 강제성이 있다).

한편, 팔레스타인 난민의 귀환이 이스라엘의 멸망으로 이어질 수 있다는 사실 또한 이들이 생각하는 중요한 반대 이유 중 하나다. 현재 UNRWA에 등록된 팔레스타인 난민의 수는 540만 명 정도지만, 전 세계에 흩어져 자신이 난민이라고 주장하는 최소 200만 명 이상의 팔레스타인까지 고려하면 총 난민 수는 700만 명에서 800만 명에 달한다. 이스라엘의 유대인 인구가 약 650만 명인 현재, 만약 팔레스타인 난민이 이스라엘로 이주한다면 이스라엘의 인구 통계는 완전히 뒤바뀔 수 있다. 팔레스타인 난민 수가 유대인 수를 빠르게 앞질러 유대 국가가 사라질 수도 있는 것이다. 이스라엘 유대인들에게 악몽과도 같은 이 시나리오가 현실화될 가능성은 작지만, 팔레스타인 사람들의 대거 유입은 이미 취약한 이스라엘 내 유대인과 아랍인 간의 관계를 더욱 위태롭게 하고 잠재적인 안보 위협을 초래할 수도 있다. 따라서 이러한 인구 통계 및 안보 우려를 고려할 때, 이스라엘은 난민이 한꺼번에 귀환하는 것을 허용하는 것은 자살 행위는 아니더라도 매우 위험한 조치라고 주장한다.

그러므로 팔레스타인 난민의 귀환권은 팔레스타인인에게는 꼭 필요하지만, 이스라엘로서는 절대 받아들일 수 없는 사안이다. 겉에서 보면 이 문제를 둘러싼 분쟁은 해결할 수 없어 보이며, 평화 협정이나 협상을 위한 모든 시도를 무산시킨다. 그러나 실제 협상이 진행되자 양측은 공식적인 태도에서 보이는 것보다 더 큰 유연성을 발휘했다. 이스라엘 지도자들이 비공개 협상에서 예루살렘 문제를 타협한 것과 마찬가지로, 팔레스타인 지도자들도 난민 문제에서 기꺼이 타협하려는 의지를 보였다. 원칙적으로는 팔레스타인인의 귀환 권리를 주장하지만 현실적으로는 이러한 권리가 제한될 수 있음을 인정한 것이었다.

팔레스타인은 이스라엘이 갖는 인구 통계적 우려를 인정했다. 그리고 이스라엘이 팔레스타인 난민의 대규모 귀환을 허용함으로써 유대 국가로서의 정체성을 위태롭게 하는 데에는 절대 동의하지 않을 것이라는 점도 마지못해 받아들였다. 그 결과 팔레스타인은 합의를 통해 제한된 수의 난민만 점진적으로 귀환하는 것을 허용하고 나머지는 미래의 팔레스타인 국가나 현재 난민이 거주하는 아랍 국가, 또는 이들을 받아들이려는 다른 국가에 자발적으로 정착하도록 권유할 것을 제안했다. 이스라엘로 귀환할 팔레스타인 난민의 수는 최소 수십만 명으로 제안했으나 지금은 10년간 15만 명(즉, 매년 1만 5000명)으로 줄었는데, 이는 자신이 난민이라고 주장하는 수백 만 명 중 극히 일부에 불과하다. 유출된 내부 기밀문서('팔레스타인 페이퍼Palestine Papers')에 따르면, PLO 수석 협상가인 사브 에레카트는 이스라엘이 총 1만 명의 난민만 수용할 의지가 있다고 기록했다. 그 자신이 1947년 전쟁으로 인한 난민 출신인 압바스는 2009년 회의에서 다음과 같이 말했다. "난민 수와 관련해 이스라엘에 수백 만 명, 또는 실제로 100만 명을 수용하라는 요구는 받아들여지지 않을 겁니다. 이는 이스라엘의 종말을 의미하기 때문이죠."

이스라엘 지도자들, 특히 바라크와 올메르트는 팔레스타인 난민을 귀환권이 아닌 가족 재결합 프로그램이라는 명목하에 인도주의적 제스

처로 받아들인다면 일정 수의 난민을 수용할 의향이 있음을 표명했다. 2008년, 올메르트는 압바스와의 협상에서 5년간 총 5000명의 난민을 수용하겠다고 제안했지만, 실제로는 3만 명까지 수용할 의사가 있었던 것으로 알려졌다. 한편, 이스라엘 지도자들은 팔레스타인 난민의 손실을 보상하고 이들의 정착 및 재활 비용을 지원하는 국제 기금에도 기부하겠다고 제안했다(손실 보상에 드는 총비용은 550억 달러에서 850억 달러 사이로 추정되므로, 이에 비하면 이스라엘이 기부하는 금액은 미미한 수준일 것이다).

따라서, 양측이 팔레스타인 난민 문제를 해결하기 위한 실질적인 조치에 합의하는 것은 그리 멀지 않아 보인다. 그러나 난민 수와 지원금에 대한 합의는 가능할지라도, 1947년 전쟁으로 팔레스타인 사람들에게 일어난 일에 대한 책임이 누구에게 있는지에 대해 합의가 이루어질 가능성은 거의 없다. 많은 이스라엘 유대인이 이스라엘이 전쟁 중에 대량 학살과 추방을 자행했다는 사실을 천천히 그리고 고통스럽게 받아들이고 있지만, 이들은 '종족 청소'라는 비난을 단호하게 부인하고, 팔레스타인 난민의 고통에 대한 책임을 지는 것에도 강력하게 반대한다. 즉, 이스라엘 유대인들은 팔레스타인 사람들의 고통을 인정하면서도 그에 대한 책임은 회피한다. 반면 팔레스타인 사람들은 1947년 전쟁 전후로 팔레스타인과 아랍 지도자들이 여러 잘못을 저질렀다는 사실은 인정하면서도 집단적 박탈과 이주에 대한 책임은 여전히 이스라엘에 돌린다. 이스라엘이 이 책임을 공식적으로 인정하고 여기에 대해 어떤 식으로든 보상해야 한다는 생각은 단시간에 바뀔 것 같지 않다. 궁극적으로 팔레스타인 난민 문제에 대한 합의는 이스라엘과 팔레스타인 협상가들이 이 주제를 어떻게 조정해서 각국의 국민이 이해할 수 있는 공동 성명을 내놓는가에 달려 있다. 예를 들어, 2000년 12월 클린턴 대통령이 양측에 제시한 분쟁 해결을 위한 '조건'에는 이스라엘이 "1948년 전쟁으로 팔레스타인 국민에게 초래된 도덕적, 물질적 고통을 인정하고 국제 사회가 이 문제를 해결하도록 지원할 필요성을 인정"할 것을 제안했다.

국경 문제

난민 문제에서 양측 협상가들이 보다 실질적인 조치를 위한 합의를 끌어내고자 고심하는 것과 달리, 국경 문제에서는 일반 원칙에 대한 합의가 이루어졌음에도 불구하고 세부 사항에 대해서는 논의가 쉽지 않다. 양측이 국가 대 국가로 공존하는 영토 분할 원칙(두 국가 해법)을 공식적으로 받아들이기까지는 수십 년 동안 이어진 유혈 사태가 있었다. 1988년, PLO가 오랜 내부 논쟁 끝에 처음으로 두 국가 해법을 지지하고 (동예루살렘을 포함한) 서안지구와 가자지구에서 팔레스타인 국가 수립을 선언했다. 그로부터 12년 후에는 이스라엘의 바라크 총리가 처음으로 팔레스타인의 국가 수립 요구를 수용했다(캠프 데이비드 정상 회담). 이후 현재 이스라엘 총리인 네타냐후가 새로 백악관에 입성한 오바마 대통령의 압력에 못 이겨 2009년 6월 연설에서 두 국가 해법에 대한 지지를 표명했으나, 그 후에는 이러한 입장에서 물러선 상태다(현 내각과 당원 대부분이 네타냐후가 그렇게 행동하길 원한다).

그럼에도 불구하고 미래 팔레스타인 국가의 국경은 치열한 논쟁의 중심이 되어 왔다. 이 땅의 대부분(위임통치령 팔레스타인의 78%)이 합법적으로 자신들의 땅이라는 주장을 내려놓은 상태에서(팔레스타인으로서는 엄청난 양보였다), PLO와 대부분의 팔레스타인인은 더 이상의 영토 양보는 없다는 강경한 태도를 고수했다. 아라파트와 압바스 둘 다 이스라엘과 새로운 팔레스타인 국가 사이에 그어질 미래 국경은 1949년 1차 아랍-이스라엘 전쟁이 끝날 때 정해진 휴전선(1967년 전쟁 전까지 요르단과 이스라엘의 사실상 국경으로 여겨졌다)인 '그린라인'을 따라야 한다고 주장해 왔다. 그러나 1967년 전쟁에서 이스라엘이 서안지구를 점령한 이후 이스라엘 정부와 대다수의 이스라엘인은 국경을 그린라인으로 철수하는 것에 지속적으로 반대했다. 가장 일반적인 이유는 이스라엘이 직면한 안보 위협 때문에 '방어할 수 있는 국경'이 필요하다는 것이다. 그린라인으로 철수할 경우 이스라엘 인구 중심지가 아랍 군대와 너무 가까워지는 데다가 최근에는 로켓과 미사일까지 발사하기 때문에 위험하다는 이유였다. 또한 현재 40만 명에 달하는 이스라엘인이 살고 있는 서안지구에는 다수의 유대인 정착촌이 존재하기 때문에 이스라엘이 이 지역에서 완전히 철수하는 것은 불가능하다고 주장했다. 이스라엘 정부로서는 정착촌을 해체하고 모든 주민을 이주시키는 데 드는 정치적, 사회적, 경제적 비용이 감당할 수 없는 수준이기 때문에, 대부분의 정착민이 현재 거주하고 있는 곳에 머물 수 있는 방식으로 미래 국경이 그려져야 한다고 주장했다. 정착민 대다수가 그린라인 근처에 있는 대규모 정착촌(이스라엘 내 도시 지역과 인접한 지역)에 거주한다는 점에서 이스라엘은 이 지역을 이스라엘 영토로 병합시키고자 한다.

팔레스타인은 그린라인을 기준으로 국경을 정하고 싶어 하고 이스라엘은 그린라인 밖에 있는 이스라엘 정착촌도 포함하는 국경을 원하는 상황에서, 이 문제에 대한 합의는 불가능해 보인다. 실제로 이 문제는 캠프 데이비드 정상 회담에서 바라크와 아라파트 간에 불협화음을 일으킨 주요 원인이었다. 당시 바라크는 서안지구의 91%(이스라엘 계산 기준)와 가자지구를 팔레스타인 땅으로 인정하겠다는 파격적인 제안을 했다. 그러나 아라파트는 서안지구 전체를 포함하지 않는다면 어떠한 제안도 받아들일 수 없었다. 아라파트가 바라크의 제안을 거절하자 이스라엘인들은 아라파트가 진정으로 평화를 이루려는 의지가 없다고 판단했지만, 팔레스타인인들은 그가 옳다고 생각했다.

캠프 데이비드 정상 회담은 실패했지만, 당시 미국은 첨예하게 대립하는 영토 문제를 조정할 방법으로 새로운 아이디어를 제시했다. 바로 토지 교환, 즉 이스라엘이 서안지구 일부를 가져가는 대신 팔레스타인에 다른 땅을 넘기는 개념이었다. 양측 모두 이 아이디어를 받아들였으나 같은 면적의 땅을 교환해야 하는지에 대해서는 의견이 일치하지 않았다. 예를 들어 2001년 1월에 열린 타바 회담에서 이스라엘 협상가들은 팔레스타인이 서안지구의 94%(캠프 데이비드에서 제안했던 것보다 상향 조정)를 갖고 이스라엘과 3%의 토지를 교환해 총 97%의 땅을 가질 것을 제안했다. 그러나 팔레스타인은 교환 대상이 되는 토지의 면적과 품질이 동등할 것을 주장하며 이 제안을 거부했다. 그러자 올메르트는 이스라엘이 서안지구의 약 6%를 합병하는 대신(이렇게 하면 유대인 정착민의 약 80%가 그대로 거주할 수 있다) 팔레스타인에 1:1 비율까지는 아니지만 거의 비슷한 약 5%의 이스라엘 땅을 넘기겠으며, 그 차이를 메우기 위해 서안지구와 가자지구를 연결하는 터널이나 도로 등 '안전한 통로'를 만들겠다고 했다. 반면 압바스는 이스라엘이 (동예루살렘을 포함해) 서안지구의 약 2%를 합병하는 대신 팔레스타인은 이스라엘로부터 같은 면적의 땅을 받을 것을 제안했다.

이제 양측이 토지 교환이라는 대원칙을 수용했으므로 남은 것은 '얼마나 많은, 그리고 어디에 있는 토지를 교환해야 할 것인가'라는 세부 사항에 대한 합의였다. 이스라엘은 거주지를 옮길 정착민 수를 최소화하기 위해 큰 규모의 토지 교환을 원했다. 그 대가로 일부 우파 이스라엘 정치인(특히 아비그도르 리베르만 전 국방장관)은 팔레스타인 사람들이 주로 거주하는 서안지구 인근의 땅을 넘겨주자고 주장하지만, 팔레스타인은 이에 반대한다. 팔레스타인이 원하는 것은 훨씬 작은 규모의 토지 교환으로, 서안지구의 땅을 최대한 많이 확보하고 여기에 인접한 지역을 포함함으로써 팔레스타인 사람들의 공동체와 일상이 붕괴되지 않게 하는 것이다. 또한 (유대인이든 아랍인이든 간에) 이미 사람들이 살고 있는 땅은 수용하지 않겠다는 입장이다.

이스라엘이 서안지구의 땅과 교환할 수 있을 만큼의 가치가 있는 빈 땅을 충분히 확보하고 있는지도 확인해야 한다. 서안지구에 이스라엘 정착촌이 늘어날수록 이에 대한 보상으로 더 많은 땅을 맞바꾸어야 하지만, 인구 밀도가 낮고 국토의 대부분이 사막인 이 나라에서는 쉽지 않은 일이다. 만약 서안지구에 인접한 무인 땅이 있다고 할지라도, 팔레스타인은 자국 영토의 연속성을 보존하기 위해 이스라엘이 서안지구 안쪽 깊숙이 위치한 정착촌을 합병하는 것에 반대할 가능성이 높다. 예를 들어, 인구

2만 명의 대학 도시이자 이스라엘의 대규모 정착촌인 아리엘Ariel은 서안지구 안쪽으로 약 18킬로미터 정도 떨어진 그린라인과 요르단강 사이의 중간 지점에 있다. 만약 이스라엘이 아리엘 정착촌을 합병한다면, 이스라엘은 서안지구 북부를 가로지르는 긴 땅을 확보하게 되어 사실상 서안지구를 양분하는 결과가 초래될 것이다. 팔레스타인은 이에 대해 절대 동의하지 않을 것이라고 단호하게 말하고 있으므로, 향후 팔레스타인 국가의 국경에 대한 합의는 궁극적으로 이스라엘이 아리엘을 비롯한 외곽 정착촌을 포기할 의향이 있는지에 달려 있다 하겠다. 그러나 이는 8만~10만 명에 달하는 이스라엘 정착민(수천 명에 달하는 종교적 극단주의자 포함)의 퇴거를 수반하고 폭력을 포함한 국내의 거센 저항에 부딪힐 가능성이 높기 때문에 이를 실행할 수 있을지는 의문이다. 만약 일부에서 제안하는 것처럼 정착민들이 원할 경우 살던 곳을 떠나지 않고 팔레스타인 국민이 될 수 있도록 허용한다고 하더라도, 이들은 팔레스타인 사람들의 공격에 쉽게 노출되고 반대로 그들이 팔레스타인 이웃을 직접 공격할 수 있기 때문에 양측 다 받아들일 수 없는 제안이다.

보안

수십 년 동안 이스라엘은 서안지구와 가자지구에 팔레스타인 국가가 세워지면 이스라엘에 실존적 위협이 될 수 있다는 이유로 이를 반대해 왔다. 특히 이라크를 비롯한 적대적인 외국 군대가 미래의 팔레스타인 국가에 개입해 이스라엘 침공을 위한 전초기지로 사용할 위험에 대해 우려했다. 국토의 크기가 작은 데다가 '허리선이 좁은'(지중해와 서안지구 사이의 거리가 가장 좁은 지점은 15킬로미터에 불과하다) 이 지역은 군사적 전략을 세우기가 어려워 재래식 군사 공격에 특히 취약하다. 이러한 우려는 여전히 남아있지만, 오늘날 이스라엘 안보 기관은 팔레스타인 국가 건설에 대해 과거와 다른 관점에서 접근한다. 이스라엘은 팔레스타인 국가를 전략적 위협이 아닌 전략적 필요 대상으로 간주하며, 따라서 은퇴한 보안 기관 관리들은 팔레스타인 국가 건설을 가장 노골적으로 옹호하는 입장으로 선회했다.

사실 서안지구는 대부분의 인구와 경제 인프라가 갖춰진 이스라엘의 심장부와 가까운 데다 지형적 특성(서안지구는 언덕이 많아 이스라엘의 해안 평야가 내려다보인다) 때문에 이스라엘에 전략적으로 중요하다. 이러한 이유만으로도 이스라엘인은 서안지구에서 철수해 이 지역에 대한 통제권을 포기하는 것에 반대한다. 만약 이스라엘 정부가 서안지구에서 철수하고 수만 명에 달하는 정착민을 이주시킬 의향이 있다 하더라도 이는 안보에 위협이 되지 않는 경우에만 그럴 것이다. 실제로 이스라엘 정부가 서안지구에 이스라엘 방위군을 주둔시키는 공식적인 명분은 자국민의 안전을 위해서이며, 대다수의 이스라엘인은 이를 곧이곧대로 받아들인다(이것이 사실인지 아닌지는 완전히 다른 문제다).

만약 이스라엘이 서안지구에서 철수하더라도 그에 따른 안보 위협이 걱정할 수준이 아니라면 아마도 대부분의 이스라엘 국민은 서안지구 철수를 지지할 것이다. 이들이 가장 걱정하는 것은 2005년 이스라엘이 가자지구에서 철수한 후 하마스가 이 지역을 장악해 버린 것처럼, 하마스가 서안지구를 장악해 이곳을 무차별 로켓 공격의 거점으로 사용할지 모른다는 염려다. 가자 철수 이후 이스라엘 마을에 포격이 빈번해졌고, 이스라엘군이 레바논 남부에서 일방적으로 철수한 2000년 이후 헤즈볼라의 미사일 공격이 잦아지자, 이스라엘인들은 영토 철수가 자신들에 대한 폭력을 줄이기는커녕 더 많은 폭력으로 이어질 뿐이라고 확신하게 되었다. 또한 이스라엘인은 하마스가 통치하는 팔레스타인 국가가 이란(이스라엘의 주적主敵으로, 오랫동안 하마스를 후원해 왔다)과 위험한 군사 동맹을 맺을 위험에 대해서도 우려한다. 최근 시리아, 리비아, 예멘 등 아랍 국가의 붕괴와 그로 인한 폭력 사태를 목격한 이스라엘 국민은 미래의 팔레스타인 국가가 무질서와 내전으로 붕괴될 경우 이스라엘로 파급될 위험에 대해서도 걱정한다. 또한 최근 이라크, 예멘, 그리고 인근 시리아와 이집트에서 일어난 것처럼 지하드 테러 단체(특히 이슬람 국가Islamic State와 알카에다Al Qaeda)가 팔레스타인 국가에 침투해 은신처를 마련하거나 심지어 국가를 장악할 위험도 있기 때문에, 오늘날 이스라엘인들은 이스라엘이 서안지구에서 철수할 경우 팔레스타인 보안군이 이스라엘을 공격할지 보다 이들이 서안지구의 질서와 안정을 유지할 수 있을지에 대한 걱정이 더 많다.

이러한 모든 이유로 이스라엘은 팔레스타인과의 평화 협상에서 안보를 최우선 과제로 삼았다(특히 네타냐후는 팔레스타인 국가 수립을 용인하는 필요조건으로 안보 요건 충족을 내세웠다). 바라크, 올메르트, 네타냐후 이스라엘 총리는 다음 사항들을 요구했다. 팔레스타인 국가를 비무장화하고(팔레스타인 국가는 지상군, 공군 또는 중화기를 보유할 수 없고 경찰만 보유할 수 있다는 의미) 팔레스타인 국가는 이스라엘에 적대적인 국가와 군사 협정 또는 동맹을 맺을 수 없으며, 이스라엘의 허가 없이 외국 군대가 팔레스타인 국가에 진입할 수 없고, 테러 단체의 무기 밀수를 방지하기 위해 팔레스타인 국가로 수입되는 물품을 감시하며, 이스라엘이 팔레스타인 국가의 영공 및 전자기 스펙트럼(즉, 방송 주파수)에 대한 접근을 보장할 것 등이다.

　　놀라운 것은 이러한 요구가 미래 팔레스타인 국가의 주권을 침해한다는 사실에도 불구하고(특히 비무장화 요구), 팔레스타인이 이를 수용했다는 점이다. 예를 들어 압바스는 올메르트와의 회담에서 이스라엘의 무리한 요구를 대체로 수용했으며, 이에 따라 양측 모두 안보 문제가 어느 정도 해결되었다고 믿었다. 안보 협상의 가장 큰 걸림돌은 이스라엘이 요르단 계곡에 자국 군대를 장기 주둔시키고자 하는 욕구였다. 1967년 서안지구를 정복한 이스라엘군은 요르단 계곡에 군대를 주둔시켜 외국 군대나 테러리스트, 무기가 들어오는 것을 막았다. 이스라엘은 처음에는 아랍 군대를 경계했지만 요르단과 평화 조약을 체결한 뒤에는 국경을 넘는 지하디스트jihadists들을 더 큰 위협으로 인식했다. 하지만 그럼에도 불구하고 이스라엘의 안보를 위해 요르단 계곡에 군대가 주둔해야 한다는 믿음은 계속 이어졌다. 요르단 계곡에 군대를 유지해야 한다는 이스라엘의 주장은 서안지구에서 이스라엘 군대를 완전히 제거하려는 팔레스타인의 바람과 상충한다. 압바스는 마지못해 미래 팔레스타인 국가에 일정 기간 소규모 이스라엘 군대가 주둔하는 것에 동의했지만(그는 올메르트에게 5년을 제안했다), 무기한 주둔은 물론 장기 주둔(네타냐후의 요구 사항)은 단호하게 거부했다. 50년 동안 이스라엘의 군사 점령을 견뎌온 팔레스타인 사람들이 정해진 시한까지 서안지구에서 이스라엘 군대의 완전한 철수를 요구하는 것은 충분히 이해할 만하다. 팔레스타인 사람들은 이스라엘 군인을 위협적인 존재이자 '팔레스타인 땅 점령'이라는 이스라엘의 오랜 소망을 현실로 구현하는 존재라고 여기기 때문이다.

미국은 이스라엘 군대가 요르단 계곡에 일정 기간만 주둔하고 그 이후에는 미국이 주도하는 국제군(아마도 나토NATO)을 배치하는 절충안을 제안했다. 아라파트와 압바스 모두 이 제안을 수락했지만, 이스라엘은 지도자가 바뀔 때마다 대응 방식이 달라졌다. 올메르트는 캠프 데이비드 정상 회담에서 이 제안을 받아들인 반면, 네타냐후는 (적어도 공개적으로는) 비록 미국이 지휘권을 가지고 있다 하더라도 임시적이고 신뢰할 수 없는 국제평화유지군이 아니라 오직 이스라엘 방위군만이 이스라엘의 안보를 책임질 수 있다고 주장했다. 이는 (이스라엘의 관점에서 보면) 레바논 남부에서 유엔 평화유지군의 성과가 저조했고 시나이에서도 1967년 전쟁을 막지 못했다고 여겼기 때문에 많은 이스라엘인이 네타냐후의 입장을 지지하고 국제 평화유지군을 신뢰하지 않았다는 사실을 보여준다.

지난 20년간 협상의 핵심이었던 네 가지 주요 쟁점에 대한 논의를 마무리하기 전에 우리는 양측의 입장은 불변의 성역이 아니라는 사실을 다시 한번 짚고 넘어가야 한다. 이들의 주장은 정권이 바뀔 때마다, 그리고 국내, 지역 및 국제 정세가 변화함에 따라 달라졌다. 따라서 이들이 화해할 수 없다고 쉽게 단정 짓는 것은 잘못된 생각이다. 양측 모두 공개 발언에서 드러나는 것만큼 강경한 입장은 아니며, 어느 정도 타협할 의지가 있는 것으로도 나타났다. 시간이 지남에 따라 이들의 입장은 미묘하지만 중요한 변화로 이어졌다. 이는 예루살렘 분할, 팔레스타인 난민의 귀환권, 이스라엘 정착촌 해체 등 매우 중요하고 논쟁의 여지가 큰 몇 가지 사안에 대해 어느 정도 의견이 모아졌음을 의미한다. 그러나 양측의 입장에는 여전히 큰 차이가 있으며, 경우에 따라서는 최근 몇 년 사이에 그 간극이 더 커진 것도 있다.

안타깝게도 돌파구를 마련할 전망은 그 어느 때보다 어두워 보인다. 현재 분쟁을 평화적으로 해결할 수 있는 협상이 가능할지에 대해서는 비관론이 만연하다. 실제로 이스라엘과 팔레스타인이 모두 동의하는 한 가지가 있다면, 이는 적어도 가까운 미래에는 포괄적 평화 협정이 불가능하다는 인식이다. 지금까지 실패로 끝난 다수의 평화 회담과 서안지구와 가자지구의 상황(다음 장에서 설명)을 고려하면 비관론이 확산하는 것은 충분히 이해할 만하다. 그러나 이것은 그동안의 협상에서 이루어진 진전을 인정하지 않는 것과 마찬가지다. 양측이 최종 지위 문제에 대한 견해를 표명하고 '레드라인'을 명시했기에 평화 협정의 전반적인 윤곽은 그 어느 때보다 훨씬 뚜렷하다. 게다가 이들은 타바 회담(2001.1) 및 올메르트와 압바스 간의 협상(2007~2008)에서 고통스러운 과정을 거쳐 합의에 근접한 적이 있으므로, 평화 협정을 체결하는 것이 불가능한 일도 아닐 것이다. 그러나 그 과정은 결코 쉽지 않을 것이며 외부(아마도 미국)의 도움이 필요할 수도 있다.

미국은 평화 프로세스에서 어떤 역할을 해왔는가?

이스라엘과 팔레스타인 간의 평화 프로세스에 미국만큼 밀접하게 관여한 나라는 없다. 전 세계에서 가장 강력한 국가이자 이스라엘의 가장 가까운 동맹국인 미국은 이스라엘과 팔레스타인 간의 공식적인 대면 평화 회담이 처음 시작된 마드리드 회의(1991)에서 주도적인 역할을 한 이래, 이스라엘-팔레스타인 분쟁 해결을 위한 국제적 노력을 거의 독점하다시피 해왔다. 이스라엘-팔레스타인 평화 프로세스에 대한 미국의 개입은 아랍-이스라엘 분쟁을 종식시키려는 훨씬 더 오랜 시도의 연장선상에 있다. 1948년 1차 아랍-이스라엘 전쟁이 발발한 이후 많은 미국 대통령과 국무장관은 아랍-이스라엘 전쟁의 휴전, 평화 회담 개시, 협상 중재, 분쟁 해결, 그리고 평화 조성을 위한 원칙과 계획을 제시하기 위해 노력해 왔고, 사안에 따라 다르지만 어느 정도 성과를 거두었다. 아랍-이스라엘 분쟁을 해결하기 위해 지난 70년간 지속되어 온 외교적 노력은 미국 외교 정책 역사상 유례가 없다. 미국 정부는 아랍-이스라엘 분쟁을 중재하는 데 다른 어떤 국제 분쟁보다 많은 관심과 시간, 자금, 인력을 투입했다.

미국의 정책 입안자들은 아랍-이스라엘 평화 조성이 미국의 국익에 도움이 된다고 믿었다(물론 이스라엘의 국익에도 도움이 된다고 믿었겠지만 이는 부차적인 문제다). 여기에는 다양한 전략적 동기가 있다. 제2차 세계대전

이 끝난 후 중동은 풍부한 석유 덕분에 미국 외교 정책의 핵심 지역이 되었다. 이 지역에 대한 미국의 외교 정책은 걸프만의 석유를 합리적인 가격에 안정적으로 공급받으려는 열망에 의해 일관되게 추진되었다(냉전 시기에는 소련의 영향력을 억제하는 것도 최우선적인 관심사였다). 이러한 목표를 달성하기 위해 미국은 석유가 풍부한 걸프만 국가, 특히 사우디아라비아와의 관계를 발전시켜야 했고, 더 넓게는 중동의 안정을 유지해야 했다. 그러나 아랍-이스라엘 분쟁은 지역을 불안정하게 만든 주된 원인이었기 때문에, 미국은 이들 사이의 평화를 중재함으로써 중동 지역에 안정을 가져오고 특히 친미 정권을 안전하게 보호하고자 했다.

또 다른 전략적 동기도 있다. 이는 (미국이 이스라엘을 지원하는 것을 강하게 반대해 온) 아랍 국가들과의 관계를 개선해 보고자 하는 열망이었다. 특히 아랍-이스라엘 분쟁이 최고조에 달했던 1950년대부터 1970년대까지, 유대 국가를 지원하는 동시에 아랍 국가와의 관계를 발전시키는 것은 매우 어려운 일이었다. 이런 점에서 볼 때 미국이 이스라엘과 아랍 사이의 평화를 만들 수 있다면, 이는 두 가지 상반된 목표 사이에 있는 큰 간극을 메우는 방법이기도 했다. 미국이 아랍-이스라엘 분쟁을 실제로 해결하지 못했음에도 불구하고, 그렇게 하려고 노력하는 것만으로도 도움이 되었다. 한편, 1973년 전쟁이 끝나자 헨리 키신저 당시 미국 국무장관은 이집트를 비롯해 소련과 동맹을 맺은 적대적인 아랍 국가들을 미국의 영향권 안으로 끌어들이는 새로운 전략을 개발했다. 키신저는 1974년과 1975년 이스라엘과 이집트 간의 수교 협정을 중개함으로써 이후 캠프 데이비드 협정(1978)과 이집트-이스라엘 평화 조약(1979)의 토대를 마련했을 뿐만 아니라, 당시 가장 중요한 아랍 국가였던 이집트를 소련의 동맹국에서 미국의 동맹국으로 전환시켜 미국이 이 지역에서 패권을 장악하는 데도움을 주었다. 비슷한 방식으로 1990년대에는 시리아와 이스라엘 간의 평화 회담을 선제적으로 제안하고 그 과정을 주도적으로 끌고 감으로써 미국-시리아 관계를 강화하고자 했지만 이는 성공하지 못했다.

미국이 아랍-이스라엘 평화 프로세스에 개입하는 것은 중동에서의 동맹을 관리하고 발전시키기 위한 방법이었다. 지난 20여 년(특히 오바마 행정부 기간) 동안 미국은 이스라엘-팔레스타인 간의 평화를 중개함으로써 무슬림 세계에서 미국의 입지를 강화할 수 있을 것으로 생각했다. 이스라엘-팔레스타인 분쟁이 평화적으로 해결된다면 지하디즘jihadism(지하드에서 파생된 단어로, 이슬람 원리주의 무장 투쟁 운동의 총칭 - 옮긴이)에 대한 대중적 지지가 감소할 것이고, 궁극적으로 미국(및 동맹국)에 대한 테러를 줄이는 데도 도움이 될 것으로 판단했다. 이후 트럼프 행정부에서는 이스라엘-팔레스타인 간의 평화가 이스라엘과 수니파 아랍 국가(특히 사우디아라비아)가 공동의 적인 이란에 대항하는 사실상의 동맹을 구축할 것이라는 믿음을 표명했다.

아랍-이스라엘 평화를 구축하는 것이 오랫동안 미국 외교 정책의 목표이긴 했지만 항상 우선순위가 높았던 것은 아니다. 더 시급한 국제 문제와 위기 상황에 대처해야 했기 때문에, 혹은 아랍-이스라엘 평화 조성에 막대한 정치적 자본을 투입하는 것을 꺼렸기 때문에(특히 평화에 대한 전망이나 진전이 희박해 보였을 때) 이 문제를 뒷전으로 미룬 행정부도 있었고, 마찬가지로 평화 조성에 큰 노력을 기울이고 평화 프로세스에 더 깊이 관여한 정부도 있었다. 몇몇 미국 대통령은 양자 간의 정상 회담을 주최하거나 평화 계획을 제안하고, 회담을 중재하고, 양측 지도자들을 압박하거나 회유하는 등 주도권을 잡고 움직이기도 했다. 그런가 하면, 한 발 물러나 국무장관이나 공식 특사에게 회담 소집과 협상 진행, 분쟁 중개 권한을 부여한 대통령도 있었다(일부 대통령은 임기 중 두 가지 방법을 모두 사용했다). 예를 들어 지미 카터는 베긴과 사다트 각각을 대상으로 끈질기게 외교전을 벌여 이스라엘과 이집트 간의 캠프 데이비드 협정(1978)을 이끌어 냈다. 빌 클린턴 역시 2차 캠프 데이비드 정상 회담(2000)에서 바라크와 아라파트에게 비슷한 방식으로 행동했지만 성공하지 못했다. 반면 조지 W. 부시나 버락 오바마는 이스라엘-팔레스타인 평화 프로세스에 진정으로 몰입하고 정치적 자본을 투자하며 실패의 위험을 감수할 의지가 없었다. 아랍-이스라엘 평화 조성에 대한 미국의 개입 범위와 방식은 시간이 지남에 따라 상당히 다양해졌고, 이는 각 정부가 사용한 방법과 도구(대통령 정상 회담, 비공개 채널 회담, 셔틀 외교, 대중 홍보, 보상과 위협 등)에서도 마찬가지였다.

미국은 지난 몇 년 동안 얼마나 성공했을까? 이 질문을 화두로 하는 책만 해도 여러 권 나왔지만, 간단히 답하면 그다지 성공적이지 못했다. 가장 큰 업적은 이집트와 이스라엘 간에 맺어진 평화 조약으로, 이 조약은 오랜 세월 많은 도전을 견뎌냈다. 마드리드 회의(1991) 역시 역사에 한 획을 그은 중요한 성과였다. 미국(특히 조지 H. W. 부시 대통령과 제임스 베이커 국무장관)은 다수의 아랍 국가들을 처음으로 이스라엘과의 협상 테이블에 앉게 함으로써 이스라엘-시리아, 이스라엘-요르단, 이스라엘-팔레스타인 간의 공식 평화 회담을 시작하는 물꼬를 텄다. 그러나 이 중에서 평화 협정을 맺는 데 성공한 것은 이스라엘과 요르단이 유일했는데 (1994), 이 두 나라는 미국의 도움 없이도 평화를 이룰 수 있었기 때문에 미국은 거의 관여하지 않았다. 반면, 적대 관계에 있던 이스라엘과 시리아는 1990년대 클린턴 행정부가 적극적으로 개입했음에도 불구하고 평화 협정을 체결하는 데 실패했다.

수년간의 노력에도 불구하고 미국은 이스라엘과 팔레스타인 간의 평화 조성에 실패했다. 심지어 평화를 위한 획기적인 돌파구를 마련하지도 못했다. 유일한 돌파구였던 오슬로 협정은 미국의 초기 개입 없이 이루어졌고(오슬로 협정을 이끌어낸 비공개 채널 회담은 노르웨이가 주최하고 중재했다), 이후 미국이 오슬로 평화 프로세스에 쏟아부은 노력과 자금으로 이루어 낸 가장 큰 성과는 평화 프로세스가 계속 유지되도록(중단되면 다시 시작하도록) 한 것이다. 이스라엘과 팔레스타인 간의 평화 프로세스가 간신히 이어져 오고 있는 데에는 미국의 역할이 컸다. 만약 이를 유지하려는 미국의 결단이 없었다면 아마도 오래 전에 중단되었을지 모른다. 미국은 또한 오슬로 협정의 산물인 팔레스타인 자치정부에 수십억 달러의 원조를 제공함으로써 팔레스타인 자치정부가 유지되는 데 큰 힘을 보탰고(팔레스타인 자치정부는 1994년 수립된 이래로 미국 정부로부터 약 52억 달러를 지원받았다), 최근에는 팔레스타인 자치정부가 서안지구의 질서를 회복하고 이스라엘에 대한 폭력을 단속하는 데 필요한 자금과 훈련, 장비를 지원하고 있다.

미국은 오슬로 평화 프로세스를 유지하는 데 큰 역할을 했지만, 반대로 평화 프로세스가 무너진 데에도 어느 정도 책임이 있다. 만약, 이스라엘과 PLO가 평화 프로세스에 역행하는 행동을 했을 때 미국이 이들에게 압력을 가하거나 약속을 지키게 유도했다면 상황이 달라졌을까? 만약 클린턴 행정부가 이들의 무책임한 행동을 바로잡기 위해 더 많은 노력을 기울였다면 오슬로 평화 프로세스는 성공할 가능성이 조금 더 커졌을지도 모른다. 마찬가지로 클린턴 행정부가 2차 캠프 데이비드 정상 회담을 좀 더 치밀하게 준비했더라면, 즉 아라파트뿐만 아니라 바라크를 압박하고 이집트, 요르단, 사우디아라비아 지도자들을 설득해 아라파트가 일정 부분 양보할 수 있게 유도하는 등 회담을 더 효과적으로 중재했다면, 정상 회담의 결과는 달라졌을 수도 있다. 또한 정상 회담이 실패로 끝난 후에도 클린턴이 공개적으로 아라파트를 비난하는 대신(이로 인해 이스라엘인들은 평화를 위한 '파트너'가 없다는 확신을 갖게 되었다) 회담에서 이룬 진전을 강조했다면, 2차 인티파다 발발로 이어진 정상 회담 실패의 부정적인 영향도 줄일 수 있었을지 모른다.

하지만 평화 협정이 체결되지 못한 책임을 클린턴 대통령의 노력 부족으로 돌려서는 안 된다(클린턴은 재임 마지막 달에 평화 협정을 위한 타협안인 이른바 '클린턴 조건'을 제안해 협상을 진전시키는 데 기여했다). 이스라엘-팔레스타인 분쟁이 계속되는 것에 대한 전반적인 책임을 미국에 지우는 것은 옳지 않다. 이는 미국의 영향력을 과장하고 이스라엘과 팔레스타인의 책임을 최소화하는 것에 불과하기 때문이다. 그러나 평화 프로세스의 후견인이자 이스라엘과 팔레스타인 자치정부의 후원자로서, 미국이 분쟁의 평화적 해결을 위해 더 많은 일을 할 수 있는 것은 분명하다. 예를 들어, 미국이 이스라엘과 팔레스타인을 중재할 때 좀 더 '공평하게' 개입해야 한다는 주장이 있다. 이에 따르면 미국은 그들이 주장하는 것처럼 '공정한 중재자'가 아니었다. 미국의 정책 수립 과정에 참여했던 전 국무부 고위 관리인 아론 데이비드 밀러의 말을 빌리자면, 미국은 '이스라엘의 변호사' 역할을 해왔다. 팔레스타인과 그 지지자들은 미국이 이스라엘 쪽으로 치우쳐 있다고(예를 들면, 유엔을 비롯한 국제 사회의 비판과 압력으로부터 이스라엘을 보호하는 것) 주장한다. 이들이 원하는 것은 미국이 평화 협정을 중재할 때 단순히 중립적인 태도를 취하는 것에서 벗어나 이스라엘에 압력을 가함으로써, 양측 간의 힘의 불균형을 상쇄하고 팔레스타인이 유리한 입장에서 협상을 하는 것이다. 한편, 다른 쪽에서는 미국이 이스라엘과 팔레스타인이 자발적으로 평화 협정을 체결하도록 유도하는 중재자 역할을 하는 대신, 미국 주도의 평화 계획을 제시하고 양측이 이를 받아들이도록 압력을 가하는 좀 더 적극적인 중재자 역할을 해야 한다고 주장하기도 한다.

어떠한 의견이 나오든 간에 트럼프 행정부가 이를 따를 가능성은 낮다. 실제로 지금까지 트럼프 행정부는 이스라엘(특히 네타냐후 총리)을 무조건적으로 지지하고 팔레스타인(특히 압바스 대통령)을 맹렬히 비판하는 정반대의 접근 방식을 취해 왔다. 또한 텔아비브에서 예루살렘으로 미국 대사관을 이전하고, 워싱턴에 있는 PLO 사무소를 폐쇄했으며, 팔레스타인 자치정부에 대한 미국의 원조를 삭감했다. 이게 다가 아니다. 트럼프 행정부는 서안지구와 가자지구 팔레스타인인과 관련된 이스라엘-팔레스타인 공존 프로그램에 대한 자금 지원도 중단했고, 팔레스타인 난민을 돌

보는 유엔 기구인 UNRWA에 대한 재정 지원도 철회했다. 트럼프 대통령의 생각은 "거래가 없으면, [팔레스타인에] 돈을 지불하지 않는다"로 요약된다. 하지만 팔레스타인에 대한 이러한 강경한 접근 방식으로 트럼프가 이스라엘-팔레스타인 분쟁 해결을 위해 제시한 '세기의 거래deal of the century'를 팔레스타인이 받아들이게 할 수 있을까? 그 답을 예측하기는 아직 이르지만, 현재까지 트럼프의 방식은 팔레스타인의 반발과 아랍인의 비난만 불러일으키고 있다. 이러한 부정적인 반응을 고려할 때, 트럼프 행정부가 오랫동안 작업해 온 비밀 평화 계획이 공개된다 하더라도 성공할 가능성은 낮다.

5장

점령지

서안지구와 가자지구를 '점령지'라고 부르는 이유는 무엇인가?

이스라엘과 팔레스타인 분쟁은 무력 충돌도 있었지만 언어로 하는 싸움이기도 했다. 양측이 대중적으로 사용한 수사rhetoric는 상대방의 주장을 깎아내리고, 행동을 비하하며, 심지어는 상대방의 존재 자체를 부정하기 위해 의도적으로 만들어졌고, 그 과정에서 언어는 고도로 정치화되었다. 특정 단어나 문구에 정치적 의미가 내포되면 대중의 의견과 관련 행위자에 대한 인식에 미묘한 영향을 끼칠 수 있다. 대표적인 예로 서안지구, 동예루살렘, 가자지구에 대한 이스라엘의 지배를 표현하는 용어인 '점령'이 있다. 팔레스타인인과 좌파 이스라엘인, 그리고 친 팔레스타인 활동가들은 이를 '이스라엘 점령(또는 단순히 점령)'이라고 부르지만, 이스라엘 정부와 대부분의 이스라엘 유대인은 이 단어에 내포된 부정적인 의미 때문에 '점령'이라는 용어 사용에 반대한다. 2003년 5월, 당시 이스라엘 총리였던 아리엘 샤론은 리쿠드당 지지자들에게 "350만 명의 팔레스타인인을 계속 점령 상태에 둘 수 있다는 생각은 이스라엘에도, 팔레스타인에도 좋지 않다고 생각합니다. 점령이라는 단어가 마음에 들지 않겠지만, 지금 일어나고 있는 일은 점령이 맞습니다"라고 말해 많은 이스라엘인에게 충격을 주고 우파를 분노하게 했다. 반면 벤저민 네타냐후 현 총리는 2018년 11월에 "'점령'은 말도 안 되는 소리"라고 공개적으로 선언했다.

서안지구와 가자지구를 '점령지'라고 부르는 것은 이스라엘과 일부 다른 지역, 특히 미국에서는 논란의 여지가 있다. '점령지'라는 용어에 이스라엘을 팔레스타인의 지배자이자 억압자로 느끼게 하는 정치적 함의가 있음에도 불구하고, 유엔 및 유럽연합과 같은 국제기구와 국제 사회 전반에서는 이 단어가 지닌 법적 의미 때문에 그대로 사용하고 있기 때문이다. 국제법에 따르면, 영토에 대한 주권을 인정받지 않은 나라가 해당 영토를 실효적으로 통제하고 있을 때 그 영토가 점령되었다고 정의한다(공식적으로 '교전적 점령belligerent occupation'이라고 불리는 용어에 대한 법적 정의는 1907년 헤이그 협약과 1949년 4차 제네바 협약에 명문화되어 있다). 영토가 외국 군대의 통제하에 놓여도 그 영토는 점령된 것이다. 전형적인 예로 전쟁 중에 외국 군대가 영토를 침공해 정복한 것을 들 수 있다. 또한 한 국가가 원래의 (법적으로 또는 사실상) 국경을 넘어 강제로 영토를 장악한 경우에도 해당 영토는 점령된 것으로 정의한다(국제무력분쟁법에 따른 것이다). 이는 영토의 역사 및 이전 상태와 무관하며, 영토가 누구에게 점령되었는지, 어떤 상황에서 점령된 것인지(예를 들어 방어 전쟁인지 아닌지) 역시 중요하지 않다. 즉, '교전적 점령'은 단순히 법적 사실일 뿐 정치적, 또는 도덕적 판단과 무관하다. 교전적 점령의 대표적인 예로는 인도네시아의 동티모르 점령(1975~1999), 베트남의 캄보디아 점령(1977~1989), 터키의 북키프로스 점령(1974~), 모로코의 서사하라 점령(1975~) 등이 있으며, 가장 최근에 발생한 러시아의 크림반도 점령(2014~)도 이에 포함된다.

따라서 서안지구와 가자지구는, 1967년 전쟁에서 이스라엘군이 정복하기 전까지 이스라엘의 영토가 아니었기 때문에 국제법상 점령지로 간주된다. 이스라엘은 당시 전쟁에서 요르단의 서안지구와 이집트의 가자지구, 시리아의 골란고원, 그리고 이집트의 시나이반도를 점령했는데, 이 중 시나이반도는 나중에 이집트와 평화 협정을 맺은 후 돌려주었다. 1967년 전쟁이 이스라엘의 영토 야욕으로 인한 것이 아니라 어쩔 수 없이 일어난 전쟁이고 서안지구가 역사적, 종교적으로 중요한 의미를 지닌 곳이라 할지라도, 이는 국제법적인 측면에서는 아무런 관련이 없다. 마찬가지로 이스라엘의 군사 점령이 많은 이스라엘 사람이 믿는 것처럼 '자비로운' 점령인지도 중요하지 않다(1차 인티파다가 일어나자 생각이 바뀌었지만). 법적으로 중요한 것은 이스라엘이 서안지구와 가자지구를 정복했다는 사실과, 영토 정복은 20세기 이후 국제법에 의해 금지되어 있다는 점이다.

이스라엘 정부는 서안지구와 가자지구를 '점령지occupied territories'로 지정하는 것에 지속해서 반대 입장을 표해 왔고, 대신 공식적으로 '분쟁지disputed territories' 또는 '관리지administered territories'라고 부르기를 원한다. 이들은 이스라엘이 해당 영토를 통제하는 것은 법적 의미에서 점령이 아니라고 주장한다. 이에 대한 근거로, 점령은 한 국가가 다른 국가의 영토를 정복하고 통제하는 경우에 쓰는 용어지만, 이스라엘이 이들 지역을 정복했을 당시 이 땅은 다른 국가의 소유가 아니었다는 사실을 지적한다. 이스라엘이 가자지구를 정복할 당시 가자지구는 이집트 영토가 아니었고(이집트는 1948년 아랍-이스라엘 전쟁에서 가자지구를 점령했지만 합병하지는 않았다), 서안지구 역시 법적으로 요르단 영토가 아니었다는 것이다(요르단은 1948년 전쟁에서 서안지구를 점령한 후 합병했지만 국제 사회는 이 합병을 비준하지 않았다). 따라서 이스라엘은 1967년에 이스라엘이 서안지구와 가자지구를 정복하기 전까지 어떤 국가도 이들 지역에 대한 주권을 주장하지 않았기 때문에 이 영토를 점령지로 법적 정의할 수 없으며, 교전적 점령과 관련된 국제 협약도 적용되지 않는다고 주장한다. 그러나 국제사법재판소(유엔의 주요 사법기관)와 국제법 전문가들은 비非주권 영토 역시 점령 가능하다는 이유로 이스라엘의 주장을 받아들이지 않았다. 이스라엘 고등사법재판소 역시 서안지구와 가자지구를 사실상 점령지로 취급해왔으며, 심지어 이스라엘 정부도 고등사법재판소 소송에서 해당 지역에 대한 권한이 국제법상 교전적 점령에 근거한다고 주장한 바 있다.

2005년 이스라엘이 가자지구에서 철수한 이후, 이스라엘 정부는 과거에는 가자지구를 점령했다 하더라도 현재 모든 군인과 정착민이 완전히 철수했고 2007년부터는 하마스가 이 지역을 통치하고 있으므로 가자지구는 더 이상 점령지가 아니라고 주장한다. 그러나 이스라엘은 지금도 여전히 가자지구의 영공과 영해, 5개의 육로(총 6개가 있다), 그리고 인구 등록을 통제하고 있기 때문에 가자지구에 대한 '실효적 지배'를 행사하고 있는 것으로 간주해 유엔과 많은 국제법 전문가는 이스라엘의 주장을 받아들이지 않았다.

이런 논쟁은 단순히 언어의 의미와 세부 조항에만 초점을 맞춘 것으로 비칠 수도 있다. 또한 서안지구와 가자지구를 어떻게 표현하는지가 뭐가 그렇게 중요하냐고 의아해할 수도 있을 것이다. 그러나 이것은 매우 중요한 문제다. 이들 지역이 점령지로 지정되면 점령자인 이스라엘은 군사 점령을 규율하는 국제 전쟁법을 준수해야 하고(이 법은 점령 중인 영토의 주민을 보호하는 데 목적이 있다), 1949년에 채택된 4차 제네바 협약의 조항을 따라야 하기 때문이다. 이 협약에는 강제 추방, 재판 없는 구금, 민간인 사유지 파괴를 금지하는 규정이 포함되어 있다. 이스라엘은 서안지구와 가자지구에 대해 4차 제네바 협약을 적용하는 것을 거부하고 있지만, 팔레스타인인에 대한 대우에 관해서는 제네바 협약을 준수해 왔다고 주장한다. 그러나 이스라엘 방위군이 남긴 기록물을 보면 이러한 주장은 쉽게 반박할 수 있다(이스라엘 방위군은 팔레스타인 마을에서 사람들을 강제 추방할 당시 추방, 행정 구금, 주택 철거 등에 대한 자세한 기록을 남겨 놓았다). 이스라엘의 정착촌 건설은 점령국이 자국의 민간인을 점령지로 이주시키는 것을 금지하는 4차 제네바 협약에 대한 가장 명백한 위반이다. 이스라엘 외무부의 법률 고문인 테오도르 메론은 1967년 전쟁 직후, 당시 이스라엘 총리 레비 에쉬콜에게 전달한 비밀 메모에서 이 사실을 인정하며 다음과 같이 말했다. "행정 구역 내 민간인 정착은 4차 제네바 협약의 명시적 조항에 어긋납니다." 그러나 사실 인정 여부와 관계없이, 이스라엘 정부는 정착촌 건설을 승인하고 보조금을 지원함으로써 명백히 국제법을 위반하고 있다.

더 큰 문제는 이스라엘이 해당 영토를 계속 점령하는 것이 국제법상 불법인지에 관한 논쟁이다. 만약 '군사적 필요'에 따라 일시적으로 시행되는 것이라면 군사 점령 그 자체는 불법이 아니다. 이스라엘이 서안지구에서 철수할 경우 안보상의 우려가 따르는 건 사실이지만, 서안지구에 대한 군사 점령은 반세기 이상 지속되었고 현대 점령 역사상 가장 긴 기간에 해당한다. 오늘날 팔레스타인인과 여러 국제 관측통은 이스라엘 점령을 영구적인 것으로 인식한다. 평화 프로세스의 진행이 더디고 '두 국가 해법'에 대한 희망이 사라지고 있는 현시점에서, 이스라엘의 서안지구 점령이 일시적이라는 (따라서 합법적이라는) 믿음도 점점 사라지고 있다.

이스라엘의 군사 통치는 서안지구 팔레스타인 주민들에게 어떤 제약을 가하고 있는가?

국제법에 따르면 서안지구와 동예루살렘, 가자지구 모두 이스라엘의 점령하에 있지만, 이스라엘 정부와 국민은 이들 지역과 이곳에 거주하는 팔레스타인 주민을 차별적으로 대한다. 과거 서안지구에 포함되었던 동예루살렘은 1967년 전쟁이 끝나자 이스라엘에 사실상 합병되었고(공식적인 합병은 1980년에 이루어졌다), 그 이후로 이스라엘 정부와 대법원은 이 지역을 이스라엘 영토의 일부로 취급해 왔다. 그러나 국제 사회는 이스라엘의 동예루살렘 합병을 인정하지 않았고, 대부분의 나라가 동예루살렘을 점령지로 간주한다. 바로 이것이 2017년 12월, 도널드 트럼프 대통령이 동예루살렘에 대한 아무런 언급 없이 예루살렘을 이스라엘의 수도로 인정하자 전 세계가 비판의 목소리를 높인 이유다. 현재 동예루살렘에 거주하는 약 37만 명의 팔레스타인인(동예루살렘 전체 인구의 3분의 1 이상)은 법적으로 이스라엘의 '영주권자'다(시민권은 신청할 수 있기는 하지만 실제로 부여되는 경우는 거의 없다). 이는 동예루살렘의 팔레스타인 주민들이 이스라엘 법을 적용받는다는 의미다. 이들은 지방 선거에서는 투표할 수 있지만 총선 투표권은 없으며(오랜 보이콧으로 인해 실제로 투표하는 사람은 거의 없다), 이스라엘의 복지 혜택을 받고 이스라엘 병원에서 치료받을 수 있다. 또한 이스라엘 대학에 다닐 수 있고, 이스라엘 내에서 일하거나 여행도 가능하다. 이러한 면에서 동예루살렘에 거주하는 팔레스타인인들의 상황은 서안지구와 가자지구의 팔레스타인 사람들보다 낮다(물론 예루살렘에 거주하는 유대인보다는 열악하다).

한편, 동예루살렘과 달리 서안지구의 나머지 부분과 가자지구는 이스라엘에 합병되지 않았지만(리쿠드당과 많은 우파 이스라엘 유대인들은 이스라엘이 서안지구의 더 많은 지역을 합병하기를 원한다), 이스라엘군은 두 지역 모두 직접 통제했다. 팔레스타인 주민들은 이스라엘군에 소속된 민사행정부Civil Administration의 감독 아래 오랜 세월 동안 엄격한 군사 통치 아래 살았다. 그러나 이들의 상황은 2005년 이스라엘이 가자지구에서 일방적으로 철수한 후, 특히 2007년 하마스가 가자지구를 폭력적으로 장악한 이후 크게 달라졌다. 이스라엘 정부는 가자지구를 '적대적인 존재'로 취급하고, 육로와 해상, 공중을 봉쇄해 상품 수출입을 엄격하게 제한하며, 극히 드문 경우를 제외하고는 거의 모든 팔레스타인인의 가자지구 출입을 막고 있다. 현재 이스라엘군은 가자지구 외부에서 이곳을 통제하려고 하는데(하마스와의 전쟁 중 가자지구를 두 차례 침공했으며(2009, 2014), 이후에도 정기적으로 침입과 공습을 감행하고 있다), 이는 하마스가 가자지구 내부를 완전히 장악하고 이 지역을 통치하기 때문이다. 이런 이유로 이스라엘은 가자지구가 더 이상 점령지가 아니라고 주장하고 있으며, 대부분의 이스라엘인도 이러한 견해에 동의한다.

2005년 이후 여전히 이스라엘의 군사 통치하에 놓인 곳은 서안지구가 유일하다. 이곳에 거주하는 300만 명 정도의 팔레스타인인에게 이스라엘의 군사 점령은 생활의 일부다. 이는 삶의 거의 모든 측면에 영향을 미치고 있으며, 수많은 제약에 대처하는 것은 투쟁의 연속이다. 그러나 반세기 이상 지속된 이스라엘의 군사 점령 아래 살고 있는 이들의 상황은 거주 지역에 따라 차이가 있다. 군사 점령 초기 첫 25년간 이스라엘 방위군은 민사행정부를 통해 서안지구 전체의 팔레스타인 주민을 통치했다. 이는 이스라엘군이 팔레스타인 민간인 생활의 모든 측면을 빠짐없이 관리하고 감시했음을 의미한다. 그러나 오슬로 협정이 체결되자 상황이 바뀌었다. 이스라엘과 PLO가 이스라엘군이 철수한 서안지구(및 가자지구)의 특정 지역을 관리하고 통제하기 위해 팔레스타인 자치정부를 설립하는 데 합의했기 때문이다. 자치정부는 팔레스타인 국가는커녕 정부도 아니었고 따라서 권한과 자율성에 제한이 있었지만, 포괄적인 평화 협정이 체결될 때까지 부분적이나마 자치권을 행사했다. 이들은 팔레스타인인을 위한 공공 서비스 및 일부 지역의 치안과 보안 관리 등 기존에 이스라엘 방위군이 담당하던 업무를 넘겨받았다. 그리고 양측의 합의하에 팔레스타인인이 주로 거주하는 도시 및 규모가 큰 마을(현재 서안지구 전체 영토의 약 18%)을 A 구역으로 지정해 자치정부가 모든 민사 및 치안 문제를 담당했다. B 구역(서안지구의 22%)에서는 자치정부가 민사 업무를 담당하고 이스라엘이 치안을 통제했으며, 서안지구의 나머지 지역은 C 구역(서안지구의 60%)으로 지정해 이스라엘군이 모든 것을 통제했다.

대다수의 팔레스타인인이 자치정부가 전체 또는 부분적으로 관할하는 지역(A 구역과 B 구역)에 거주하기 때문에 이스라엘 정부(그리고 대부분의 이스라엘인)는 자치정부가 서안지구에 거주하는 팔레스타인인의 삶에 책임이 있다고 주장한다. 그러나 현실적으로 자치정부가 하는 모든 일은 이스라엘군과 정부의 암묵적 동의 없이는 불가능할 뿐만 아니라 더 중요한 것은 서안지구에 사는 모든 팔레스타인인이 이스라엘의 군사 점령으로 인해 여전히 많은 제약을 받고 있다는 사실이다. 이들이 이스라엘 군인들에 굴욕적인 대우를 받고 인권을 침해당하는 것은 일상적이다. 이는 베첼렘B'Tselem이나 브레이킹 더 사일런스Breaking the Silence와 같은 이스라엘 인권 단체의 기록에도 자세히 나와 있는데, 이들 단체는 서안지구에서 복무할 당시 어린이를 포함한 팔레스타인인들이 동료 군인들에게 구타당하거나 모욕을 당하는 것을 목격한 전직 이스라엘 군인들이 운영한다.

나는 이 책에서 서안지구의 팔레스타인인을 제한하는 이스라엘군의 관행, 규정, 법률을 모두 나열하기보다는 현재 이스라엘군이 시행하는 세 가지 시스템에 초점을 맞추려 한다. 이 세 가지 '통제 시스템'이 이스라엘군이 사용하는 전부는 아니지만, 서안지구에 대한 통제권을 유지하고 이스라엘인, 특히 정착민을 보호하기 위한 수단으로 작용하는 것은 분명하다. 그 세 가지는 바로 검문소 시스템, 허가 시스템, 그리고 법률 시스템이다.

(1) 검문소 시스템

서안지구를 방문하는 사람의 눈에 가장 먼저 들어오는 것은 중무장한 이스라엘 경비병이 지키는 이스라엘군 검문소다. 이곳은 서안지구를 출입하는 모든 사람이 반드시 통과해야 하는 곳으로, 이스라엘인과 외국인은 대부분 그냥 통과하거나 꼭 필요한 경우에만 검문 및 수색을 받지만 서안지구에 거주하는 팔레스타인 주민들은 매번 검문을 받아야 하며, 잦은 몸수색과 대기는 물론이고 심지어 구금되는 일도 벌어진다. 서안지구와 이스라엘 사이의 통행로, 그리고 서안지구와 요르단 사이의 모든 통행로가 이스라엘의 통제를 받기 때문에 서안지구에 거주하는 경우에도 이곳을 드나드는 것이 자유롭지 않다. 해외여행, 동예루살렘에 있는 친구나 친척 방문, 알 아크사 모스크 기도, 이스라엘 병원 치료, 이스라엘 직장 출퇴근 등 어떤 이유로든 서안지구에 거주하는 팔레스타인인이 이스라엘에 들어가기 위해서는 반드시 이 검문소를 통과하고 이스라엘 군인과 대면해야 한다. 이스라엘에서 합법적으로 일하는 팔레스타인인은 7만 명 정도 되는데(대부분 건설업에 종사한다), 이들은 매번 검문소의 좁은 콘크리트 복도, 철제 회전문, 전동식 게이트를 통과하기 위해 몇 시간 동안 뜨거운 태양 아래, 또는 쏟아지는 비를 맞으며 긴 줄을 서서 기다린다. 짧은 통근 시간이 길고 힘들고 답답한 여정으로 바뀌는 경우가 잦은 것이다.

서안지구의 팔레스타인인은 이스라엘이나 동예루살렘에 들어갈 때뿐만 아니라 서안지구 내에서 여행할 때도 검문소를 통과해야 하며, 팔레스타인인이 사는 도시나 마을 사이를 오갈 때도 이스라엘군이 통제하는 도로를 따라 이동해야 한다(이스라엘은 A 구역과 B 구역으로 이어지는 모든 도로를 통제한다). 2017년 1월 현재 서안지구의 도로 곳곳에는 100여 개의 정식 검문소와 수백 개의 임시 검문소가 설치되어 있다. 이스라엘군은 이외에도 도로를 따라 흙더미나 콘크리트 블록을 쌓고, 일부 팔레스타인 마을 입구에 게이트를 설치하는 등 수백 개의 물리적 장애물을 두었다.

서안지구에 있는 검문소와 도로 차단 설치물의 대부분은 이스라엘 방위군이 2차 인티파다(2000~2005) 기간에 발생한 수십 건의 자살 폭탄 테러를 포함해 이스라엘 민간인에 테러 공격을 감행한 여러 팔레스타인 무장 단체와 '저강도 전쟁'을 벌이면서 설치한 것이다. 오늘날까지도 이스라엘 정부는 서안지구에 있는 모든 군사 검문소와 도로 차단 장치가 팔레스타인의 잠재적 폭력으로부터 자국민을 지키기 위해 존재하는 것이라고 주장한다. 그러나 이 주장이 사실이든 아니든 간에 이런 것들이 서안지구 내에서 팔레스타인인의 이동의 자유를 제한하는 것은 부인할 수 없다. 이스라엘이 서안지구의 정교한 검문소 시스템으로 인해 얻는 안보상의 이점이 무엇이든 그 피해는 팔레스타인 주민이 고스란히 떠안는다. 군사 검문소는 팔레스타인 사람들의 일상을 방해할 뿐만 아니라 서안지구 내에서 다른 지역으로 이동하는 데에도 훨씬 더 많은 시간과 비용이 들게 하며(세계은행의 여러 연구에 따르면 이스라엘군의 서안지구 내 팔레스타인인 이동 제한은 서안지구의 경제 성장을 크게 저해한다), 검문소에서 지체되거나 통과가 거부되거나 구금될 가능성도 항상 존재하기 때문에 이동 시간을 예상할 수 없고, 심지어 그곳에 도착할 수 있을지조차 알 수 없다. 이러한 불확실성으로 인해 일상적인 업무를 수행하기도 어렵지만 더 큰 문제는 이런 일이 뚜렷한 이유 없이 일어난다는 사실이다. 검문소에서 이스라엘 군인이 팔레스타인 민간인의 통과를 거부하거나 아무런 설명 없이 지연시키는 일은 드문 일이 아니다.

(2) 허가 시스템

서안지구의 이스라엘 군사 통치를 가장 직접적으로 보여주는 것이 검문소라면, 허가증은 가장 널리 퍼져 있는 통제 장치다. 팔레스타인 사람들이 특정 검문소를 통과하기 위해서는 특별 허가가 필요하므로 이 두 가지 시스템(검문소 시스템과 허가 시스템)은 서로를 강화한다. 예를 들어 서안지구(및 가자지구)의 팔레스타인인은 어떤 목적으로든 이스라엘에 입국하려면, 단지 공항으로 가는 길에 지나가는 것일지라도 반드시 허가를 받아야 한다. 이것은 예전에는 없던 제도다. 이스라엘 점령 초기 25년 동안 서안지구와 가자지구의 팔레스타인 주민들은 이스라엘 통행이 자유로웠다. 그러나 1990년대 초 팔레스타인의 공격이 잦아지자 이스라엘은 서안지구와 가자지구의 국경을 폐쇄하기 시작했고 때로는 봉쇄하기도 했다. 현재는 여행 또는 취업 허가를 받은 서안지구 거주 팔레스타인인만 이스라엘에 입국할 수 있다(가자지구에 거주하는 팔레스타인인은 입국이 전면 금지되어 있다). 한편, 이스라엘은 팔레스타인인이 이스라엘 정착촌에 근접하지 못하게 하려고 일부 도로에 대한 접근도 제한한다. 따라서 이들이 서안지구에 있는 특정 도로에서 운전하려면 허가를 받아야 한다. 심지어 팔레스타인 농부 중에는 이스라엘이 본인 소유의 땅 중간에 장벽을 건설하는 바람에 장벽 건너편에 있는 자기 땅에 갈 때조차 허가를 받아야 하는 경우도 있다. 이스라엘군 민사행정부가 서안지구 팔레스타인 주민에게 발급하는 허가증의 종류는 100가지가 넘는다. 팔레스타인 사람들에게 이러한 허가를 받는 것은 관료주의의 악몽과도 같다. 시간과 돈, 인내가 필요한 것은 당연하고, 아무런 설명 없이 신청이 거부되더라도 항소할 방법이 없기 때문이다. 실제로 허가를 받고 이를 유지하는 것이 어렵기 때문에(허가를 받았더라도 언제든 철회될 수 있다) 허가 승인 및 거부 권한을 가진 이스라엘 보안국(신베트Shin Bet)은 이를 미끼로 팔레스타인 정보원과 협력자를 모집할 수 있었다.

이스라엘이 독점적으로 통제하는 서안지구 내 C 구역에 거주하는 팔레스타인인은 개인 소유의 토지에서 아무리 사소한 공사를 하더라도 이스라엘군 민사행정부에 허가를 신청해야 한다. 하지만 이러한 신청은 대부분 거부된다. 허가를 받는 것이 불가능하지는 않지만 매우 어렵기 때문에 C 구역 팔레스타인 주민들은 건축 허가 신청을 하지 않은 채 건물을 짓는 경우가 많고, 이스라엘 방위군은 허가가 없다는 이유로 이를 철거하는 일이 반복되고 있다. 이스라엘군의 허가를 받아야만 건축이 가능한 C 구역에서 팔레스타인인들은 개인용이든 공용이든 그 어떤 건축도 사실상 제한받고 있다.

(3) 법률 시스템

이스라엘의 군사 통치가 서안지구 팔레스타인 주민들을 제한하는 가장 확실한 수단은 1967년부터 운영된 군사 법원 제도다. 수년 동안 이스라엘 군사 법원에 넘겨진 서안지구 팔레스타인인은 수십만 명에 달하는데, 이 중에는 아이들도 포함되어 있다. 오늘날에도 매년 수천 명의 팔레스타인인이 이들을 통제할 목적으로 만든 법률 또는 규정을 위반했다는 혐의로 이스라엘 군사 법원에서 재판을 받는다. 서안지구의 모든 팔레스타인인은 거주지와 관계없이 이스라엘 군사법을 적용받으며, 범죄 혐의로 기소될 경우 서안지구에서 일어난 것인지와 관계없이 군사 법원에 넘겨진다. 혐의는 이스라엘인에 대한 테러 계획 및 실행과 같은 안보 관련 범죄부터 일반 형사 범죄, 교통 법규 위반과 같은 사소한 범죄에 이르기까지 다양하다. 사실 군사 법원에서 재판을 받는 대부분의 사람은 '보안 범죄'로 기소되는 게 아니다. 이들이 기소되는 이유는 이스라엘 방위군의 사전 허가를 받지 않은 평화적 정치 시위를 조직하거나 단순히 참석했다는 이유 등 상대적으로 가벼운 것들이다.

이스라엘 군사 법원에 넘겨진 팔레스타인인은 대부분 유죄 판결을 받는다. 군사 법원은 민간 법원에 비해 유죄 판결이 선고되는 비율이 높고 형량도 더 가혹하다. 또 피고인을 심문한 후에도 모든 절차가 끝날 때까지 구금하는 경우가 많으며, 대부분의 사건은 재판에 회부되지도 않는다. 따라서 팔레스타인 피고인들은 유죄 판결로 끝날 가능성이 높은 재판을 기다리며 감옥에 갇혀 있는 것보다 유죄 여부와 상관없이 형량 협상을 하는 것을 선호한다. 이러한 관행은 공정한 재판을 받을 권리를 훼손한다. 중요한 일이 법정에서 이루어지는 것이 아니라 심문실에서 일어난다는 것을 의미하기 때문이다. 팔레스타인인이 보안법 위반 혐의로 구금된 경우, 이스라엘군은 피고인이 자백하지 않는 한 체포된 날로부터 최소 30일, 최대 90일 동안 변호인 접견을 막는다. 이는 수감자의 '적법 절차 권리'를 침해하는 것이다. 가장 심각한 침해는 '행정 구금'을 남발하는 것이다. 팔레스타인인은 행정 구금으로 최대 6개월 동안 기소나 재판 없이 구금될 수 있으며, 이는 무기한 갱신될 수도 있다. 매년 수백 명의 팔레스타인인이 행정 구금에 처하지만, 이는 보안 위반 혐의로 기소된 사람에게

만 해당되는 것이 아니다.

한 가지 주목할 것은, 팔레스타인인과 달리 서안지구에 거주하는 이스라엘인('정착민')은 군사법이 아닌 이스라엘 법의 적용을 받으며, 이들은 서안지구의 군사 법원이 아닌 이스라엘 민간 법원에서 재판을 받는다는 사실이다(공식적으로 서안지구 관할권은 군사 법원에 있음에도 불구하고). 서안지구에 사는 이스라엘인과 팔레스타인인이 서로 다른 두 가지 법체계 아래 살고 있으며, 전자가 후자보다 더 많은 법적 권리를 가지고 있다는 사실은 이들 두 집단이 법 앞에 평등하지 않음을 의미한다. 간단히 말해, 서안지구에 거주하는 팔레스타인인은 이스라엘 정착민과 똑같은 범죄를 저지르더라도 유죄 판결을 받고 더 가혹한 형을 선고받을 가능성이 크다. 이는 어떻게 설명하고 정당화하려 하더라도 법적인 차별이다.

이스라엘이 서안지구에 긴 장벽을 건설한 이유는 무엇인가?

이스라엘 정부가 2003년부터 건설하고 있는 이스라엘과 서안지구 사이의 장벽은 여러 가지 이름이 있다. 이스라엘인들은 이를 '보안 장벽security fence' 또는 '분리 장벽separation barrier'이라고 부르지만, 팔레스타인 사람들은 '병합 장벽annexation wall' 또는 '격리 장벽apartheid wall'이라고 부른다. 이처럼 서로 다른 명칭은 이스라엘인과 팔레스타인인이 분리 장벽을 바라보는 시각이 서로 다르다는 것을 보여준다. 두 집단은 분리 장벽이 근본적으로 다른 목적을 갖는다고 믿는다. 대부분의 이스라엘인은 분리 장벽을 팔레스타인 테러리스트가 이스라엘로 침투하는 것을 막는, 이스라엘 민간인의 생명을 구하기 위한 방어 수단으로 생각한다. 하지만 팔레스타인 사람들에게 이 장벽은 이스라엘 점령의 상징이자 팔레스타인 땅을 빼앗고 사람들을 쫓아내 이스라엘의 영토를 확장하기 위한 도구일 뿐이다.

서안지구 장벽에 대해 이렇게 상반된 인식이 생겨난 이유는 무엇일까? 그 이유를 설명하기 전에 먼저 이 장벽이 실제로 무엇인지 설명할 필요가 있다. 이 장벽은 울타리일까, 아니면 벽일까? 실제로 장벽은 울타리와 벽, 그리고 그 외 여러 요소가 혼재되어 있다. 우리는 미디어의 영향으로 서안지구 장벽이라고 하면 높이 솟은 회색 콘크리트 벽을 떠올리지만(간혹 벽화와 낙서가 덮여 있는), 사실 이 장벽의 대부분은 벽이 아니다. 곳곳에 망루가 있는 8미터 높이의 콘크리트 벽은 전체 장벽의 10%가 채 되지 않는데, 도시 지역과 이스라엘 운전자들이 이용하는 주요 고속도로를 따라 건설되어 있다. 나머지는 시골 지역을 가로지르는 2m 높이의 철책선으로 되어 있으며, 이를 넘어 침입하거나 이 위에서 움직일 경우 알람이 울리는 전자 센서가 장착되어 있다. 이 첨단 울타리의 한쪽에는 참호와 철조망 더미가 있고, 다른 쪽에는 (침입자의 발자국을 추적하기 위한) 부드러운 비포장길과 군 순찰 도로, 그리고 또 다른 철조망이 있다. 장벽을 모두 완공하면 총길이는 약 700킬로미터에 달할 것으로 예상된다(현재까지 3분의 2가 완공되었다). 장벽 1킬로미터당 약 200만 달러가 소요되어 지금까지 총 건설 비용은 26억 달러가 넘었으며, 이스라엘 역사상 가장 큰 인프라 프로젝트이기도 하다.

그렇다면 이스라엘 정부는 무엇 때문에 이렇게 엄청난 비용이 들고 논란이 많은 프로젝트에 착수했을까? 1994년 가자지구 주변에 전기 철책선을 설치한 적이 있었던 이스라엘은, 이스라엘과 서안지구 사이에도 철책선을 놓을 것을 공식적으로 고려하고 있었다. 그러던 중 2차 인티파다가 발발하자 이스라엘 대중에서 서안지구 장벽에 대한 아이디어가 확산되기 시작했다. 당시 이스라엘 정부가 이를 거부하기란 정치적으로 불가능했다. 1차 인티파다는 팔레스타인 여성과 아이들이 대거 참여한 비폭력 봉기였던 반면, 2000년 9월 대규모 시위로 시작된 2차 인티파다는 이스라엘 보안군과 여러 팔레스타인 무장 단체 간의 저강도 소모전으로 빠르게 확대되었다. 제대로 된 무기가 없던 팔레스타인 무장 단체가 선택한 것은 자살 폭탄이었다. 테러범들은 폭발물을 몸에 매거나 휴대하고 다니다가 최대한 인명 피해를 입힐 수 있을 장소에서 폭발물을 터뜨리는 방식으로 공격했다. 일종의 '스마트 폭탄'인 셈이다. 이스라엘 민간인을 대상으로 한 자살 폭탄 테러는 1990년대에도 있었지만, 2차 인티파다 기간에 급격히 증가하며 엄청난 피해를 초래했다. 버스, 쇼핑몰, 슈퍼마켓, 야외 시장, 카페, 레스토랑, 바, 나이트클럽 모두 테러의 표적이 되었고, 이스라엘 시민들은 도시의 공공장소 어디도 안전하지 않은 것처럼 느꼈다. 2차 인티파다 기간 동안 자살 폭탄 테러로 사망한 이스라엘인 수는 팔레스타인 무장 단체가 사용한 다른 어떤 폭력적인 전술(로켓 공격, 저격 사격 등)로 인한 사망자 수보다 많았다. 문제는 대부분의 자살 폭탄 테러가 서안지구에서 발생했다는 사실이다. 2000년 9월부터 2005년 8월까지 151건의 팔레스타인 자살 폭탄 테러가 발생해 515명이 사망하고 약 3500명이 부상을 입었다(5년 동안 이어진 2차 인티파다 기간 중 총사망자 수는 대략 이스라엘인 1000명, 팔레스타인인 3300명이었는데, 대부분 민간인이었다). 2차 인티파다에서 유혈 사태가 가장 많았던 해는 2002년이었다. 그해 발생한 팔레스타인 자살 폭탄 테러는 53건으로(대부분 상반기에 일어났다), 3월에는 거의 매일 테러가 발생했다. 이 중 최악의 공격은 3월 27일 저녁 서안지구의 한 호텔 식당에서 압델 바셋 오데라는 이름의 팔레스타인 청년이 자폭해 유월절 식사 중이던 이스라엘인 30명이 사망한 사건이었다. '유월절 대학살'로 알려진 이 사건은 2차 인티파다 기간 중 이스라엘인을 대상으로 한 가장 치명적인 테러 공격이었다(하마스는 이 공격이 자신들의 소행이라고 주장했다).

이것이 당시 리쿠드당의 아리엘 샤론 총리가 이끄는 이스라엘 정부가 서안지구 장벽을 건설하기로 한 주요 배경이다(이스라엘 방위군은 탱크와 중화기를 앞세워 오슬로 평화 프로세스 중에 철수했던 서안지구의 주요 도시를 다시 점령하는 '방어막 작전Operation Defensive Shield'도 시작했다). 원래 샤론 총리와 우파 내각은 장벽을 건설할 경우 향후 이스라엘-팔레스타인 국경으로 해석되어 서안지구의 많은 유대인 정착촌을 이스라엘과 단절시킬 수 있다는 우려 때문에 장벽 건설을 꺼리는 입장이었다(당시 야당이었던 중도 좌파 노동당은 장벽 건설을 지지했으며, 야당 지도자였던 에후드 바라크는 최초로 장벽 건설을 공개 제안했다). 그러나 자살 테러 공격이 증가하고 장벽에 대한 이스라엘 대중의 지지가 높아지자, 이전까지 장벽 건설을 '포퓰리즘'이라고 일축했던 샤론은 국내의 거센 압력에 굴복했다. 2002년 6월 그의 내각은 장벽 건설을 공식 승인했고, 이듬해 공사가 시작되었다.

장벽이 높아지면서 2002년 53건에 달했던 자살 폭탄 테러는 2009년이 되자 0건으로 감소했다. 이스라엘 당국에 따르면 이는 장벽이 매우 효과적이라는 분명한 증거다. 이스라엘 정부는 이 장벽이 수백 건의 테러 공격을 예방했다고 주장하지만, 분석가들은 자살 폭탄 테러가 급격히 감소한 것은 장벽 건설뿐만 아니라 2002년 서안지구에 대한 이스라엘 방위군의 군사 공세, 2차 인티파다 종료 후 팔레스타인 자치정부와의 긴밀한 안보 협력 등 여러 요인이 복합적으로 작용한 결과라고 판단한다. 그러나 분리 장벽 건설이 시작된 이후 테러 공격으로 사망한 이스라엘인의 수가 감소했다는 단순한 사실은 대다수 이스라엘인에게 분리 장벽이 안보에 도움이 된다는 확신을 심어주었고, 이러한 생각은 오늘날까지도 지속되고 있다(단, 장벽 건설에 반대해 온 서안지구의 이스라엘 정착민들은 예외다).

반면, 팔레스타인인은 장벽이 자신들의 땅과 생계를 빼앗아 간다고 여긴다. 이스라엘인은 분리 장벽을 안보와 연결하는 데에만 집중할 뿐 장벽의 실제 위치(분리 장벽이 아직 완공되지 않았다는 사실조차 모르는 사람도 많다)나 장벽이 팔레스타인 사람들에게 미치는 영향에 관해서는 관심을 기울이지 않는다. 반면, 팔레스타인인은 (이스라엘이 지닌 안보 우려를 이해하는 사람들조차) 장벽이 세워지는 위치와 이로 인한 피해를 강조한다. 이스라엘 내부, 혹은 그린라인을 따라 장벽을 건설할 수 있었음에도, 장벽 경로의 약 85%가 서안지구를 통과하도록 건설했다는 것이다. 따라서 팔레스타인은 장벽 건설의 원래 동기가 테러에 대한 두려움이었다 할지라도 그 위치는 이스라엘의 영토 야망에 의해 결정되었다고 주장한다.

팔레스타인 사람들이 이 장벽을 토지 강탈로 보는 이유는 길고 구불구불한 장벽의 지도만 봐도 알 수 있다. 일부 구간의 경우 장벽이 이스라엘 쪽에 있는 수십 개의 정착촌을 포함하기 위해 서안지구 안쪽까지 깊숙이 순환하는데, 이는 이스라엘 정착촌을 염두에 두고 만들어진 것이 분명하다. 이스라엘 정부는 그린라인 근처의 대규모 정착촌을 중심으로 장벽을 건설함으로써 향후 정착촌을 합병할 수 있는 토대를 마련했다. 계획한 대로 건설이 모두 완료되면 서안지구의 거의 10%에 해당하는 약 520 제곱킬로미터의 땅이 이스라엘 쪽으로 넘어가 서안지구의 나머지 부분과 단절될 것이다. 장벽과 그린라인 사이에 있는 이 넓은 구역(이스라엘은 공식적으로 이곳을 '이음새 지대seam zone'라고 부른다)에는 이스라엘 정착촌 71곳과 팔레스타인 마을 32곳이 있다. 팔레스타인 사람들은 이스라엘이 이 지역을 합병하기를 원한다고 믿고 있으며 이스라엘 정책 입안자들도 이를 공개적으로 인정했기 때문에, 분리 장벽 건설을 미래의 이스라엘 국가를 위해 땅을 빼앗으려는 시도로 인식한다. 장벽의 위치가 이스라엘의 영토 확장 욕구에 의해 결정되었다는 팔레스타인의 주장을 받아들이는 것과 별개로, 장벽의 경로를 결정하는 고려 사항이 안보 문제뿐이라는 이스라엘 정부의 주장은 말이 되지 않는다. 실제로 이스라엘 고등법원에서도 이러한 주장을 기각한 바 있다. 결국 장벽의 경로는 이스라엘의 안보적 필요와 영토 야망, 그리고 인구 통계상의 문제, 즉 장벽 안쪽에 가장 많은 수의 유대인과 가장 적은 수의 팔레스타인인을 포함하기 위해 결정되었을 가능성이 크다.

분리 장벽의 존재 이유와 경로가 어떠하든 장벽이 팔레스타인 사람들에게 부정적인 영향을 미친다는 점에는 논란의 여지가 없다. 하지만 이스라엘은 장벽의 영향을 받는 팔레스타인 지역 사회의 피해를 최소화하기 위해 노력해 왔고, 장벽의 경로를 변경하라는 이스라엘 고등법원의 판결에 따라 이를 수정했다고 주장한다. 분리 장벽은 많은 팔레스타인인, 특히 장벽 양쪽에 사는 사람들의 삶을 훨씬 더 어렵게 만들었다. 예를 들어 팔레스타인 농부는 이스라엘 당국의 특별 허가를 받아야 장벽 너머에 있는 밭에서 일할 수 있는데, 허가가 하루 중 특정 시간이나 특정 시기(예를 들어 올리브 수확기)로 제한되는 경우가 많으므로 땅을 경작하거나 특정 작물을 재배하는 것이 어려워졌다. 장벽 근처 마을에 거주하는 약 1만 1000명의 팔레스타인인 역시 장벽의 이스라엘 쪽에 발이 묶여 반대편에 있는 가족 및 친구들과 단절되었다(가족을 방문하는 데도 허가가 필요하다). 장벽으로 인해 심각한 영향을 받는 것은 이들만이 아니다. 서안지구 북부의 칼킬리아시에 거주하는 5만여 명의 팔레스타인 주민은 삼면이 장벽으로 둘러싸였고, 단 한 곳의 이스라엘 방위군 검문소를 통해서만 도시를 출입할 수 있다. 경제적 타격도 있다. 예루살렘 인근에 있는 팔레스타인 마을의 경우, 예루살렘(동예루살렘의 전부는 아니지만 대부분 포함)을 둘러싸고 장벽이 세워지는 바람에 예전의 고객 및 거래처와 단절되어 경제적으로 큰 피해를 보고 있다. 분리 장벽의 이스라엘 쪽에 거주하는 동예루살렘의 팔레스타인 사람들은 서안지구와 사실상 단절된 상태다. 마찬가지로 장벽 바깥쪽 동예루살렘 지역에 거주하는 팔레스타인인 역시 공공 서비스가 중단된 데다 이스라엘 경찰이 더 이상 이 지역의 치안을 관리하지 않기 때문에 도시가 지저분하고 범죄가 만연한 슬럼가로 변하면서 힘겨운 삶을 살고 있다. 장기적인 관점에서도 장벽은 동예루살렘의 대부분을 서안지구와 단절시킴으로써 동예루살렘이 언젠가 팔레스타인 국가의 수도가 될 가능성을 약화했고, 이에 따라 팔레스타인 사람들의 민족주의적 열망을 좌절시키고 있다.

2004년 7월, 유엔 총회의 요청에 따라 국제사법재판소는 국제법에 근거한 서안지구 장벽의 적법성에 관한 자문 의견(구속력이 없는 판결)을 발표했다. 재판소는 이스라엘의 안보 우려를 인정하면서도 서안지구 내에 장벽을 건설하는 것은 국제법에 위배된다고 선언했다(반면 이스라엘 고등법원은 장벽이 서안지구 안에 건설되더라도 합법적이라고 판결한 바 있다). 또한 장벽의 위치가 팔레스타인 주민의 토지를 불법적으로 몰수하는 결과를 초래했고, 팔레스타인 주민에게 불필요한 고통을 안겨줬다고 판단했다. 마지막으로 이스라엘에 장벽 건설을 중단하고, 서안지구 내에 이미 건설된 구간은 철거하며, 장벽 건설로 인해 손해를 입은 팔레스타인 주민들에게 보상을 지급할 것을 촉구했다. 이는 팔레스타인의 법적, 외교적 승리이자 이스라엘을 향한 따끔한 질책이었지만 15년이 지난 지금도 분리 장벽은 여전히 존재한다(분리 장벽에 반대하는 팔레스타인 주도의 비폭력 풀뿌리 항의 운동은 여전히 계속되고 있다). 따라서 서안지구 분리 장벽이 일시적일 뿐이라고 이야기하는 이스라엘의 주장과 달리, 분리 장벽은 영구화될 것으로 보인다.

서안지구에 이스라엘 정착촌이 있는 이유는 무엇이며, 이스라엘인들은 왜 그곳에 살기로 선택했을까?

1967년 5월, 당시 요르단 통제하에 있던 서안지구에는 이스라엘 시민이 단 한 명도 살지 않았다. 그러나 50년이 지난 오늘날 이 지역에는 약 40만 명의 이스라엘인이 100여 개의 민간인 공동체, 즉 '정착촌'에 거주한다(동예루살렘의 유대인 '마을'에는 20만 명 정도가 더 거주한다). 정착촌은 몇 가구가 모여 사는 작은 트레일러 단지부터 초록색 잔디에 붉은 지붕이 있는 주택, 혹은 아파트 단지에 수만 명이 모여 사는 거대한 도시까지 다양하다('정착촌'이라는 용어는 허름한 집 몇 채로 이루어진 듯한 이미지를 연상시키지만, 이는 사실과 다르다. 이 용어에 오해의 소지가 있는 이유다). 1967년 전쟁에서 이스라엘이 서안지구를 정복한 이후 이 지역에 이스라엘 정착민 인구가 급증했고 영토 전체로 정착촌이 확산되었다. 이른바 이스라엘의 서안지구 식민지화라 할 수 있다. 이는 의심할 여지 없이 지난 50년간 이스라엘-팔레스타인 분쟁에서 가장 중대한 영향을 끼쳤고 논란을 초래한 주제 중 하나였다. 이 사안은 팔레스타인의 저항과 국제적 비난은 물론, 국내외 이스라엘인 사이에서도 격렬한 논쟁을(심지어 폭력까지) 불러일으켰으며, 이스라엘-팔레스타인 갈등으로 불거진 다른 어떤 문제보다 큰 관심을 받아왔다(이 때문에 일부 사람들은 정착촌 자체가 분쟁의 원인이라고 잘못 생각하기도 한다).

서안지구의 이스라엘 정착촌은 수적으로나 지리적으로 계속해서 늘어났고, 이러한 추세는 바뀔 기미가 없다. 팔레스타인의 반대와 국제사회의 지속적인 비판에도 불구하고 정착촌은 지난 반세기 동안 누가 이스라엘의 정권을 잡든 확대되었다. 이스라엘이 서안지구를 장악하고 1년이 지난 1968년만 해도 이 지역의 이스라엘인은 5곳의 정착촌에 사는 250명이 전부였지만, 1967년 전쟁 10년 후인 1977년이 되자 1900명의 정착민이 38개의 정착촌에 거주했고, 다시 10년 후인 1987년에는 118개의 정착촌에 4만 9000명에 달하는 이스라엘인이 자리를 잡았다. 1997년에는 정착민 인구가 약 15만 명으로 3배 증가했고, 2007년이 되자 약 28만 명으로 늘어났다. 그리고 2017년에는 약 40만 명이 130개의 공식 정착촌(이스라엘 정부의 허가를 받지 않은 소규모 신생 정착촌 약 100개를 포함한 수치. 이 중 상당수가 팔레스타인인 개인 소유의 토지에 건설되었음에도 불구하고 소급 승인되었다)에 거주하는 것으로 알려졌다.

이런 일이 일어난 이유는 무엇일까? 가장 일반적인 설명은 이스라엘 유대인 인구 중 소수를 차지하는 종교적 근본주의자들에게 책임을 돌리는 것이다. 1967년 '6일 전쟁'에서 이스라엘이 기적적으로 승리한 이후, 이들은 그전까지 미미했던 종교적 관점에서의 시온주의('랍비 즈비 예후다 쿡'이 주도적으로 설파했다)를 열렬히 받아들였다. 이에 따르면 이스라엘 땅 전체는 하나님이 유대 민족에게 주신 소유물로, 누구에게도 양도할 수 없고 영원히 지켜야 한다. 추종자들은 '유대와 사마리아'(성경에 등장하는 서안지구의 명칭) 지역에 정착하는 것을 신의 뜻으로 받아들였는데, 이는 유대인의 지배를 보장하는 수단이 아니라 종교적 구원을 위한 신의 인도 과정의 일부였다. 이념적 확신과 종교적 헌신을 장착한 초기 시온주의자들은 할 수 있는 모든 방법(시민 불복종, 협박, 폭력 등)을 동원해 서안지구에 정착촌을 세웠다. 그 과정에서 이스라엘 정부의 눈치를 살피는 일도 없었다. 1968년 랍비 모셰 레빈저의 주도로 헤브론(1948년 이전부터 유대인 공동체가 있었던 곳으로, 유대인에게 종교적 의미를 지닌 성스러운 곳이다)에 정착촌이 세워졌고, 몇 년 후에는 도시 외곽에도 키랴트 아르바Kiryat Arba 정착촌이 세워졌다. 1974년에는 종교적 민족주의 운동가들이 구쉬 에무님Gush Emunim('신자들의 구역'이라는 의미)을 결성해, 서안지구 중심부에 정착촌을 건설하도록 이스라엘 정부에 압박을 가했다. 이는 전년도에 일어난 '욤 키푸르 전쟁'의 충격과, 이스라엘 정부가 평화 협정을 맺기 위해 '해방된 영토'를 넘겨줄지도 모른다는 (시온주의자들의) 우려 때문이었다. 결국 서안지구에서 이스라엘 정착촌이 확장된 주된 이유는 종교적 열정과 정치적 의도 때문이었으며, 시온주의자들이 이스라엘 정부에 로비하고 압력을 가하고 조종함으로써 이 모든 것이 이루어졌다 하겠다.

시온주의자들은 과거에도 그랬지만 지금도 여전히 이스라엘 정착촌 사업의 선봉에 서 있다. 이스라엘 지도자들은 강력한 정치 세력인 정착민과 협력하면서도 이들의 도전을 경계해 왔다. 하지만 정착민 운동이 아무리 강력하다 할지라도 국가와 대적할 수는 없는 일이다. 이들은 정부에 맞서 단독으로 자신들의 뜻을 관철하려 하기보다는 정부와 협력하여 활동했다. 간혹 정부(특히 중도 좌파 정당이 이끄는 정부)와 갈등을 빚는 일도 있긴 했지만, (특히 리쿠드 주도의 정부와) 협력하며 그들의 바람을 실행하는 경우가 훨씬 많았다. 정착촌 해체와 철수를 둘러싸고 정착민과 이스라엘 정부 사이에 큰 충돌이 있었던 적도 있었다. 대표적인 사례로는 1982년 이스라엘과 이집트의 평화 협정에 따라 시나이사막에 세워진 이스라엘 정착촌이 철거되고, 2005년 이스라엘의 일방적인 '분리' 정책에 의해 가자지구의 정착촌이 파괴된 경우를 들 수 있다.

이스라엘이 서안지구에 정착촌을 건설한 것이 단순히 국내 사회운동, 정치적 로비에 의한 압박 때문만은 아니다. 1967년 이후 역대 이스라엘 정부는 다양한 이유로 정착촌 건설을 지지했다. 이스라엘의 주요 정당인 노동당과 리쿠드당 모두 목적은 달랐지만 서안지구 정착촌 건설을 지지해 왔다. 1967년 전쟁이 끝난 직후 예루살렘 남쪽 지역에 이스라엘 최초의 정착촌인 크파르 에치온이 세워진 것은 노동당(당시에는 마파이당) 집권 시기였다(1947년 전쟁으로 파괴되기 전까지 존재한 같은 이름의 유대인 공동체를 기념해 정착촌의 명칭과 위치가 정해졌다). 이후 1967년부터 1977년까지 이어진 노동당 통치 10년 동안 20여 개의 정착촌이 만들어졌는데, 대부분 침략군에 대한 1차 방어선으로서 서안지구의 요르단강 계곡을 따라 건설되었다(이 정착촌은 이스라엘 군인들이 농부와 경비병으로 일하는 소규모 농업 공동체가 되었다). 서안지구 정착촌에 대한 노동당의 정책은 1967년 7월 내각 위원이자 장관급 정착민 위원회Ministerial Committee on Settlements 위원장이었던 이갈 알론의 계획에 따라 비공식적으로 진행되었다. '알론 계획'은 기본적으로 정착촌 건설을 방어 조치로 간주했다. 그리고 아랍의 공격으로부터 보호하기 위해 팔레스타인 사람들이 드물게 거주하는 지역 중 전략적 위치에 소규모 정착촌을 건설할 것을 지시했다. 평화 협정을 체결하는 대가로 서안지구의 (전부는 아니지만) 대부분이 요르단에 반환될 것이라는 가정을 전제로 한 계획이었다.

정착촌 건설은 노동당에서 시작했지만, 1977년 리쿠드당이 집권하자 정착촌 사업은 급격히 활기를 띠기 시작했다. 새로운 정착촌을 건설하고 기존의 정착촌을 확장했으며 정착민 수도 급격히 증가했다. 노동당 정부 시절 향후 요르단과의 영토 타협을 염두에 두고 제한적으로 정착촌을 설계했던 것과는 달리, 1970년대 말과 1980년대 초 이스라엘 정부의 정착촌 정책은 영토 타협을 막기 위해 만들어졌다. 1981년 정부의 공식 정착촌 계획에서 공개적으로 명시한 바와 같이, 이스라엘 정부는 "서안지구를 포기하지 않겠다는 우리의 계획을 확실히 하고자" 유대인 정착민 수를 늘리고 이를 서안지구 전역으로 확장하는 것을 목표로 삼았다. 그 결과 메나헴 베긴 총리(1977~1983) 시절 서안지구 중심부에 수십 개의 정착촌을 건설했으며, 그중 일부는 의도적으로 팔레스타인 도시 사이에 배치했다. 베긴 정부의 의도는 서안지구가 영원히 이스라엘의 소유로 남고 그곳에 팔레스타인 국가가 세워질 수 없도록 하는 것이었다. 이후 1980년대 말과 1990년대 초, 이츠하크 샤미르 총리가 이끄는 리쿠드 정부 역시 비슷한 정책을 따랐다.

1992년 선거로 노동당이 재집권하고 1993년에는 오슬로 평화 프로세스가 시작되면서 새로운 정착촌 건설은 오랫동안 중단되었다(그러나 기존의 정착촌을 확장하는 사업은 평화 프로세스 기간과 그 이후에도 계속되었다). 2017년까지 20년이 넘는 기간 동안 서안지구에 새로운 이스라엘 정착촌이 건설되지 않은 주된 이유는 미국의 압력 때문이었지만, 그럼에도 불구하고 이스라엘 정착민 수는 계속해서 증가하고 있다. 이스라엘 중앙통계청에 따르면, 지난 20년 동안 서안지구의 이스라엘 정착민 인구는 이스라엘 전체의 인구 증가율보다 매해 훨씬 빠른 속도로 증가해 왔다(오늘날 정착민의 연간 증가율은 과거에 비해 현저히 둔화하였다. 이는 정착민 수가 증가한 주 원인이 이스라엘에서의 이주가 아니라 현지 출생으로 인한 '자연 증가'이기 때문이다). 이렇듯 이스라엘 정착민이 계속해서 증가했다는 사실은 이들이 왜 서안지구 정착촌에 살고 있는지에 대한 의문으로 이어진다.

정착민(정착촌에서 태어나고 자란 사람은 제외)들이 이곳으로 이주한 개인적인 이유는 정착민의 수만큼이나 다양할 것이다. 2018년에는 총 43만 명의 이스라엘 유대인이 서안지구에 거주했던 것으로 추산되는데, 이는 이스라엘 전체 유대인 650만 명의 약 7%(서안지구 전체 인구의 약 15%)에 해당한다. 이들의 구성은 사람들이 생각하는 것보다 훨씬 다양하다. 일반적으로 정착민이라고 하면 종교적, 민족주의적 신념에 따라 신이 유대인에게 주었다고 믿는 땅을 모두 되찾거나, 혹은 수천 년의 유대 역사가 깃들어 있고 성지(헤브론의 족장 동굴, 나블루스의 요셉 무덤, 베들레헴의 라헬 무덤 등)로 가득한 곳에 살고 싶어 하는 유대인 열성주의자의 이미지를 떠올리기 쉽다. 분명 서안지구의 정착민 중에는 시온주의와 같은 종교적 신념으로 인해 이곳에 정착해 사는 사람들도 많다. 흔히 '민족주의-종교적 정착민'이라고 불리는 이념적 정착민은 일반적으로 서안지구 안쪽 깊숙한 곳에 있는 소규모 정착촌에 살고 있다. 서안지구 장벽 너머에 거주하는 10만여 명의 정착민 중 대다수를 차지하는 이들은 존재감을 드러내고 목소리를 내는 소수이긴 하지만 전체 정착민 중 약 4분의 1에 불과하다.

이들을 제외하면 대부분의 서안지구 유대인 정착민은 이념적 이유보다는 경제적 이유로 그곳에 살고 있다. 그중에는 철저한 세속주의자(특히 구소련에서 이스라엘로 이주한 후 서안지구로 이주한 유대인)도 있고, 극도로 종교적인 유대인(초정통주의자 등)도 있다. 그러나 이들이 서안지구에 거주하는 이유는 일반적으로 정착촌의 주택 가격이 상대적으로 저렴하면서도 삶의 질이 더 좋기 때문이다. 특히 초정통주의 가정(한 가정당 평균 6.9명의 자녀를 두고 있다)의 경우 저렴한 주택이 더욱 절실하게 필요한데, 이스라엘에는 주택이 턱없이 부족하기 때문에 최근 몇 년 동안 서안지구의 초정통주의 유대인 전용 정착촌으로 이주하는 유대인이 늘고 있다. 오늘날 가장 빠르게 성장하고 인구 밀도가 높은 두 개의 정착촌은 그린라인 근처에 있는 모딘 일리트와 베이타 일리트라는 초정통주의 도시다. 총 인구가 약 12만 5000명 정도 되는 이 두 도시에는 현재 서안지구 전체 정착민 인구의 거의 30%가 살고 있다. (초정통주의자가 아닌) 경제적 이유 또는 '삶의 질'을 이유로 이곳으로 이주한 정착민들은 일반적으로 그린라인과 가까운 위치에 모여 있는 대규모 교외형 정착촌에 거주하며, 이들을 위해 특별히 건설한 도로를 통해 이스라엘 안으로 빠르고 쉽게 출퇴근한다(서안지구에 거주하는 이스라엘 성인의 대다수는 이스라엘에서 일한다). 예를 들어, 약 4만 명이 거주하는 도시형 정착촌인 마알레 아두밈은 예루살렘에서 동쪽으로 불과 몇 킬로미터 떨어진 곳에 있다.

서안지구 이스라엘 정착촌의 주택 가격이 저렴하고 삶의 질이 높은 이유는 이스라엘 정부가 정착촌과 정착민에게 막대한 재정을 지원하기 때문이다(주로 미국에 기반을 둔 해외 기부자와 유대인 자선 단체, 기독교 복음주의 단체도 서안지구의 유대인 정착촌을 재정적으로 지원하지만, 이스라엘 정부에 비하면 훨씬 적은 금액이다). 이스라엘 정부가 서안지구 정착민과 정착촌에 지출한 금액을 1인당 비용으로 환산해 보면, 이스라엘 내 다른 지역사회와 이스라엘인에게 지출한 금액보다 훨씬 크다(예를 들어, 1990년대에 정착촌 행정 자치 단체는 그린라인 안쪽에 있는 다른 지역보다 약 9억 달러나 많은 추가 자금을 받은 것으로 보인다). 서안지구 정착민들은 주택담보 대출 보조금, 세금 감면, 특별 교통수단, 교육 혜택 등 다른 이스라엘인들에게는 제공되지 않는 다양한 정부 혜택을 받는다. 정착촌의 학교 역시 이스라엘의 학교보다 더 많은 정부 지원을 받고 있으며, 교사의 급여도 더 많다.

정착촌에 대한 이스라엘 정부의 막대한 투자와 혜택은 이스라엘 유대인들이 정착촌으로 이주하도록 장려하기 위한 것이다. 이러한 자금 지원은 정치인들이 정착민 로비 단체의 지지를 얻을 수 있는 쉬운 방법이었고, 또한 정착민 집단에 기반을 둔 소규모 정당(유대가정당Jewish Home Party 등)에 의존해 온 취약한 이스라엘 연립 정부가 생존할 수 있는 수단이기도 했다. 한편, 비긴 정부(1970년대 말부터 1980년대 초까지 집권했다) 이래로, 이스라엘의 정책 입안자들은 서안지구 정착촌이 이념적 정착민으로만 채워져서는 성공할 수 없다는 사실을 깨달았다. 따라서 이스라엘 정부는 일반 이스라엘인들이 서안지구에 거주하도록 유도하기 위해 재정적 인센티브를 제공했다. 이것이 오늘날 많은 사람이 서안지구에 살고 있는 이유다. 이스라엘 정부(좌파와 우파 모두)의 의지가 없었다면 서안지구에 이스라엘 정착촌이 존재하지 않았을 것처럼, 정부의 적극적인 지원(이

스라엘 군대의 보호는 말할 것도 없고)이 없었다면 유대인 정착민 인구의 경

이적인 증가는 일어나지 않았을 것이다.

이스라엘 정착촌이 논란이 되는 이유는 무엇인가?

이제까지 정착촌 문제가 논란이 되지 않았던 시기는 없었지만, 최근 몇 년 사이 이 문제는 이스라엘-팔레스타인 분쟁의 다른 어떤 이슈보다 큰 관심을 끌며 논란의 중심에 자리했다. 유럽과 미국에서는 서안지구 정착촌에서 생산된 제품(서안지구 내 이스라엘 산업단지에 있는 공장에서 생산된 제품 포함)에 대한 소비자 보이콧을 촉구하는 풀뿌리 캠페인이 있다. 이 캠페인은 모든 이스라엘 제품과 기관에 대한 전면적인 보이콧을 요구하는 국제적인 BDS 운동(보이콧Boycott , 투자 철회Divestment 및 제재 Sanctions의 약자)과는 다르다. 2015년에는 이스라엘의 최대 무역 파트너인 유럽연합이 회원국에 이스라엘 정착촌에서 수입되는 제품에 정착촌 제품임을 명확히 표시하도록 지시함으로써, 유럽 소비자들이 이스라엘 내에서 생산된 제품과 정착촌에서 생산된 제품을 구분할 수 있도록 했다. 2017년에는 정착촌 제품에만 관세를 부과하기도 했다(1992년 이스라엘과 EU 간의 자유무역협정에 따라 이스라엘에서 생산된 제품은 유럽에 무관세로 수출된다). 반면, 미국에서는 다수의 주 의회에서 정착촌 제품을 포함한 모든 종류의 이스라엘 보이콧을 금지하고 이를 어길 경우 처벌하는 내용의 법안을 발의했다. 그러자 이스라엘 정착촌에 대한 논란이 점화되었고, 이 법안이 미국 수정헌법 제1조(언론의 자유 등)를 침해하는 것으로 간주한 시민 자유 단체에서 강한 반대를 표명했다. 대학 캠퍼스에서는 이스라엘의 서안지구 점령으로 이익을 얻고 있다는 비난을 받는 캐터필러Caterpillar, 휴렛팩커드Hewlett-Packard, 모토로라Motorola와 같은 다국적 기업의 학내 투자 철회를 요구하는 학생 투표도 실시되었는데, 이는 친팔레스타인 학생과 친이스라엘 학생 사이에서 이스라엘 정착민에 대한 격렬한 논쟁을 야기했다.

이스라엘 정착촌은 이스라엘인들 사이에서도 논쟁의 여지가 많은 문제다. 일부 좌파 이스라엘인은 서안지구 정착촌을 방문하거나 그곳에서 생산된 제품을 구매하는 것을 거부하는 정도지만, 일부는 이러한 보이콧을 공개적으로 옹호해 소송 위기에 처해 있기도 하다(2017년 크네세트에서 통과된 법으로 인해). 오랫동안 이스라엘 국민은 서안지구 정착촌 사업을 지지하는 쪽과 반대하는 쪽으로 나뉘어 있었다. 예를 들어 2017년에 실시한 여론조사에서는 정부의 서안지구 정착촌 건설 정책이 '이스라엘의 국익 측면에서 현명하다'고 생각하는 응답자와 '그렇지 않다'고 생각하는 응답자가 정확히 반으로 갈렸다(양쪽 모두 46%였다). 또한 이스라엘이 서안지구에 정착촌 건설을 확대해야 하는지에 대해서도 의견이 엇갈렸으며(찬성 40%, 반대 55%), 마찬가지로 팔레스타인과의 평화 협정의 일환으로 서안지구 정착촌을 해체해야 하는지에 대해서도 이스라엘인의 약 절반은 이를 지지하고 나머지 절반은 반대했다(이 수치는 상황 변화에 따라 약간씩 변동이 있다).

이스라엘 정착촌이 논란이 되는 데에는 여러 가지 이유가 있다. 그중에는 정착촌 자체와는 큰 관련이 없는 사항도 있고, 지역에 따라 논란의 이유가 다른 경우도 있다. 예를 들어 정착촌과 정착민에 대한 이스라엘인의 비판은 유럽인이나 미국인이 이를 비판하는 논점과 다르다. 이들이 우려하는 것은 정착촌을 건설하고 보호하는 데 드는 비용 문제와, 극단주의 성향을 지닌 정착민들이 이스라엘 방위군 및 이스라엘 민주주의에 가하는 위협이다. 반면, 이스라엘 정착촌에 대한 국제 사회의 비판은 크게 세 가지로 나뉘는데, 이는 정착촌이 (1)국제법상 불법이고, (2)팔레스타인 사람들에게 해가 되며, (3)이스라엘과 팔레스타인 사이의 '평화를 방해하는 장애물'이라는 것이다. 이 외에도 오랜 세월을 거치며 다양한 비판과 비난이 제기되었지만, 위의 세 가지는 정착촌에 대한 오랜 국제적 논란의 중심에 있는 문제들이기 때문에 자세히 살펴볼 필요가 있다.

우선, 이스라엘 정착촌이 국제법을 위반한다는 주장은 국제 사회에서 널리 받아들여지는 내용으로, 유엔, 국제사법재판소, 전 세계 거의 모든 국가, 그리고 대다수의 법률 전문가는 이스라엘 정착촌이 4차 제네바 협약(특히 제49조 6항)을 위반하는 사실상 전쟁 범죄에 해당하는 것으로 간주한다. 이에 대해 이스라엘 정부와 소수의 법률 전문가는 이스라엘은 서안지구 점령군이 아니기 때문에(이 지역은 이전에 합법적인 주권자가 없었으므로) 제네바 협약이 적용되지 않으며, 설령 제네바 협약을 적용한다 하더라도 이 조항은 (나치 독일이 자행한 대규모 추방과 같은) 강제적인 인구 이동을 금지하는 것이지 이스라엘 정착민처럼 자발적인 이주와는 무관하다고 주장한다.

이스라엘 정착촌의 합법성을 둘러싼 논쟁은 지금도 여전히 지속되지만, 합법성 여부가 논란의 근원은 아니다. 만약 그렇다면 골란고원의 이스라엘 정착촌도 국제적인 비판을 받아야 하지만 그렇지 않기 때문이다(이스라엘은 1967년 전쟁에서 골란고원을 점령하고 1981년에 이 지역을 공식 합병했다. 그러나 유엔과 전 세계 대부분은 여전히 이곳을 점령지로 간주하며, 그곳에 있는 이스라엘 정착촌 역시 서안지구의 정착촌과 마찬가지로 불법으로 여긴다). 이스라엘이 서안지구 정착촌에 주택 건설 계획을 발표할 때마다 일어나는 소란은 골란고원 정착촌에서는 남의 일이며, 이곳은 대중의 관심을 받지 못할 뿐 아니라 국제 사회에서도 별다른 시선을 끌지 못한다. 이러한 불일치가 일어나는 주된 이유는 서안지구의 정착촌 규모가 골란고원에 비해 훨씬 크기 때문이다(골란고원 정착촌은 34개의 마을로 이루어져 있으며, 대부분 소규모 농업에 종사하는 2만~2만 5000명의 이스라엘 정착민이 거주한다). 즉, 정착촌 문제는 정착촌이 국제법상 불법이라는 사실 외에도 그 규모 때문에 논란이 된다는 의미다. 또한 2011년부터 시리아가 전쟁에 휩싸여 있다는 사실도 이 문제에 관한 논쟁을 일으키는 주된 원인이다.

서안지구 정착촌을 비판하는 사람들은 이 문제가 팔레스타인인과, 이스라엘-팔레스타인 평화 프로세스, 그리고 평화의 가능성에 미칠 실질적인 영향을 우려한다. 비판론자들은 이스라엘의 정착촌 건설이 서안지구에 거주하는 팔레스타인인에게 심각한 피해를 준다고 주장한다. 팔레스타인 토지를 수용해 정착촌을 건설하는 경우가 많은 데다, 심지어 개인의 토지를 수용하는 경우도 있기 때문이다. 정착촌 건설을 위해 토지를 빼앗는 게 다가 아니다(이스라엘은 서안지구의 40%가 넘는 토지를 향후 정착촌 확장을 위해 미리 확보해 놓았다). 이스라엘은 정착촌과 이스라엘, 그리고 정착촌들 사이를 연결하는 광범위한 도로망을 건설하기 위해 서안지구 토지를 추가로 수용했는데, 이 도로는 팔레스타인 운전자에게 통행이 금지되어 있다. 비판론자들은 정착촌이 팔레스타인 사람들을 쫓아내고 강제 이주시켰을 뿐만 아니라 일상생활을 더욱 어렵게 만든다고 이야기한다. 예를 들어, 이스라엘 정부와 그 지지자들은 서안지구 곳곳에 설치된 이스라엘 방위군 검문소가 테러 공격으로부터 정착민들을 보호하기 위한 것이라고 주장하지만, 검문소는 팔레스타인인의 이동의 자유를 제한하고 상업 활동을 방해한다. 이스라엘 방위군 역시 팔레스타인인으로부터 정착민을 보호할지는 모르지만, 팔레스타인인을 정착민으로부터 보호하는 데는 도움이 되지 않는다. 서안지구 중심부에 거주하는 극단주의 정착민들은 이웃 팔레스타인인들을 상대로 폭력과 협박을 일삼으며, 때로는 (이런저런 이유로 제지하기를 꺼리는) 이스라엘 군인들이 지켜보는 중에도 이런 일을 저지른다. 무장한 상태에서 팔레스타인인을 폭행하고, 밭을 불태우고, 올리브 나무를 뽑아버리는 극단주의 정착민들에 대한 보고는 무수히 많다. '언덕 위의 청년들hilltop youth'은 정착촌에서 태어나고 자란 후 이곳에 무허가 '전초기지'를 세운 과격한 성향의 젊은 세대 정착민들이 만든 단체다. 이들을 포함해 일부 극단적인 정착민들은 이스라엘 정부의 정착촌 및 전초기지 정책이 그들의 뜻과 다른 경우 이를 무력화하기 위해 팔레스타인인을 표적으로 삼아 '가격표Price Tag' 전략(정착촌 사업과 관련해 취해진 모든 조치에 대해 팔레스타인인에게 그 대가를 부과하는 것을 목표로 한 과격 행위 – 옮긴이)을 수행한다. 이 전략은 벽면 낙서 및 기물 파손 행위부터 팔레스타인인을 물리적으로 폭행하고 집에 방화를 하는 것까지 다양하다.

이러한 일들은 서안지구의 팔레스타인인, 특히 정착촌 근처에 사는 팔레스타인인들이 정착촌(정착민)으로 인해 어떤 피해를 입고 있는지 보여주는 극적인 예에 불과하다. 비판론자들은 정착촌이 팔레스타인 인권을 침해하는 많은 사건의 원인이라고 비난한다. 2013년 유엔 인권이사회 보고서에서는 다음과 같은 결론을 내렸다.

> **정착촌의 존재는 팔레스타인 사람들의 권리에 큰 타격을 입혔다. 자결self-determination의 자유, 차별 금지, 이동의 자유, 평등, 정당한 법적 절차, 공정한 재판, 자의적 구금 금지, 신체의 자유와 안전, 표현의 자유, 예배 장소에 대한 접근권, 교육, 물, 주거, 적절한 생활 수준, 재산권, 천연자원 접근 및 문제 사항 개선에 대한 이들의 권리는 지속적으로, 그리고 일상적으로 침해당하고 있다.**

그러나 이스라엘 정부와 대부분의 이스라엘인은 이러한 주장을 일축하는데, 특히 유엔 인권이사회에서 이러한 주장을 제기하는 경우에는 더욱 그러하다. 이스라엘은 유엔 인권이사회가 이스라엘에 유독 부정적인 시각(다른 나라의 영토를 점령하고 정착촌을 건설한 중국이나 러시아는 비판하지 않으면서 이스라엘에만 지나친 관심을 기울인다고 생각한다)을 가지고 있으며, 위선적(인권이사회 회원국 중에도 매우 심각한 인권 침해 국가가 있다)이라고 생각한다. 이스라엘 정착촌을 지지하는 사람들은 팔레스타인 사람들이 정착촌 덕분에 경제적 이익을 얻고 있다고 말한다(팔레스타인인 중에는 정착촌에서 일하거나 심지어 정착촌 건설 현장에서 일한 사람도 있다). 또한 정착민과 현지 팔레스타인인 사이의 관계가 국제 언론이 묘사하는 것보다 훨씬 좋다고도 주장한다. 그러나 정착민과 팔레스타인 사람들이 같은 곳에서 쇼핑하고 일부 지역에서는 함께 일하기도 한다는 이들의 주장 뒤에는, 팔레스타인인은 공식 허가가 없으면 정착촌에 들어가지도 못한다는 사실이 생략되어 있다.

　이스라엘 정착촌에 대해 가장 널리 알려진 비판이자 가장 격렬한 논쟁은 이것이 이스라엘과 팔레스타인 사이의 평화를 가로막는 장애물이라는 인식이다. 이스라엘의 가장 가까운 동맹국인 미국 정부조차 카터 행정부 시절부터 이스라엘 정착촌을 (공식적으로 '불법'이라 칭하지는 않았지만) '평화의 장애물'이라고 비판해 왔다. 오바마 행정부 역시 이스라엘의 정착촌 건설을 공개적으로 비판했는데, 이는 미국 내에서 논쟁을 불러일으켰고 네타냐후 정부와의 긴장을 유발하는 결과를 초래했다. 오바마 대통령은 임기 초기인 2009년에는 팔레스타인과의 평화 프로세스를 재개하기 위해 네타냐후 총리를 압박해 서안지구(동예루살렘 제외)의 정착촌 확장을 10개월간 동결하도록 했고, 임기 말기인 2016년 12월에는 이스라엘 정착촌을 규탄하는 유엔 안보리 결의안(2334호)에 거부권을 행사하지 않았다(미국은 찬성이 아닌 기권 표를 던졌지만, 안보리 상임이사국인 미국이 거부권을 행사하면 다른 이사국이 모두 찬성하더라도 결의안이 무산되기 때문에 이는 큰 의미가 있는 사건이었다 - 옮긴이). 2017년 1월에는 이제 막 취임한 트럼프 대통령조차 이스라엘의 정착촌 확장은 평화 증진에 '도움이 되지 않을 수 있다'라고 말했다(당시 이스라엘 주재 미국 대사인 데이비드 프리드먼은 서안지구 정착촌의 열렬한 지지자이자 오랜 후원자였다).

　정착촌이 이스라엘-팔레스타인의 평화 구축에 걸림돌이 되는 이유는 무엇일까? 이 질문에 대해서는 서로 다르지만 연관된 여러 주장이 있다. 첫 번째는 이스라엘의 정착촌 건설이 평화 프로세스를 훼손한다는 것이다. 팔레스타인 사람에게 정착촌은 이스라엘이 두 국가 해법에 관심이 없고 서안지구에서 철수할 의사도 없다는 시그널로 여겨진다. 팔레스타인 사람들은 이스라엘이 계속해서 땅을 '도둑질'하는 한, 팔레스타인 지도부가 이스라엘과의 평화 회담에 참여하는 것에 반대한다. 즉, 정착촌 건설은 평화 프로세스에 대한 팔레스타인인의 지지를 약화하고, 폭력적인 대#이스라엘 전술에 대한 지지를 강화한다.

두 번째 주장은 이스라엘의 정착촌이 확장되면 향후 연결된 영토를 가진 팔레스타인 국가를 만드는 것이 어려워지기 때문에 두 국가 해법의 실현 가능성이 작아진다는 것이다(바로 이것이 리쿠드당 정부에서 계속해서 정착촌을 건설하려는 이유다). 간단히 말해, 이스라엘 정착촌이 서안지구 땅을 더 많이 차지할수록 미래의 팔레스타인 국가가 차지할 땅이 줄어들고, 그 결과 팔레스타인은 번영할 수 없는 단절되고 분열된 영토를 갖게 된다는 의미다.

정착촌이 평화를 방해한다는 주장에 대한 세 번째 근거는, 어떤 이스라엘 정부도 평화 협정을 지키기 위해 주민을 강제 이주시키거나 정착촌을 해체하지 않을 것이라는 믿음이다. 평화 협정을 지키기 위해서는 현재 서안지구 장벽 너머에 살고 있는 10만 명의 정착민을 이주시켜야 하는데, 이는 이스라엘 정부의 결정에 대해 격렬하게, 어쩌면 폭력적으로 저항할 가능성이 큰 극단주의 정착민들 때문에 사실상 불가능하다. 이들은 2만 명이 채 안 되는 소수에 불과하지만, 유대 종교법에 따라 유대인의 주권하에 있는 성서적 이스라엘의 단 한 부분도 포기하면 안 된다고 굳게 믿는다. 이들에게 유대교 율법은 이스라엘 정부의 법과 결정에 우선한다. 따라서 정부가 유대인 정착촌을 이주시키고 유대 및 사마리아(서안지구) 일부에서 철수하겠다는 결정을 내릴 경우 이를 근본적으로 불법적이고 부도덕한 것으로 간주한다. 미래의 이스라엘 정부가 이러한 극단주의 정착민들과 유혈 충돌을 일으킬 위험을 감수할 수 있을지, 그리고 정착민 강제 이주 명령을 거부하는 일부 민족주의적-종교적 이스라엘 방위군들의 명령 불복종 가능성을 감수할 수 있을지는 알 수 없는 일이다.

말할 필요도 없이, 이스라엘은 정착촌이 평화의 장애물이 아니라고 주장한다(네타냐후 총리는 평화의 진짜 장애물은 '국경과 상관없이 팔레스타인이 이스라엘을 유대인의 국가로 인정하지 않는 것'이라고 말한다). 또한 정착촌이 서안지구 전역으로 확산됨에 따라 미래 팔레스타인 국가가 세워질 땅을 잠식하고, 두 국가 해법의 실현이 점점 더 멀어진다는 주장에 대해서도 정착촌이 건설된 실제 면적footprint은 서안지구의 3% 미만이라고 반박한다. 게다가 이들은 팔레스타인 관리들이 공개석상에서는 정착촌을 줄이라고 말하지만, 평화 회담에서는 토지 교환에 이미 동의했다고 주장한다(이스라엘이 정착민 대다수가 거주하는 그린라인 근처의 대규모 정착촌을 차지하고 대신 이스라엘 내 일부 토지를 내준다는 내용이다). 마지막으로, 이스라엘이 정착촌을 해체하거나 이들을 이주시킬 의향이 없다는 주장에 대해서는 과거 이스라엘이 두 차례에 걸쳐 영토에서 철수하고 정착촌을 해체해 정착민을 이주시킨 사례를 들며 이를 반박한다. 두 사례는 이스라엘이 이집트와 평화 조약을 체결한 후 시나이반도 정착촌을 해체한 것(1982)

과, 정착민들의 저항(대부분 비폭력적이긴 했다)을 무릅쓰고 가자지구 정착촌을 해체해 약 8000명의 정착민을 이주시킨 경우(2005)다. 이스라엘은 가자지구 철수로 평화를 향한 의지를 보여주었음에도 불구하고 팔레스타인의 적대감이나 폭력은 줄어들지 않았으며, 오히려 이스라엘이 가자지구에서 철수하자 하마스가 해안 지역을 장악해 이스라엘을 향해 로켓을 발사하는 기지로 사용한다고 주장한다. 이스라엘인들은 사실에 입각하긴 했지만 지나치게 단순화된 이 이야기를 그대로 받아들인다. 바로 이것이 오늘날 많은 이스라엘 사람이 정착촌이 (조금 해로울 수는 있어도) 평화의 결정적인 장애물이 아니라고 생각하는 주된 이유다.

이스라엘이 가자지구에서 철수한
이유는 무엇인가?

가자지구에 있는 21개 정착촌을 파괴하고 8000여 명의 정착민을 이주시키는 큰 결정을 내린 사람은 '불도저'라는 별명을 가진 아리엘 샤론이었다. 2001년 2월, 샤론이 에후드 바라크를 누르고 이스라엘 총리로 당선되었을 때만 해도 그가 가자지구에서 이스라엘 정착민과 군인을 조건 없이 철수시킬 것이라고 믿은 사람은 아무도 없었다. 전직 장군이자 국방부 장관이었던 샤론은 매파적이고 강경한 인물로 정평이 나 있었고(그는 1982년 이스라엘의 레바논 침공 설계자 중 한 명이었으며, 오슬로 협정에도 반대했다), 리쿠드당의 광범위한 정착촌 건설 프로그램을 기획하고 실행하는 데 큰 역할을 해 '정착촌 운동의 아버지'라고도 불렸다. 2003년 1월, 샤론이 재선에 성공했을 때만 해도 가자지구에서 일방적으로 철수할 것이라고는 상상도 하지 못했다. 선거운동 기간에도 샤론은 경쟁자였던 아람 미츠나(당시 노동당 대표)가 정착촌 철수를 제안하자 그를 비판했다. 샤론은 가자지구의 정착촌은 텔아비브만큼이나 중요하다고 말하며, 정착촌을 철수하면 "테러의 중심지가 이스라엘의 인구 중심지에 더 가까워질 뿐"이라고 경고했다.

그러나 재선 후 1년이 채 지나지 않은 2003년 12월, 샤론은 한 연설에서 일방적인 철수 의사를 표명했다(어떤 지역에서 철수할 것인지는 구체적으로 밝히지 않았다). 이후 샤론이 소위 '분리 계획disengagement plan'을 발표하자 이스라엘 국내 정치계와 이스라엘-팔레스타인 분쟁 양측 모두에서 극명한 견해차를 보이는 일대 변화가 일어났다. 국제 관측통들과 이스라엘인은 충격에 휩싸였고, 정착민을 포함한 우파 지지자들은 배신감에 치를 떨었다. 반면 국제 사회는 2차 인티파다로 중단된 평화 프로세스가 어떻게든 부활하기를 바라며 대체로 환영의 목소리를 냈다. 조지 W. 부시 미국 대통령은 "평화에 중요한 기여를 할 수 있는 대담하고 역사적인 이니셔티브"라며 공개적으로 찬사를 보냈다. 유엔과 유럽연합도 샤론의 분리 독립 계획에 대해 미국만큼 열광적이지는 않았지만 평화를 향해 올바른 방향으로 나아가는 발걸음이라며 지지했다. 심지어는 이스라엘의 가자지구 철수가 평화 프로세스를 되살릴 수 있을지 의심하는 사람들조차, 이 계획이 성공적으로 수행된다면 서안지구의 정착촌 철수도 가능할 거라는 희망을 품었다(이들은 샤론이 서안지구의 작은 정착촌 4곳도 철수 계획에 포함시켰다는 사실에서 가능성을 느꼈다). 과거 이스라엘이 점령지(시나이사막)에서 철수하고 정착촌을 해체한 전례는 있었지만, 민족주의적, 종교적으로 더 큰 의미를 갖는 서안지구와 가자지구에서 철수한 적은 한 번도 없었기 때문이다. 이런 측면에서 가자지구 정착촌의 해체 및 철수 작업은 중요한 선례가 될 것이며, 향후 서안지구에서도 같은 일이 일어날 가능성이 커질 것으로 생각했다. 실제로 일부 사람들은 이것이 샤론의 장기적인 계획이었으며, 궁극적으로는 팔레스타인과의 합의 여부와 관계없이 서안지구 대부분 지역에서 철수하려는 의도를 가지고 있었을 것으로 추측했다. 반면, 샤론의 동기에 대해 회의적인 시각을 가진 사람들도 있었다.

이들은 분리 계획은 샤론이 국내외적으로 증가하는 압박에 대응하기 위한 책략에 불과하며, 서안지구를 지키기 위해 어쩔 수 없이 가자지구를 포기하는 것, 다시 말해 서안지구의 장기 점령을 공고히 하기 위한 계산된 행동이라고 주장했다.

사실이 무엇이든 간에, 가자지구에서 철수하기로 한 그의 결정이 부분적으로는 팔레스타인과의 평화 회담을 재개하라는 국제 사회(특히 미국)의 압박을 피하기 위해서였다는 증거가 있다. 자료에 의하면, 샤론은 이스라엘이 서안지구와 가자지구에서 철수하고 팔레스타인 국가를 인정하는 것을 골자로 하는 평화 회담을 촉구하는 국제 사회의 압력이 커지는 것에 부담을 느끼고 있었다. 2002년과 2003년에는 이러한 노선을 따라 다양한 평화 이니셔티브가 등장했는데, 특히 아랍 평화 이니셔티브(사우디아라비아 왕세자가 제안하고 아랍 연맹 회원국이 만장일치로 승인했다)와 제네바 이니셔티브(이스라엘의 전 법무부 장관인 요시 베이린과 팔레스타인 자치 정부의 전 정보문화부 장관인 야세르 아베드 라보가 작성한 이스라엘-팔레스타인 평화협정 초안)가 주목을 받으며 관심이 증폭되었다. 샤론은 평화 이니셔티브에 대한 지지도가 높아지는 것도 우려스러운 상황에서, 부시 행정부로부터 '중동 평화 로드맵The Roadmap to Middle East Peace'에 명시된 단계를 이행하라는 압박을 받고 있었다. 이는 2003년 4월 미국, 유럽연합, 유엔, 러시아(통칭 '4강')가 2차 인티파다를 종식하고 평화 프로세스를 재개하여 궁극적으로 이스라엘-팔레스타인 분쟁을 해결하기 위한 방안으로 대대적으로 발표한 것이었다.

샤론은 (수년 동안 강력하게 반대하던) 두 국가 해법을 공개적으로 받아들였음에도 불구하고, 여전히 팔레스타인과의 평화 협상은 무의미하며 협상할 팔레스타인 파트너가 없다고 주장했다. 그리고 협상에 강제로 끌려가거나 자신이 강력히 반대하는 사항에 대해 양보하라는 압박을 받지 않기 위해 주도권을 잡기로 했다. 이런 점에서 그의 분리 계획은 국제 사회의 압력을 완화하고 논의를 선점하는 방법이었다. 이는 제네바 이니셔티브가 출범(2003.10)한 지 불과 몇 주 후, 그리고 중동 평화 로드맵이 발표된 지 불과 7개월 만인 2003년 12월에 샤론이 일방적인 철수 의사를 밝혔다는 사실에서도 알 수 있다. 샤론 자신도 2004년 3월 분리 계획을 발표할 당시 크네세트에서 "제네바 이니셔티브나 아랍 평화 이니셔티브와 같은 위험한 계획에 끌려가는 것을 막을 유일한 방법은 이스라엘이 주도하는 계획에 따라 움직이는 것이다"라고 말하며, 공개적으로 이를 인정했다. 샤론의 참모장이자 개인 고문인 도브 와이즈글래스는 2004년 10월 인터뷰에서 분리 계획을 평화 프로세스의 '포름알데히드'라고 표현하며, "분리 계획은 이스라엘이 정치적 압력으로부터 가능한 한 멀리 벗어날 수 있게 함으로써 논란의 중심에서 빠져나올 수 있는 방법입니다. 또한 팔레스타인과의 협상은 없다는 우리 쪽의 주장을 정당화하고, 정치적 상황이 변하지 않도록 하기 위한 최소한의 결정입니다"라고 자랑스럽게 말했다.

그러나 가자지구 철수를 단순히 외부의 압력으로 인한 양보로 해석하면 안 된다. 샤론은 가자지구에서 철수하면 이스라엘이 통제해야 하는 팔레스타인 주민의 수가 크게 줄어들 것이고, 이는 장기적으로 이스라엘의 미래를 보호하는 데 도움이 될 것으로 판단했다. 인구 증가 속도를 고려할 때 머지않아 팔레스타인인의 수가 유대인보다 많아지면 유대 국가이자 민주주의 국가라는 정체성을 가진 이스라엘에 위협이 될 것이라는 사실을 간파한 것이다. 수적으로 많아진 팔레스타인인 모두에게 참정권을 부여하면 유대 국가로서의 정체성이 위태로워질 수 있고, 그렇다고 이들의 시민권이나 투표권을 박탈하는 것은 민주주의 국가라는 정체성에 흠집이 나기 때문이다. 결국 샤론은 이스라엘이 서안지구와 가자지구의 팔레스타인 주민을 무기한 통치할 수 없다는 결론을 내렸다. 그리고 가자지구에서 철수하면(즉, 당시 가자지구에 거주하던 140만 명의 팔레스타인인에 대한 통제권을 포기하면) 이스라엘의 미래가 훨씬 밝아질 것으로 예상했다. 영토 그 자체보다 인구 구성이 더 중요하다고 판단한 샤론은 가자지구 철수의 이유를 인구 통계상의 필요성으로 정당화했다. 그는 장기적 관점에서 진정한 유대 국가를 세우기 위해 '대이스라엘'이라는 꿈을 기꺼이 포기했다. 세속주의자였던 그로서는 처음부터 헌신할 수 없던 구호이기도 했다. 한편, 2차 인티파다를 거치면서 가자지구가 자산이 아니라 군사적 부담이라는 확신을 갖게 된 것도 샤론이 가자지구를 포기하는 데 큰 영향을 끼쳤다(이는 이스라엘 방위군과 다른 많은 이스라엘인이 동의하는 부분이다). 2차 인티파다가 시작된 이래 가자지구에서 200명 이상의 이스라엘 군인이 사망했다. 이스라엘 방위군이 가자지구의 정착촌과 그곳에 거주하는 약 8000명의 이스라엘 정착민을 보호하기 위해 매년 수천만 달러를 지출하고 수천 명의 병력을 주둔시키는 상황에서, 이스라엘이 가자지구에서 철수한다면 자국민의 생명과 비용을 모두 절약할 수 있을 것으로 생각했던 것이다.

결국 가자지구 점령이 이스라엘에 인구 통계 및 군사 측면에서 부담이 된다는 믿음이 생긴 상태에서, 국제적 압력과 국내 비판에 직면하자 샤론은 철수를 결정할 수밖에 없었다. 대다수의 이스라엘 국민도 그의 결정을 지지했다. 그렇다고 샤론이 추후 서안지구에서는 더 이상 철수할 의사가 없었다고 해석하는 것은 맞지 않다. 샤론의 분리 계획에 대해 한참 동안 격렬한 논쟁이 계속되었지만, 그는 끝내 자신의 장기적인 전략이나 비전에 대한 입장을 밝히지 않았다. 이는 아마도 서안지구 정착촌에 대한 그의 생각을 밝힐 경우 분리 계획에 대한 지지를 잃을 것으로 판단했기 때문이었을 것이다. 서안지구에 대한 샤론의 의도적인 모호함은 가자지구 철수를 실행하는 데 도움이 되었지만, 이는 그의 다음 행보에 대한 끊임없는 추측을 낳았다(가자지구 철수는 시발점일까, 아니면 이것이 마지막일까?).

2005년 9월 12일, 가자지구 철수가 완료된 지 5개월도 채 되지 않아 뇌졸중으로 쓰러져 혼수상태에 빠진 샤론은 끝내 의식을 회복하지 못하고 2014년 1월 사망했다. 그의 궁극적인 의도가 무엇이었는지 우리는 결코 알 수 없다. 샤론의 측근과 고문들(그의 대리인이자 후임 총리인 에후드 올메르트 포함)은 샤론이 서안지구 대부분에서 일방적으로 철수하는 계획의 초안을 작성하고 있었다고 말하지만, 만약 그렇다 하더라도 이 계획이 성공했을 가능성은 거의 없다. 서안지구 철수가 이루어지려면 가자지구 분리 계획이 성공적이었다는 평가를 받는 것이 선행되어야 하는데, 대부분의 이스라엘인은 가자지구 철수를 처참한 실패이자 중대한 과오로 여기기 때문이다. 2006년 7월, 당시 이스라엘 방위군 참모총장인 모셰 '보기'

야알론(후에 네타냐후 정부에서 국방부 장관을 역임했다)은 "가자지구 철수는 전략적 실수였다. 이스라엘이 빠지자 하마스가 그곳을 장악하면서 테러 단체는 더욱 대담해졌고, 그 결과 팔레스타인의 투쟁이 과격해졌다"라고 말했다. 사람들은 이 말에 전적으로 동의했다. 특히 이스라엘이 철수한 후 가자지구에서 로켓 공격이 증가하자, 많은 이스라엘인은 (우파 비평가들이 주장하는 바와 같이) 가자지구 철수로 인해 이스라엘의 안보가 약화되었다고 생각했고, 하마스가 가자지구를 장악한 2007년 이후에는 더 많은 이스라엘인이 가자지구 철수를 후회했다. 이란의 지원을 받는 급진적 이슬람 테러 단체가 이스라엘 국경 바로 옆에서 준국가를 통치하는 악몽 같은 시나리오가 현실로 다가온 것이 분명했기 때문이다.

이제 이스라엘 사람들은 가자지구의 문제와 위협을 아무리 없애고 싶더라도 그럴 수 없다는 사실을 천천히, 그리고 고통스럽게 깨달았다. 우선 팔레스타인 사람들이 그러기를 원치 않았고, 국제 사회에서도 가자지구에서 벌어진 일에 대해 여전히 이스라엘에 일정 부분 책임을 묻기 때문이다. 대부분의 국제 법률 전문가들은 가자지구 점령이 종료되었고, 따라서 자신들은 더 이상 그 지역의 복지에 대한 책임이 없다는 이스라엘의 주장에 동의하지 않는다. 이스라엘은 가자지구에서 실제로 '철수'하지 않았다. 하마스가 집권한 이후 가자지구에 대한 이스라엘의 군사적 개입은 더욱 강화되었고, 안보를 핑계로 사람과 물건이 이동하는 도로를 비롯해 가자지구 경계에 대한 통제도 강해졌다. 이는 가자지구 주민들의 삶과 생계가 사실상 이스라엘 정부의 결정에 더욱 의존하게 되었음을 의미한다. 당연히 가자 주민들은 불만이 매우 많다.

이스라엘의 가자지구 철수는 이스라엘인에게도 큰 실망이었지만, 팔레스타인인, 특히 가자지구에 거주하는 팔레스타인인에게는 더 큰 실망으로 다가왔다. 대부분의 팔레스타인인은 샤론에 대한 깊은 불신과 혐오를 지니고 있었음에도 그의 분리 계획을 지지했다(여론조사 결과 70% 이상). 그들은 40년 가까이 지속된 이스라엘의 점령이 끝나고 정착민들이 떠날 날을 고대했고, 더 큰 자유와 번영을 상상하며 그들이 원하는 국가적 열망이 실현될 날이 가까워질 것으로 생각했다. 기대감으로 가득 찬 데다 이스라엘의 가자지구 철수를 위대한 승리라고 확신한 팔레스타인 사람들은 마침내 이스라엘 정착민과 군인들이 가자지구를 떠나자 환희와 승리의 기쁨에 휩싸였다. 하지만 기쁨은 오래가지 않았다. 스스로 가자지구를 통치하고 경제적 번영을 이루고자 했던 바람과 달리, 가자지구의 경제는 이스라엘에 크게 의존하고 있었기 때문에 이스라엘이 철수하자 가자지구의 수출이 감소하고 실업률이 증가하는 등 급격한 경제 침체가 이어졌다. 가자지구의 생활 여건은 심각하게 악화되었다. 오랫동안 염원했던 이스라엘 철수는 경제적 혜택을 가져다주기는커녕 오히려 경제적으로 더 나빠지는 결과를 낳았다. 그러나, 그로부터 2년이 채 지나지 않아 하마스가 이곳을 장악하자 상황은 훨씬 더 악화되었다.

하마스는 어떻게 가자지구에서 정권을 잡았나?

하마스는 이스라엘, 미국, 캐나다, 유럽연합에서 공식적으로 테러 단체로 지정되어 있다. 하마스가 테러 단체로 인식되는 이유는, 하마스가 주목받게 된 계기가 이스라엘에 대한 폭력 행위였던 데다 의도적으로 이스라엘 민간인을 표적으로 삼는 경우도 많기 때문이다. 하마스는 1차 인티파다가 시작된 1987년에 설립되었다. 처음에는 이집트 무슬림형제단Egyptian Muslim Brotherhood의 팔레스타인 지부에 속한 분파였지만, 1990년대 초 오슬로 평화 프로세스를 방해하기 위해 이스라엘 도시에서 자살 폭탄 테러를 감행하면서 이름이 알려졌다(이 전략은 성공적이었다). 2차 인티파다 기간에는 이스라엘인을 대상으로 수백 건의 자살 폭탄 테러를 성공시켜 더욱 악명을 떨쳤는데, 이는 경쟁 관계에 있는 다른 팔레스타인 무장 단체 (팔레스타인 이슬라믹 지하드나 파타의 알 아크사 여단Fatah's al-Aqsa Brigades 등)의 사례보다 훨씬 많은 수치였다. 하마스가 테러를 일으키고 이를 미화하며 두려움을 주는 존재인 것은 사실이다. 그러나 이들은 이스라엘을 완전히 말살하고 위임통치령 팔레스타인 영토 전체에 이슬람 국가를 건설하겠다는 장기 목표를 달성하기 위해 폭력에만 의지하지는 않았다. 하마스는 서안지구와 가자지구, 그리고 팔레스타인 디아스포라 집단에서 지지 기반을 구축하기 위해 오랜 기간 비폭력 전술을 사용했다. 수년에 걸쳐 정치, 사회, 문화 활동으로 영역을 확장했고, 그 과정에서 광범위한 자선, 의료, 교육 서비스를 제공하는 대규모 사회 복지 단체가 된 것이다(중동 및 기타 지역의 다른 이슬람 단체와 마찬가지로, 정부가 제공하지 못하거나 제공 의지가 없는 공공 서비스를 지원했다). 하마스는 이란 정부와 사우디아라비아, 그 외 석유가 풍부한 걸프 국가의 개인 기부자 및 팔레스타인 국외 거주자 등으로부터 지원받은 자금으로 무료 급식소, 고아원, 의료 센터, 치과, 학교, 유치원, 청소년 클럽, 심지어 스포츠 클럽까지 광범위한 네트워크를 조직해 운영했다. 그리고 군사 조직(1991년 창설된 이즈 알 딘 알 카삼 여단)과 사회봉사 조직(아랍어로 '설교'라는 뜻의 다와Da'wa)에 더해 정치 조직도 발전시켜, 마침내 독자적인 정당을 결성했다.

2005년 이스라엘이 가자지구에서 철수할 무렵 하마스는 지하 무장 단체인 동시에 중요한 사회 및 정치 운동 세력으로 성장해 있었다. 하마스가 가자지구에서 권력을 장악하기까지의 과정을 파악하려면 이 점을 이해하는 것이 필요하다. 하마스를 테러 단체로 인식하는 사람들은 이들이 가자지구에서 폭력적으로 권력을 장악했다고 생각한다. 실제로 서방과 이스라엘 언론은 하마스가 가자지구를 '폭력적으로 점령'했다고 표현한다. 물론 이러한 생각이 완전히 틀린 것은 아니지만 여기에는 다소 오해의 소지가 있으며 하마스가 정권을 잡은 방법을 모두 설명하는 이야기도 아니다.

하마스가 가자지구를 장악하는 과정에서 폭력이 수반된 것은 사실이다. 하마스는 라이벌 정당인 파타(1950년대 후반 야세르 아라파트가 창당한 후 2004년 11월 사망할 때까지 이끈 정당으로, 세속적이고 온건한 편이었다)에 소속되었거나 파타를 지지했던 많은 팔레스타인인을 잔인하게 살해했다. 2006년 봄부터 시작된 두 집단 간의 충돌은 2007년 6월 하마스와 파타 간에 벌어진 미니 내전인 이른바 가자지구 전투에서 정점을 찍었고, 이후 마침내 하마스가 가자지구에서 파타 세력을 물리칠 때까지 수많은 무력 충돌이 간헐적으로 발생했다. 이런 점에서 하마스가 가자지구를 '폭력적 으로 점령'한 것은 파타와의 내전 상황에서 일어난 것으로, 의도적이라기 보다는 우발적으로 발생한 것으로 보인다.

그러나 놀랍게도 하마스가 권력을 차지하게 된 결정적인 계기는 투 표였다(2004년 11월에 PLO 의장이자 자치정부 수장인 아라파트가 사망한 후 대 통령 선거가 치러졌다 – 옮긴이). 그전까지 하마스는 자치정부의 대통령직과 의회 선거를 보이콧했는데, 이는 하마스가 (팔레스타인 선거의 기초가 된) 1993년 오슬로 협정을 여전히 거부하는 입장이었기 때문이다. 그러나 그 해 하마스 정치 지도부는 2차 인티파다로 오슬로 협정이 사실상 종료되 었다는 명분을 내세우며, 처음으로 지방 선거에 참여하기로 했다. 하마스 가 선거 정치에 뛰어든 것은 2차 인티파다 기간에 얻은 대중의 지지를 활 용하고자 하는 열망 때문이었다. 또한 (오랫동안 팔레스타인 정치를 지배해 온) 아라파트가 사망한 후 팔레스타인 정치 체제가 느슨해지면서 찾아온 절호의 기회를 잡으려는 욕구도 있었다. 2004년 12월~2005년 1월에 실시 된 팔레스타인 지방 선거에 처음으로 공식 참여한 하마스는 비록 파타에 뒤지기는 했지만 가능성을 확인했고, 이는 집권당이 되고자 하는 정치적 열망으로 이어져 다음 해에 치러질 총선에 도전할 동력이 되었다. 2006 년 1월, 하마스는 '변화와 개혁'이라는 전술을 앞세워 132석 중 74석을 차지하며 대승을 거두었다(전체 의석의 56%로, 하마스의 득표율 44%보다 많은 수치다. 이는 파타가 다수의 선거구에서 여러 명의 후보를 내는 바람에 표가 분산되었기 때문이며, 파타의 득표율은 41%였다).

공정하고 자유롭게 치러진 선거에서 하마스가 승리했다는 사실은 중동 전역에 민주주의를 확산하고자 이스라엘의 조언을 무시하고 선거 실시를 강력히 촉구했던 미국의 조지 W. 부시 행정부를 비롯해 국제 사회에 엄청난 충격을 안겼다. 사실 하마스 지도부조차 승리를 예상하지 못했지만, 이들의 성공은 예견된 일이었다. 2006년 1월 선거를 앞두고 몇 달 동안 하마스의 인기는 급격히 치솟았다(2005년 12월에 시행된 여론조사 결과 불과 1년 만에 55%나 상승했다). 하마스에 대한 지지가 급증한 이유는 선거를 불과 5개월 앞둔 2005년 9월, 이스라엘이 가자지구에서 일방적으로 철수했기 때문이다. 이스라엘 총리 아리엘 샤론의 가자지구 '철수' 계획이 발표되자, 비판자들은 이 계획이 하마스에 힘을 실어줄 것이라고 경고했다(실제로 하마스는 이스라엘의 가자지구 철수 당시 어떠한 공격이나 방해도 하지 않았는데, 이는 하마스가 이스라엘의 철수로 이득을 볼 수 있다는 점을 인식하고 있었음을 시사한다). 대다수의 팔레스타인 사람은 2차 인티파다에서 팔레스타인이 폭력적으로 저항했기 때문에 이스라엘이 마지못해 가자지구에서 철수하는 것이라고 생각했다. 이러한 대중적 해석은 상황을 지나치게 단순화한 것이었지만(팔레스타인의 폭력이 샤론이 가자지구 철수를 결정한 유일한 요인은 아니었으므로), 팔레스타인으로서는 폭력의 효용성을 확신하는 사건이었다. 이들은 평화 프로세스가 이스라엘 철수 및 정착촌 해체와 같은 실질적인 변화를 불러오지 못했기 때문에 무의미하다고 인식했다. 따라서 '무장 투쟁'에 대한 팔레스타인 대중의 지지는 크게 증가했고, 무장 투쟁을 옹호하는 하마스에 대한 지지도 치솟았다. 하마스는 이스라엘을 가자지구에서 강제로 '추방'한 것은 이스라엘에 대한 '저항'의 위대한 승리이자 폭력적 전략의 정당성을 입증한 것이라고 주장했다. 설문조사에서도 응답자의 4분의 3 이상이 38년간 지속된 이스라엘의 가자지구 점령을 종식시킨 공은 하마스에 있다고 답했다.

그러나 이스라엘이 가자지구에서 철수한 것은 하마스를 강화한 게 아니라, 사실 파타를 약화시킨 것이었다. 이스라엘은 파타가 주도하는 자치정부 수립 및 가자지구 철수에 대한 협상을 거부했다. 그 결과 팔레스타인 자치정부는 가자지구 철수에 아무런 영향력을 끼치지 못한 채 이를 방관하는 입장이 되었는데, 이러한 사실은 이제껏 파타가 이스라엘 점령 종식 및 팔레스타인 국가 수립을 두고 협상할 수 있는 위치에 있었다는 점에서 정치적으로 치명적이었다. 이는 PLO 최고 협상가인 사에드 에레카트가 2004년 4월 〈워싱턴 포스트*Washington Post*〉 기고문에서 이스라엘의 가자지구 철수는 팔레스타인 온건파가 약화되는 결과를 가져올 것이라고 경고한 데서도 드러난다. 이스라엘은 가자지구 철수 협상에 응하지 않은 것은 물론이고, 공식적인 인수인계나 행사 없이 가자지구 철수를 단행함으로써 아라파트의 후임인 마흐무드 압바스 자치정부 수반의 정치적 입지도 약화시켰다.

그러나 하마스가 선거에서 승리한 것은 이스라엘이 선거를 몇 달 앞두고 가자지구에서 일방적으로 철수한 한 가지 이유 때문만은 아니다. 이는 파타가 주도하던 자치정부가 무능하고 부패했다는 인식이 장기간에 걸쳐 대중에게 널리 퍼진 결과이기도 했다. 사람들은 파타가 부패가 만연하고 파벌주의에 젖어 있다고 생각한 반면, 하마스는 사회복지 네트워크를 통해 효율적으로 공공 서비스를 제공하는 청렴한 집단이라고 생각했다. 즉, 하마스는 파타에 비해 '깨끗하다'라는 인식 덕분에 선거에서 많은 표를 얻었고, 반대로 말하면 파타는 부패한 집단으로 인식되어 많은 표를 잃었다. 이런 점에서 하마스에 대한 투표는 현 집권당인 파타에 대한 심판이었다고 할 수 있다. 하마스는 선거 캠페인에서도 파타를 압도했다. 이들은 '좋은 통치'를 원하는 팔레스타인 대중의 절실한 열망에 호소했다. 후보들은 대부분의 유권자에게 먹히지 않는 이슬람 이데올로기를 강조하기보다는 자신이 파타 후보보다 정직하고 유능한 인물이라고 주장했고, 부패 근절, 빈곤 완화, 지역 개발 촉진에 초점을 맞췄다. 하마스는 팔레스타인의 장기 목표인 이슬람 국가 수립과 유대 국가 붕괴를 내세우는 대신 팔레스타인 주민을 위한 경제, 교육, 주택, 의료 프로그램을 제안했다. 그 결과 팔레스타인 사람들은 하마스의 이데올로기를 지지하지 않더라도 하마스에 투표한 경우가 많았다(출구조사에 따르면 하마스에 투표한 사람 중 60%는 이스라엘-팔레스타인 분쟁에 대한 두 국가 해법을 지지한 것으로 나타났는데, 이는 하마스의 이데올로기와 다르다).

그러나 하마스는 정권을 잡기 위해 이데올로기를 포기하거나, 심지어 온건화하려고도 하지 않았다. 이는 사실상 국제 사회가 하마스에게 재정적 지원과 외교적 인정을 해 주는 대가로 요구한 것이었다. 당시까지 국제 사회의 지원에 기댈 수밖에 없었던 자치정부가 받던 재정 지원을 유지하기 위해서는 하마스 정부 역시 미국, 유엔, 유럽연합, 러시아로 구성된 '4강Quartet'이 제시하는 세 가지 조건을 수용해야 함을 의미했다. 세 가지 조건이란 ⑴ 이스라엘을 인정하고, ⑵ 폭력 사용을 포기하며, ⑶ 오슬로 협정을 비롯해 PLO가 이전에 체결한 협정을 수용하는 것이었다. 하마스는 세 가지 조건 모두 단호하게 거부했다. 대신 파타와 통합 정부를 구성하려 했지만, 파타는 하마스와 권력을 나누기를 거부했다. 파타가 제안을 거부한 것은 부분적으로는 외부의 압력, 특히 미국과 이스라엘의 압력 때문이었다. 이들 국가는 통합 정부 구성에 반대했을 뿐 아니라 국제 금융 제재와 외교적 보이콧에 직면한 하마스 정부의 통치가 실패로 끝나기를 기대했다.

4강의 조건을 거부하고 파타와 연립 정부를 구성하지 못한 하마스는 2006년 3월, 이스마일 하니야를 총리로 임명하며 가자지구에 기반을 둔 독자 정부를 수립했다. 그러자 국제 사회가 위협한 대로 기존에 자치정부로 들어가던 국제 사회의 원조가 끊겼고, 이스라엘이 항구와 기타 입국 지점에서 자치정부를 대신해 징수한 후 넘겨주던 세관 수입도 중단되었다(매달 약 5000만 달러에 달하던 이 수입은 자치정부 예산의 상당 부분을 차지하던 항목이었다). 이는 또한 자치정부 보안군의 통제권을 둘러싼 하마스와 파타 간의 대립, 그리고 새 총리인 이스마일 하니야와 압바스 대통령 간의 권력 투쟁으로 이어졌다. 권력 투쟁이 격화되면서 파타와 하마스 간의 긴장이 고조되었고, 때로는 총격전도 벌어졌다. 양측 간에 권력 분배 협상 시도도 있긴 했지만, 실패하거나 무산되면서 더욱 폭력적인 충돌을 유발하기도 했다. 갈등이 평화적으로 해결되는 데 가장 근접한 것은 2007년 2월 사우디아라비아가 중개한 메카 합의Mecca Agreement였다. 이 합의로 2007년 3월, (단명하긴 했지만) 팔레스타인 통합 정부가 구성되었다. 그러나 하마스와 파타 사이의 적대감은 계속 커졌고, 일부에서는 파타가 미국과 이스라엘의 지원을 받아 하마스에 대한 쿠데타를 준비하고 있다는 의혹(미 국방부는 자치정부 보안군에 자금 및 훈련을 지원했는데, 당시 이 보안군은 하마스를 적대시하는 파타 지도자 모하마드 달란의 통제를 받고 있었다)도 생겼다. 양측의 적대감은 결국 2007년 6월, 하마스 군과 파타 소속 자치정부 보안군 간에 발생한 '가자지구 전투'로 절정에 달했다. 짧지만 강렬했던 이 전투로 양측 모두 수십 명의 사망자와 수백 명의 부상자가 발생했으며, 하마스는 미국에서 훈련받고 미국의 무기로 무장한 자치정부 보안군을 일주일 만에 격퇴하고 가자지구를 군사적으로 완전히 장악했다.

압바스 대통령은 하마스의 가자지구 무력 점령에 대응하여 통합 정부를 해산했다. 그리고 하니야 총리를 해임하고 그 자리에 세계은행 출신의 경제학자인 살람 파야드를 임명해 실용주의 정부를 구성했다. 서안지구에 기반을 둔 이 정부는 즉시 미국과 유럽연합의 환영을 받았다. 미국과 유럽연합은 팔레스타인 자치정부에 대한 경제 제재를 해제하고 재정 지원을 재개했으며, 이스라엘 역시 자치정부에 세금 및 관세 수입 이전을 재개했다. 반면, 하마스가 사실상 정부를 구성한 가자지구는 여기에서 제외되었다. 하마스 정부는 대부분의 서방 정부로부터 보이콧을 당했고 심지어 아랍 정권으로부터도 외면당했다. 그리고 2007년 9월, 이스라엘 정부가 공식적으로 가자지구를 '적대 단체'로 선언하자, 이미 고립과 빈곤이 심화되고 있던 가자지구의 상황은 더욱 악화되었다. 이후 이스라엘의 가자지구 봉쇄가 지속되고 최근 몇 년 동안에는 이집트마저 가자지구 국경을 폐쇄하는 일이 잦아지면서, 인구 밀도가 높은 가자지구 해안 지역은 인간이 만들어낸 인도주의적 재난 상태에 처하고 말았다.

하마스의 통치와 이스라엘의 봉쇄는 가자지구의 팔레스타인 사람들에게 어떤 영향을 미쳤나?

가자지구의 팔레스타인 사람들은 10년 넘게 하마스의 통치와 이스라엘의 영토 봉쇄로 인해 가혹한 고통을 겪고 있다. 이들이 겪은 고난과 비참함의 원인을 하마스나 이스라엘 중 어느 한 쪽의 책임으로 돌리는 것은 대중적이고 정치적으로도 편리한 방법이지만, 진실은 그렇지 않다. 양쪽 모두 이 문제에 대한 책임이 있기 때문이다(서안지구에 기반을 둔 팔레스타인 자치정부와 이집트 역시 마찬가지다). 하마스와 이스라엘은 가자지구의 민간인을 희생시키면서 장기간에 걸쳐 폭력적인 투쟁을 벌여 왔다. 그 결과 가자지구에 거주하는 190만 명의 팔레스타인 사람들은 끔찍한 상황에 처했다. 경제적 박탈, 집단 감금, 정치적·사회적 억압은 물론이고, 반복되는 전투로 인해 수천 명의 민간인이 사망하고 수많은 사람이 다치거나 집을 잃고 트라우마에 시달려야 했다. 길이 40킬로미터, 폭 10킬로미터에 불과한 좁은 땅에 살고 있는 대부분의 가자지구 주민은 지난 10년 동안 세계 최대의 지상 감옥이라고 불리는 이곳에 갇혀 움직이지 못했다. 실제로 가자지구 인구의 평균 연령은 16세에 불과하기 때문에 이들 중 상당수가 가자지구를 떠나 본 적이 없으며, 이로 인해 밀실 공포증, 좌절감, 절망감이 만연하다.

사실 하마스가 점령한 2007년 이전에도 가자지구에서는 이미 빈곤과 고립이 심화되고 있었다. 가자지구의 빈곤율은 한때 미국과 비슷했지만(1994년 가자지구의 빈곤율은 16%, 미국은 14.5%), 오슬로 평화 프로세스가 진행되던 1990년대에 가자지구 사람들이 이스라엘에서 일자리를 잃으면서 실업과 빈곤이 증가했고, 2차 인티파다로 관광업이 중단되고 외국인 투자가 끊기자 상황은 더욱 악화되었다. 가자지구 사람들은 하마스가 이 지역을 점령하고 이스라엘이 국경을 봉쇄하기 훨씬 전부터 이동의 자유가 제한되어 있었다. 1차 인티파다 기간에는 허가를 받은 경우에만 가자지구 바깥으로 나갈 수 있었고, 2차 인티파다 기간에는 가자지구와 서안지구 모두에서 팔레스타인 사람이 이스라엘에 입국하는 것이 매우 어려워졌다. 이스라엘은 2005년 가자지구에서 철수한 후에 가자지구를 드나드는 사람과 물품 운송에 더 많은 제한을 가했으며, 2006년 팔레스타인 선거에서 승리한 하마스가 (이스라엘을 인정하고 폭력을 금지하며 이전 이스라엘-팔레스타인 합의를 존중하라는) '4강'의 요구를 거부하자 이러한 제한은 더욱 강화되었다.

2007년 6월 하마스가 가자지구를 장악했을 당시 이곳의 사회적, 경제적 상황은 수년 동안(특히 이스라엘이 철수한 이후) 악화 일로를 걷고 있었고, 이후 가자지구의 경제가 서서히 붕괴하면서 상황은 더욱 안 좋아졌다. 세계은행에 따르면, 이스라엘이 철수한 지 10년이 지난 2015년 가자지구는 전 세계에서 가장 높은 실업률과 최악의 경제 성적을 기록했다. 가자지구의 1인당 소득은 2005년 1375달러에서 2015년 970달러로 떨어졌고, 실업률은 30%에서 43%로 증가했다. 2018년 기준으로 성인 인구의 실업률은 50% 이상, 청년층의 실업률은 70%가 넘는다.

즉, 가자지구 팔레스타인 사람들의 경제적 상황은 이스라엘 통치 시기보다 하마스 통치하에서 훨씬 더 악화되었다. 그러나 하마스는 그렇지 않아도 부족한 자원을 가자지구 주민을 위해 사용하기는커녕 무기 구입과 지하 터널망 구축에 쏟아부었고, 또한 가자지구의 많은 인프라를 파괴하거나 손상시킨 세 차례의 주요 이스라엘 군사 공격(2008~2009, 2012, 2014)을 촉발했다. 그러나 공정하게 말하자면 이것을 하마스만의 잘못으로 볼 수는 없다. 가자지구 경제가 급격히 쇠퇴한 가장 큰 이유는 이스라엘의 육상, 공중, 해상 봉쇄 때문이었다. 하마스가 가자지구를 장악한 직후인 2007년 9월, 이스라엘 정부는 가자지구를 '적대적 존재'로 선언하고 이스라엘이 여전히 통제하던 국경을 통해 가자지구로 드나드는 모든 것을 엄격히 제한했다. 몇 가지 예외(주로 사업가와 환자)를 제외하면 팔레스타인인의 가자지구 출입은 엄격히 금지되었고 수출입도 크게 제한되었다. 그러나 국제 사회의 압력이 거세지자 이스라엘은 2010년부터 이러한 제한을 점차 완화하고 있다.

이스라엘이 공식적으로 말하는 봉쇄의 목적은 하마스의 군사적 위협을 막기 위해서다. 즉, 이들은 하마스가 로켓을 만들거나 '테러용 터널'을 파는 데 필요한 무기나 물품을 수입하는 것을 막기 위해 가자지구를 봉쇄한다고 말한다(하지만 그중에는 콘크리트처럼 민간용과 군사용으로 모두 사용될 수 있는 물품도 있다). 그러나 이스라엘의 진짜 목적은 가자지구로 들어가는 물자와 사람의 흐름을 감시하고 규제하는 것뿐만 아니라, 하마스가 장악한 가자지구가 번영하고 경제적으로 발전하는 것을 막는 데 있다. 한 이스라엘 관리가 표현했듯이, 이 봉쇄는 가자지구에 "번영도, 발전도, 인도주의적 위기도" 없게 하려고 고안된 것이다. 마찬가지로 위키리크스Wikileaks(정부나 기업 등의 비윤리적 행위와 관련된 비밀문서를 공개하는 웹사이트 – 옮긴이)가 공개한 2008년 미국 기밀 외교 자료에 따르면, 봉쇄의 목적은 '가자 경제를 벼랑 끝으로 밀어버리는 대신 붕괴 직전의 상태로 유지하는 것'이라고 명시되어 있다. 이는 이스라엘의 일부 비평가들이 주장하는 것처럼 단순히 가자지구에 거주하는 팔레스타인인을 고통스럽게 하기 위한 것이 아니라, 하마스의 대중적 인기를 약화시키려는 의도다. 하마스의 통치하에 사는 것이 빈곤, 박탈감, 고립을 수반한다면 하마스에 대한 지지도 약해질 것이기 때문이다. 요컨대, 이스라엘의 가자지구 봉쇄는 하마스를 군사적으로뿐만 아니라 정치적으로도 약화시키기 위한 것이며, 이를 통해 적어도 하마스가 서안지구를 장악하는 것은 막을 수 있을 것으로 기대한다(처음에 일부 이스라엘 관리들은 봉쇄로 인해 가자지구의 팔레스타인 사람들이 하마스를 권좌에서 축출하기를 바랐다).

이런 점에서 이스라엘의 가자지구 봉쇄는 하마스 점령 이후 이스라엘이 채택한 '광범위한 봉쇄' 전략의 일환이다. 이스라엘은 가자지구에서 하마스를 강제로 끌어내리거나 팔레스타인 자치정부로 대체하는 대신, 하마스를 봉쇄하고 하마스가 강력해지는 것을 막기 위해 (냉전 기간 미국이 소련에 시도했던 것과 마찬가지로) 더 제한적이지만 덜 위험하고 비용이 적게 드는 전략을 추구해 왔다. 현재까지 하마스에 대한 이스라엘의 봉쇄 전략이 성공했는지는 논란의 여지가 있다. 이스라엘의 봉쇄로 첨단 무기를 구하기는 훨씬 어려워졌지만, 이에 따라 미사일과 드론을 포함한 자체 무기를 생산할 수 있게 되었기 때문이다. 봉쇄는 하마스에 절실히 필요한 수입revenue을 박탈함으로써, 가자지구를 통치하고 공무원에게 급여를 지급하거나 주민들에게 기본적인 서비스를 제공하는 것을 어렵게 만들었다(국제 사회가 하마스를 보이콧하자 많은 외국 원조 자금이 서안지구의 자치정부로 들어가기도 했다). 하지만 하마스는 이란과 카타르 등 아랍 후원국으로부터 자금을 지원받아 여전히 가자지구의 질서와 안정을 유지하고, 정부부처를 운영하며, 의료 및 교육 시스템이 돌아가게 하는 등 충분하진 않지만 가자지구 주민들에게 필요한 공공서비스를 제공하고 있다.

하마스의 대중적 지지는 많이 약화되었다. 이들의 인기는 특히 가자지구에서 더욱 하락했는데, 한 여론조사에 따르면 가자지구 주민의 약 30%만이 하마스를 지지하는 것으로 나타났다. 그러나 하마스에 대한 지지가 약화되었다고 해서 하마스의 정치적 라이벌인 파타(가자지구에서 약 30%의 지지를 받고 있다)나, 마흐무드 압바스 자치정부 대통령에 대한 지지가 부활한 것은 아니다. 하마스의 인기가 떨어진 것은 하마스의 권위주의적 통치와 가자지구의 암울한 경제 상황(이스라엘의 봉쇄 정책으로 인한) 두 가지 모두의 결과다. 이런 점에서 이스라엘의 봉쇄는 하마스를 약화시킨 게 틀림없지만, 역설적이게도 하마스가 자신을 지지하는 사람들에게는 일자리와 자원, 허가를 쉽게 내주는 반면, 반대하는 사람들에게는 이를 거부함으로써 오히려 하마스의 힘을 강화하는 데 도움이 된 측면도 있다.

이스라엘의 가자지구 봉쇄로 인해 가자지구가 발전하지 못했다는 사실에는 논란의 여지가 없다. 가자지구로의 직접적 수출입이 제한되자 수출입의 대부분이 이스라엘을 경유해야 했고, 이는 민간 부문에 매우 심각한 영향을 미쳤다. 다행히도 2013년까지는 이집트가 시나이반도의 가자지구 국경을 통해 사람과 물품 이동을 허용했기 때문에 봉쇄의 영향이 조금은 완화되었다(이집트의 정치 상황에 따라 다소 변동이 있긴 했다). 이집트는 가자지구와의 국경 부근 지하에서 '터널 경제'가 발전하는 것을 어느 정도 용인했다. 그 결과 이 지역에는 이스라엘의 봉쇄를 우회하기 위한 수백 개의 정교한 지하 터널이 생겼고, 이곳을 통해 무기부터 소비재, 심지어 자동차까지 모든 것이 밀수되었다. 그 결과 가자지구 주민들은 밀수를 기반으로 한 지하 경제에 의존하게 되었다. 예를 들어 2009년에는 가자지구로 들어오는 모든 수입품의 80%가 가자지구와 시나이반도를 연결하는 터널을 통해 밀수된 것으로 보인다. 하마스는 지하 터널의 건설과 운영을 감독하고, 유통 과정에서 수입을 거두고, 필요한 모든 물자를 반입하는 등 '터널 경제'의 이점을 누렸다. 하지만 2013년 이집트에서 군사 쿠데타가 발생해 모르시 대통령이 축출되고 선거를 통해 이집트군 총사령관 출신의 강경파인 압델 파타 엘시시가 집권하자 모든 것이 바뀌었다. 새로운 대통령은 가자지구를 이집트 국내 안보 문제와 연결 지었고, 하마스를 이집트의 적으로 간주했다. 하마스와 무슬림형제단과의 관계, 그리고 하마스가 시나이반도에서 지하디스트jihadist(알라의 뜻에 따라 무장 투쟁 운동을 하는 이슬람 극단주의 무장 조직원들을 부르는 말 – 옮긴이) 반군을 지원했다는 이유였다. 엘시시 대통령은 시나이반도와 가자지구 사이의 국경을 폐쇄했다. 2015년, 이집트 군부는 시나이 국경 아래에서 운영되던 밀수 산업을 차단하기 위해 터널을 막고 물에 잠기게 했다. 이로 인해 하마스는 주요 수입원을 잃었고, 가자지구 주민은 유일한 수입원을 잃었다.

이스라엘의 가자지구 봉쇄에 이어 이집트의 잦은 국경 폐쇄와 밀입국 단속은 가자지구 주민들에게 치명적인 영향을 끼쳤다. 현재 가자지구에서는 인구의 약 4분의 3이 인도주의적 지원에 의존하고 있고, 절반 이상이 빈곤에 시달리며, 5분의 1은 '극빈' 상태에 처해 있다. 만연한 빈곤상태에 식량 불안과 영양실조(특히 어린이)가 더해지면서 영유아 사망률도 증가했다. 연료 부족으로 전기 공급이 제한되어 하루에 단 몇 시간만 전기가 들어오기도 한다. 전기 부족은 사람들의 일상생활뿐만 아니라 가자지구의 병원(구명 장비 작동이나 의약품 보관이 어려워진다), 위생 및 하수 시설(하수를 처리하지 못해 바다로 방류된다), 상수도(수돗물을 마실 수 없게 된다)에도 영향을 미친다. 지난 몇 년 동안 가자지구의 상황이 지속적으로 악화되자 유엔은 여러 차례 경종을 울렸다. 2015년에는 2020년 무렵이면 가자지구가 사람이 살 수 없는 곳이 될 것이라고 경고하는 보고서도 발표했다. 이듬해 또 다른 유엔 보고서는 가자지구를 '사실상 사람이 살 수 없는 지역'으로 기재했고, 2018년 3월 유엔 인도주의 조정관은 "가자지구가 재앙 직전에 있다"라고 선언했다. 이러한 엄중한 경고에도 불구하고, 국제 사회는 가자지구의 인도주의적 위기를 막기 위해 별다른 조치를 취하지 않고 있다. 많은 국가가 2014년 이스라엘과 하마스 사이에 일어난 전쟁 이후 가자지구 재건 비용을 지원하겠다는 약속조차 이행하지 않는다. 2018년 트럼프 행정부는 가자지구의 팔레스타인인 약 100만 명에게 긴급 식량 지원을 제공하는 유엔 팔레스타인 난민기구에 대한 자금 지원마저 중단했다.

절망적으로 변해 가는 가자지구의 상황에 대한 주된 책임은 이스라엘과 이집트, 하마스에 있다. 그러나 정도는 덜할지언정 파타가 주도하는 자치정부에도 당연히 책임이 있다. 지난 몇 년 동안 자치정부의 압바스 대통령은 자치정부가 가자지구로 복귀하고 하마스가 자치정부에 보안 통제권을 넘기도록 압력을 가하고자, 가자지구 공무원의 급여를 50% 삭감하는 등 가자지구에 여러 징벌적 제재를 부과했기 때문이다. 그러나 가자지구의 권위주의적이고 억압적인 통치에 대한 책임은 전적으로 하마스에 있다. 하마스가 장악한 가자지구는 일당 독재 국가와도 같았다. 하마스는 파타를 비롯한 정치적 반대 세력과 독립 언론 매체, 현지 비정부기구를 극심하게 탄압했고, 팔레스타인 주민에게도 납치, 자의적 구금, 초법적 살인과 같은 수많은 인권 침해를 저지르며 이들의 시민권과 정치적 권리 행사를 제한했다. 그렇다고 해서 서안지구의 자치정부가 가자지구의 하마스 정부보다 훌륭하다고 말할 수는 없다. 현지 및 국제 인권 단체에 따르면, 두 정부 모두 반대 여론을 탄압하고 시민사회를 단속하며 사람들을 자의적으로 체포하고 구금자를 학대하고 고문했다. 하마스는 가자지구에서 파타의 존재를 지우고자 했고, 파타 역시 서안지구에서 하마스를 없애기 위해 이스라엘 보안군의 도움을 받아 하마스 조직원들을 투옥했다.

통치 방식의 측면에서 하마스와 파타는 매우 유사하다. 이들은 모두 책임감이 없고, 때로는 잔인하며, 민주적이지 않다. 그러나 이 둘은 이스라엘과의 분쟁에 대해 매우 대조적인 접근 방식을 지닌다. 이를 제외한 두 집단의 가장 중요한 실질적 차이는, 파타와 달리 하마스는 팔레스타인 사회를 '이슬람화'하고자 한다는 사실이다. 하마스는 가자지구에서 정권을 잡은 이후 이를 유지하기 위해 노력해 왔지만, 그 접근 방식은 신중하면서도 단편적이었다. 가자지구를 이슬람 신정국가(이란이나 탈레반 치하의 아프가니스탄)나 칼리프 국가(이라크와 시리아에 잠시 세워진 이슬람 국가)처럼 바꾸려 한 게 아니라, 레제프 타이이프 에르도안 대통령이 이끄는 터키의 자유주의적 이슬람 정부를 모델로 삼았다. 하마스는 적어도 지금까지는 가자지구의 기관을 이슬람화하기보다는 '이슬람적'이고 보수적인 것을 장려하는 데 주력해 왔다(예를 들면 공공장소에서 여성의 복장을 단속하고, 남녀 혼성 모임을 금지하고, '비이슬람적' 제품을 판매하는 상점을 폐쇄하는 등). 이를 통해 하마스 지도부는 이슬람 이데올로기에 대한 헌신과, 가자지구에서 권력을 유지하고 국제적 정당성을 확보하려는 욕구 사이에서 균형을 유지해 왔다. 하마스의 집권 이후 이스라엘에 대한 접근 방식역시 같은 맥락으로 이해할 수 있다. 즉, 이스라엘에 대한 무력 사용(이른바 '무장 저항')이 이념적 당위성과 실용적 고려 사항 사이의 균형을 고려해 형성되었다는 것이다.

지난 10년 동안 가자지구가 하마스와 이스라엘의 전쟁터가 된 이유는 무엇인가?

지난 10년 동안 작은 해안 지역인 가자지구는 엄청난 외교적 관심과 국제 언론의 보도 대상이었다. 200만 명에 가까운 주민들이 처한 어려움에 인도주의적 관심이 집중되었고, 이스라엘의 가자지구 봉쇄에 대해서는 전 세계적으로 항의 시위가 일어났다. 예를 들어 인권 옹호자와 친팔레스타인 활동가는 '자유 가자 운동Free Gaza Movement'을 결성해 전 세계 도시에서 시위를 벌이고, 이스라엘의 해상 봉쇄에 맞서 '가자 자유 선단Gaza Freedom Flotilla'라는 이름의 선박을 보냈다(보통 인도적 구호 물품과 건설 자재를 싣고 있다 - 옮긴이). 2010년 5월 31일, 이스라엘은 가자 자유 선단을 이끌었던 터키의 마비 마르마라호를 공격했는데, 이로 인해 터키 활동가 9명이 사망하면서 터키와 이스라엘 간의 외교 관계가 일시적으로 경색되기도 했다.

전통적으로 가자지구는 서안지구에 비해 주목을 덜 받는 지역이었다. 그러나 최근 몇 년 사이 가자지구는 더 크고 인구도 많으며 부유한 동시에 역사적으로도 훨씬 더 중요한 의미를 지닌 서안지구를 능가하며 더 중요한 지역으로 부상했다. 가자지구는 영국 통치 기간(1917~1948)에도 팔레스타인의 다른 지역에 비해 아랍-유대인 분쟁에 덜 휘말린, 비교적 조용한 변방이었다. 그러다 이집트 통치(1949~1967) 기간 팔레스타인 민족주의의 온상이자 이스라엘에 대한 게릴라 공격이 시작되는 곳으로 변모했다. 그렇다고 가자지구가 팔레스타인의 민족적 열망이 타오르는 중심지였다는 뜻은 아니다. 이스라엘 통치 기간(1967~2005) 동안 과밀하고 빈곤에 시달리는 가자지구의 난민 캠프에서 강경하고 폭력적인 저항이 일어나긴 했지만(1987년 12월에 가자지구 난민캠프에서 1차 인티파다가 시작되었다), 이스라엘은 전략적 가치와 역사적, 종교적 중요성 때문에 서안지구에 훨씬 더 큰 관심을 가졌다. 이스라엘에게 가자지구는 전략적으로나 이념적으로 큰 의미가 있는 곳이 아니었다. 실제로 이츠하크 라빈 이스라엘 총리는 1992년 가자지구가 "그냥 바닷속으로 가라앉으면 좋겠다"라는 악명 높은 발언을 했고, 많은 이스라엘인이 같은 생각을 했을 것이다. 이스라엘은 1994년 오슬로 평화 프로세스의 일환으로 창설된 팔레스타인 자치정부에 가자지구에 대한 행정적 통제권을 기꺼이 넘겨주었고, 그로부터 11년 후 평화 프로세스가 무너지고 2차 인티파다가 끝난 2005년에는 일방적으로 가자지구에서 모든 정착민과 군인을 철수시켰다.

2007년부터 하마스가 장악한 가자지구는 이스라엘-팔레스타인 간의 분쟁에서 더 이상 조연이 아니었다. 이 지역은 하마스와 이스라엘 간에 일어나는 교전이 대규모 군사 충돌로 확대되는, 분쟁의 도화선이자 가장 치명적인 폭력의 진원지가 되었다(양측 간의 산발적 교전은 2008~2009년, 2014년에 두 차례 전면전으로 확대되었다). 반면, 대부분의 지역이 여전히 이스라엘의 군사 통치하에 있는 서안지구는 최근 몇 년 동안 비교적 평온한 상태를 유지하고 있다(폭력이 없다는 의미는 아니다). 이 지역에서는 이스라엘에 대한 팔레스타인의 공격이 급격히 감소했는데, 이는 서안지구의 자치정부 보안군이 이스라엘 방위군과 적극적으로 협력하고 있기 때문이다. 반면 가자지구에서는 하마스가 정권을 잡은 후 이스라엘을 향한 공격이 급증했다. 공격 형태 역시 다양하다. 이들은 이스라엘을 향해 로켓과 박격포를 발사하거나 이스라엘 군인과 민간인에게 총격을 가하고, 가자지구와 이스라엘을 구분하는 철책선을 따라 사제 폭발물을 터뜨린다. 또한 이스라엘을 무장 습격해 군인을 생포하기도 한다(가장 유명한 사례는 2006년 6월 25일 이스라엘의 길라드 샬릿 상병을 납치한 후 이스라엘이 팔레스타인 포로 1000여 명을 석방할 때까지 5년 동안 포로로 잡고 있었던 사건이다). 최근에는 이스라엘 농지와 농작물에 불을 지르기 위해 이스라엘로 방화용 연과 풍선을 날려 보낸 일도 있었다.

가장 흔한 방법은 로켓과 박격포를 발사하는 것으로, 이 방법은 2차 인티파다 기간 중 시작된 이래 이스라엘이 가자지구에서 철수한 2005년 이후 더욱 확대되었다. 2007년 하마스가 가자지구를 점령한 후, 가자지구에서 발사된 로켓과 박격포의 수는 2005년 800여 발에서 2008년 3500여 발로 급격히 증가했다. 이스라엘 정부가 집계한 수치에 따르면 2008년부터 2015년까지 가자지구에서 발사된 로켓과 박격포는 총 1만 발이 넘는다. 로켓은 더 자주 발사되고, 더 강력해졌으며, 더 먼 목표물까지 도달할 수 있게 되었다. 2008년까지만 해도 가자지구 인근 이스라엘 남부의 인구 밀도가 낮은 지역만 타격할 수 있었지만, 시간이 지남에 따라 로켓 사거리가 늘어나면서 최근에는 텔아비브와 예루살렘을 포함한 이스라엘의 모든 주요 도시와 북쪽의 하이파까지 사정권 안에 들었다. 이스라엘에서도 방공호, 안전실, 첨단 경보 시스템, 아이언 돔 미사일 방어 시스템(2011

년부터 배치) 덕분에 민간인 사상자가 크게 줄긴 했으나, 로켓 공격은 여전히 이스라엘인들을 공포에 떨게 하고 충격에 빠뜨린다(특히 가자 국경에서 1킬로미터밖에 안 되는 곳에 위치한 작은 도시 스데롯의 주민들은 로켓 발사를 알리는 사이렌이 울리면 15초 안에 숨을 곳을 찾아야 한다).

지난 십여 년 동안 가자지구가 로켓과 박격포 공격의 주 무대가 된 이유를 이해하기 위해서는 하마스가 로켓과 박격포를 발사한 동기를 살펴봐야 한다(모든 로켓과 박격포가 하마스에 의해 발사된 것은 아니지만). 서방 및 이스라엘 언론 보도에서는 하마스의 폭력을 유대 국가에 대한 증오심과 이스라엘을 파괴하려는 욕망에 의한 것으로만 묘사하는 경향이 있다. 그러나 하마스의 폭력에는 더 많은 것이 숨어 있다. 일반적으로 생각하는 것과 달리, 하마스의 폭력은 일종의 병리 현상, 즉 억눌린 분노나 절망의 표현이라기보다는 수단으로서의 측면이 강하다. 1991년 군사 조직을 결성한 이래, 하마스는 단기 및 장기 목표를 달성하기 위한 수단으로 폭력을 전략적으로 사용해 왔다.

1988년에 제정된 하마스 창립 헌장에 따르면, 하마스의 궁극적인 목표는 팔레스타인의 완전한 '해방'이다(하마스가 여전히 이를 위해 헌신하고 있는지는 논란의 여지가 있다). 이념적으로 하마스는 자신들이 방어적인 지하드(성전), 좀 더 세속적인 용어로 표현하면 '시온주의자들의 침략'과 식민주의에 대항하는 민족 해방 전쟁을 벌이고 있다고 믿는다. 하마스는 이러한 '무장 저항'의 일환으로, 이스라엘 민간인에 대한 테러를 통해 이스라엘 사회의 사기를 떨어뜨리고 장기적으로 정권의 유지력을 약화시킨다. 이런 점에서 보면 하마스의 로켓 공격은 이스라엘을 상대로 벌여

온 오랜 소모전에 불과하다. 1990년대 초부터 약 20년 동안 하마스가 가장 선호해 온 전술은 자살 폭탄 테러(레바논의 헤즈볼라가 선구적으로 사용한 바 있다)였다. 하마스는 1990년대 오슬로 평화 프로세스를 방해하는 데 이 전술을 사용했으나, 이후 서안지구의 장벽과 가자지구 주변의 철조망으로 인해 자살 폭탄 테러범이 이스라엘에 진입하기가 어려워지자 자살 폭탄 테러에서 로켓과 박격포 공격으로 전환했다(하마스는 2006년 헤즈볼라-이스라엘 전쟁에서 로켓 공격이 성공한 것을 본 후 이스라엘에 대한 로켓 공격을 도입했다).

하마스의 로켓 공격은 무차별적으로 보일 수 있지만 계산된 공격이다. 하마스는 특정 시점에서 지도부가 상황을 어떻게 파악하는지에 따라 공격 횟수를 늘리거나 줄이고, 일시적으로 중단하는 등 유연하게 조정한다. 이들은 어떤 대가를 치르더라도 가자지구에서 권력을 잃지 않으려 하기 때문에, 이를 위해 상황에 따라 몇 가지 다른 목적으로 로켓 공격을 활용했다. 가장 중요한 것은, 하마스의 통치가 위협받을 정도로 가자지구의 상황이 악화되는 경우 이스라엘이 가자지구 봉쇄를 해제하거나 최소한 완화하도록 압박을 가하고자 로켓 공격을 사용하는 것이다. 하마스는 이스라엘이 가자지구 봉쇄를 끝내게 만들고자 로켓 공격을 이용하는 것이라고 주장하지만, 사실 이것은 간단한 전략이 아니다. 하마스의 로켓 공격은 이스라엘의 군사 보복을 유발하기 위한 것으로, 하마스는 이를 통해 가자지구에 대한 국제 사회의 관심을 끌어냄으로써 하마스에는 정치적, 이념적 양보에 대한 부담을 완화하고 이스라엘이 양보하거나 정책을 바꾸도록 외교적 압박을 가하고자 한다. 하마스가 로켓 공격을 하는 두 번째 목적은, 이스라엘이 하마스 지도자를 암살하거나(이미 여러 번 그랬다) 하마스 조직원을 살해하거나 기타 공격적인 조치를 취하는 경우 이에 대해 보복하고 응징하기 위한 것이다. 셋째, 하마스는 그들이 여전히 이스라엘에 대한 '무장 저항'에 전념하고 있음을 보여주기 위해 로켓 공격을 이용한다. 가자지구에서 정권을 잡은 이래 하마스는 다른 이슬람 무장 단체와의 경쟁에 직면해 있다. 이는 특히 가자지구에서 두 번째로 큰 무장 단체이자 이란의 지원을 받는 극단적 세력인 이슬라믹 지하드Islamic Jihad를 비롯해 ISIslamic State(이슬람의 급진 수니파 무장단체 - 옮긴이) 및 알카에다 Al Qaeda(사우디아라비아 출신의 오사마 빈 라덴이 창시한 극단적 무장 테러 집단 - 옮긴이)의 영향을 받은 소규모 지하드 단체 등 매우 다양하다. 이들 단체는 하마스가 이스라엘과 싸울 의지가 없고, 가자지구에 제대로 된 이슬람 정권을 수립하지 못했으며, 심지어 이스라엘을 향해 로켓을 발사하는 것을 막는다고(실제로 그런 적이 있다) 비난해 왔다. 따라서 하마스는 이러한 비난에 대응하고 팔레스타인 저항 조직을 이끄는 지도자라는 명성을 유지하기 위해, 또한 그로 인해 전투적인 조직원들의 충성도를 높이고 해외 기부자의 재정적 지원을 유지하기 위해 이스라엘을 향해 로켓을 발사하고, 다른 무장 단체들도 그렇게 하도록 허용한다.

마찬가지로 이스라엘이 가자지구를 향해 자주, 때로는 파괴적으로 무력을 사용하는 것에도 이유가 있다. 이스라엘의 무력 사용이 국내 정치 상황에 영향을 받는 것은 분명하지만, 그럼에도 불구하고 이스라엘의 일관되고 최우선적인 목표는 하마스에 큰 양보를 하지 않으면서 로켓 발사를 중단하게 하고 평온한 일상을 유지하는 것이다. 무장 세력이 가자지구에서 로켓을 발사하는 것을 막을 수도 없고, 발사된 모든 로켓을 요격할 수도 없는(엄청난 비용이 들기 때문이다) 이스라엘은 군사적 억제 전략을 통해 가자지구의 로켓 공격을 줄이기로 했다. 이스라엘은 자국을 향해 로켓이나 박격포가 발사될 때마다 즉시 보복에 나선다. 강한 보복이 향후 도발을 억제할 수 있다고 생각하기 때문이다. 이스라엘은 로켓이 발사된 지점과 로켓을 발사한 무장 세력을 표적으로 삼아 '정밀' 공습(드론 공격 포함)하는데, 그 과정에서 민간인이 사망하거나 부상을 입는 경우도 많다. 그러나 이것이 항상 가능하거나 효과적인 것은 아니기 때문에 이스라엘은 누가 발사했는지에 관계없이 가자지구에서 발사된 모든 로켓의 책임을 하마스에 돌리고, 하마스 목표물(예를 들면 준 군사 훈련 캠프와 무기 저장고)에 보복하고 있다.

소규모 공습만으로 로켓 공격을 억제하는 것이 충분치 않다고 판단하거나 억제 효과가 사라져 로켓 공격이 재개되면, 이스라엘 방위군은 하마스의 군사력(특히 로켓)을 약화시키기 위한 대규모 공습을 시작한다. 이스라엘 방위군의 대규모 작전은 단순히 하마스의 무기를 파괴하고 전사를 사살하기 위한 목적이 아니다. 이들의 목적은 하마스를 군사적으로 약하게 만들고, 하마스 혹은 다른 무장단체가 이스라엘을 향해 로켓을 발사하는 것을 허용하지 않을 만큼 심각한 피해를 주는 것이다. 그러나 이스라엘은 시간이 지나면 군사력을 재건한 하마스가 더욱 대담해질 것임을 충분히 예상한다. 하마스의 군사 공격은 일시적인 폭력 소강상태에 들어가고 이스라엘은 시간을 벌 수 있을 뿐이다. 소강상태가 끝나고 다시 로켓 공격이 증가하면 이스라엘 방위군은 하마스에 대한 또 다른 대규모 공세에 나서고, 이 사이클은 반복된다. 따라서 하마스에 대한 이스라엘의 군사 전략은 정원사가 잔디가 통제 불능 상태로 자라지 않도록 주기적으로 잔디를 깎는 것처럼 이스라엘 방위군이 가자지구에서 주기적으로 대규모 작전을 수행해 하마스를 통제해야 하므로 완곡한 표현으로 '잔디 깎기mowing the grass'라고 불려 왔다.

지난 10여 년 동안 이스라엘은 가자지구의 로켓 공격에 대응하기 위해 대대적인 공세를 벌여왔다. 로켓 공격은 2005년 이스라엘이 가자지구에서 철수하기 전부터 시작되었는데, 이에 이스라엘군은 '전진 방패 작전Operation Forward Shield'(이스라엘 방위군이 2004년 6월 29일부터 37일간 가자지구 베이트하눈 마을에 퍼부은 공습으로, 전날 이스라엘의 스데롯 마을에 떨어진 로켓 공격으로 민간인 2명이 사망한 사건에 대한 보복 조치였다 – 옮긴이)과 '회개의 날 작전Operation Days of Repentance'이라는 이름의 보복 작전을 수행했다. 보복 공습은 그 이후에도 주기적으로, 그러나 끈질기게 계속되었다(2006년 '여름비 작전Operation Summer Rains' 및 '가을 구름 작전Operation Autumn Clouds', 2008년 '따뜻한 겨울 작전Operation Warm Winter', 2008~2009년 '캐스트 리드 작전Operation Cast Lead', 2012년 '방어의 기둥 작전Operation Pillar of Defense', 가장 최근인 2014년에는 '프로텍티브 엣지 작전Operation Protective Edge'). 이스라엘 방위군의 공습 작전은 이름도 비슷하고, 목표도 동일하며, 원인도 거의 같지만(물론 가자지구에서 로켓포 공격이 급증하고 이스라엘 정부가 대규모 보복을 결정하게 된 일련의 사건에는 각각 고유한 원인이 있다), 모두 똑같지는 않다. 하마스가 가자지구를 장악한 이후 이스라엘의 공격은 훨씬 더 잔혹해졌다. 특히 '캐스트 리드 작전'(하마스의 로켓 공격에 대한 보복으로 2008년 12월 27일부터 3주간 하마스 보안 시설물을 공격한 작전. 팔레스타인인 1400여 명이 사망했다 - 옮긴이)과 '프로텍티브 엣지 작전'(2014년 6월 이스라엘 10대 3명이 납치 살해된 사건에 대한 보복으로 이스라엘 방위군이 같은 해 7월 8일부터 50여 일간 행한 작전. 2200명 이상의 팔레스타인인이 사망했다 – 옮긴이)의 경우, 수 주 동안 공중 공격과 지상 침공이 이어지며 팔레스타인 측의 전례 없는 엄청난 파괴와 인명 손실이 발생했다. 위에서 언급한 두 차례의 전투는 발생한 사상자 수를 고려할 때 전쟁이라 부를 만하다. 1차 가자 전쟁인 '캐스트 리드 작전' 기간 동안 팔레스타인인 1300여 명과 이스라엘인 23명이 사망했다(이 중 6명은 아군 사격으로 목숨을 잃었다). 2차 가자 전쟁인 '프로텍티브 엣지 작전'은 훨씬 더 치명적이고 파괴적이었다. 격렬한 시가전을 포함한 50여 일간의 전투에서 팔레스타인인 2250명 이상(대부분 민간인)이 사망하고, 10만 명 정도가 심각한 피해를 입거나 집이 파괴되었으며, 가자지구 인구의 4분의 1이 넘는 50만 명이 터전을 잃고 실향민으로 전락했다. 이스라엘 측에서는 군인 66명과 민간인 6명이 사망했으며, 하마스가 이스라엘을 향해 약 4500발의 로켓과 박격포를 발사하는 동안 수십만 명의 이스라엘인이 방공호나 안전실에 대피해야 했다(로켓으로 인해 이스라엘의 주요 공항이 잠시 폐쇄되기도 했다). 발사된 로켓 대부분은 이스라엘의 아이언 돔 시스템에 의해 요격되거나 공터에 떨어졌다.

두 차례의 가자 전쟁에서, 이스라엘은 하마스의 군사력을 약화시키고 상당 기간 로켓 발사를 억제함으로써 군사적 목표 대부분을 달성했다(2014년 전쟁에서는 하마스가 파 놓은 32개의 땅굴을 발견해 파괴했다). 그러나 상대적으로 평온했던 이 기간에 하마스는 군사적으로 재무장하고 더 강해졌다. 하마스는 로켓 비축량을 늘리고 이를 업그레이드했으며, 무장 드론을 만들고, 더 많은 전투원을 모집하고, 더 많은 땅굴을 파고, 민병대를 훈련해 전문 군대로 바꿔 놓았다. 이스라엘의 반복된 공격으로 입은 손실에도 불구하고 하마스는 더욱 강해졌고, 여전히 가자지구를 굳건히 장악하고 있다.

하마스가 가자지구를 장악하고 있다는 사실은 이스라엘에 유리한 일이다. 이스라엘의 하마스 공격(2008~2009, 2012, 2014)은 하마스를 파괴하거나 권좌에서 끌어내리려는 의도가 아니었다(일부 이스라엘 내각 구성원은 이러한 목표를 옹호하기도 했지만). 이스라엘은 하마스를 억제하고 약화시키기를 원하면서도, 하마스가 가자지구를 통제할 수 없을 정도로 약화시키지는 않았다. 이스라엘이 가자지구를 재점령하여 통치하는 것은 비용이 많이 들고 위험하며, 국내 여론도 좋지 않다. 따라서 아이러니하게도 이스라엘은 가자지구를 통치하고, 이 지역의 안정을 유지하며, 이곳에서 활동하는 급진 무장 단체를 감시하는 일을 하마스에 의존할 수밖에 없다. 한마디로 이스라엘로서는 하마스가 가자지구를 계속 통치하는 것이 '가장 덜 나쁜' 선택지인 셈이다.

가자지구에서 벌어진 두 차례의 전쟁이 이스라엘과 하마스의 이익에는 도움이 되었을지 모르지만, 가자지구의 민간인들은 끔찍한 대가를 치렀다. 이 전쟁으로 총 2000명 이상의 팔레스타인 민간인이 사망했고(이스라엘 민간인 사망자 수는 9명이다), 수천 명이 부상을 입었으며, 수십만 명이 정신적 충격을 받았다(한 연구에 따르면, 가자지구 인구의 거의 절반을 차지하는 어린이들이 전쟁으로 인해 외상 후 스트레스 장애를 겪고 있다). 인권 단체와 유엔 인권이사회는 이스라엘 방위군이 가자지구에서 전쟁 범죄를 저질렀다고 비난하고, 이스라엘은 인구 밀도가 높은 도시 지역에서 로켓을 발사하고 학교에 무기를 보관하며 민간인을 인간 방패로 사용하는 하마스를 비난한다. 그러나 이 전쟁으로 발생한 사상자 비율이 이렇게까지 불균형한 것을 고려하면, 전 세계 많은 사람의 눈에는 이스라엘에 더 큰 책임이 있는 것처럼 보인다. 따라서 국제 사회의 비판은 이스라엘에 대한 하마스의 무차별적인 로켓 공격보다는 이스라엘이 가자지구에서 군사 공세를 펼치면서 불균형적으로 무력을 사용했다는 데 더 집중되어 있다. 그 결과 오랜 테러 역사를 고려할 때 하마스의 평판이 별로 좋지 않음에도 불구하고, 전 세계, 특히 유럽에서 이스라엘의 평판은 하마스보다 나쁘다.

이 글을 쓰는 시점에서 하마스와 이스라엘(또는 적어도 위험을 회피하는 지도자 네타냐후)은 막대한 비용이 드는 새로운 전쟁에 돌입하는 것을 피하고 싶어 하는 것처럼 보인다. 2018년 11월 하마스가 이스라엘 남부를 향해 수백 발의 로켓을 발사하자(1명이 사망했다) 이스라엘 방위군이 이에 대응해 가자지구의 목표물(하마스의 텔레비전과 라디오 방송국, 군사 정보본부)을 공격하며 단기간 이어진 격렬했던 전투를 제외하면, 2014년 전쟁이 끝난 이후 양측은 이집트와 유엔의 중재에 힘입어 가까스로 전쟁을 피해 왔다. 그러나 최근의 휴전은 그 이전과 마찬가지로 매우 불안정하며, 양측 모두 지금의 상태가 지속될 것으로 기대하지 않는다. 이스라엘과 하마스가 보다 지속적이고 장기적인 휴전을 달성할 수 있을까? 여기에 대한 답은 양측이 가자지구의 경제와 파괴된 인프라 재건을 지원하기로 합의하는 데 달려 있다(하마스는 포로 교환도 요구하고 있다). 그러나 안타깝게도 이러한 합의가 이루어지고 가자지구에서 폭력과 전쟁의 순환이 종식될 가능성은 희박하다(이스라엘과 PLO 간의 평화 협정에 대한 전망보다는 낫겠지만!).

평화를 향한 긴 여정

두 국가 해법, 가능할까?

이스라엘-팔레스타인 분쟁을 해결하기 위한 방법으로 '두 국가 해법'이 처음 등장한 것은 지금으로부터 80여 년 전이다. 1937년, 당시 팔레스타인을 위임통치하던 영국 정부는 필 위원회Peel Commission(팔레스타인 내 아랍인과 유대인 사이에 존재하는 갈등을 해결하고자 영국 전임 수상인 필 공작을 중심으로 구성한 위원회 - 옮긴이)를 파견해 사태를 파악하게 했고, 그 결과로 나온 보고서에서 이 땅을 유대인과 팔레스타인 아랍인을 위한 두 개의 국가로 분할할 것을 최초로 제안했다. 그로부터 10년 후인 1947년, 유엔은 결의안 181호를 통과시켜 팔레스타인 분할에 힘을 실었다. 그러나 유대인들은 1948년 이스라엘 국가를 수립한 반면, 팔레스타인 사람들은 지난 50여 년간 이스라엘 점령하에서 가진 것을 빼앗기고 살던 땅에서 쫓겨났다. 따라서 국제 사회는 분쟁을 평화적으로 해결할 수 있는 최선이자 유일한 방법은 팔레스타인도 국가를 건설해 양국이 공존하는 것이라고 생각했다. 1990년대 초에는 두 국가 해법이 마침내 실현될 것이라는 기대도 잠깐 있었으나, 이츠하크 라빈 총리의 암살과 오슬로 평화 프로세스 붕괴, 2차 인티파다 발발이 이어지며 이러한 희망은 무너졌다. 이후로도 끝없이 분쟁이 지속되고 대규모 폭력이 발생하면서 두 국가 해법에 대한 전망은 점점 어두워지고 있다.

오늘날 대부분의 사람은 가까운 미래에 두 국가 해법이 실현될 것이라고 믿지 않으며, 그렇게 믿는 사람을 순진하거나 무지한 사람으로 치부한다. 한때 필연적인 것으로 생각했던 두 국가 해법에 대해 합의가 이루어지지 않을 거라는 의구심이 증폭된 결과다. 전문가들은 두 국가 해법을 향한 기회의 창이 닫히고 있다고 경고한다. 현재 65만 명 이상의 정착민이 거주하는 이스라엘 정착촌이 지금도 계속 확장되고 있다는 사실을 고려할 때 이미 창문이 닫혔다고 생각하는 사람들도 있다.

이는 현재 이스라엘과 팔레스타인의 정치 동향에서도 드러난다. 두 국가 해법의 필요성을 점진적으로, 그리고 마지못해 받아들였던 이스라엘과 팔레스타인 사람들 대다수가 이 방법에 또다시 의문을 제기하며 포기하고 있다. 오랜 세월 노력해 왔음에도 불구하고 두 국가 해법이 실현될 것 같지 않자, 양측은 이 해법에 환멸을 느끼고 평화를 이룰 '파트너'가 없다는 결론을 내렸다. 양측 모두 상대방이 두 국가 해법을 원하지 않는다고 믿으며, 이 방법이 가능한지에 대한 생각도 비슷한 비율로 양분되어 있다(2017년 12월에 실시한 여론조사에 따르면, 두 국가 해법이 가능하다고 생각하는 비율은 이스라엘인의 경우 48%, 서안지구와 가자지구의 팔레스타인인은 37%에 불과했다). 정리하자면, 이스라엘과 서안지구, 가자지구에서 두 국가 해법에 대한 대중의 지지는 1990년대에 꾸준히 상승한 이후 2000년대에는 안정적으로 유지되다가 최근 몇 년 동안 감소하고 있다.

비관론이 커지는 데에는 그럴 만한 이유가 있다. 이 해법은 기술적으로는 가능하지만 실현 가능성은 매우 낮다. 두 국가 해법이 작동하려면 세 가지 조건이 필요하다. 우선 이 방법에 대한 상호 간의 합의가 이루어져야 하고, 공개적으로 이를 수용해야 하며, 실제로 이행해야 한다. 그러나 세 가지 모두를 충족시키는 것은 물론이고 그중 하나만 해결하는 것도 쉽지 않다. 극복해야 할 정치적, 군사적 과제도 만만치 않다. 상호 간의 정치적 의지가 충분하다면 불가능한 것은 아니지만, 어려운 일임은 틀림없다.

첫 번째 과제는 평화 회담을 재개하는 것이다. 현재 전 세계 대부분의 국가가 '팔레스타인 국가'를 공식적으로 인정하고 있고 2012년에는 유엔 옵서버 자격(정회원국은 아님)도 취득했지만, 사실 팔레스타인 국가는 문서상으로만 있을 뿐 현실에는 존재하지 않는다. 팔레스타인이 실질적인 주권을 갖기 위해서는 이스라엘이 서안지구와 동예루살렘, 가자지구에 대한 직간접적인 지배권을 포기해야 한다. 일부에서는 팔레스타인의 폭력과 외교적 압력, 풀뿌리 보이콧, 또는 투자 철회 및 경제 제재(BDS 운동)를 통해서라도 이스라엘에 지배권 포기를 강요해야 한다고 주장하지만, 이스라엘의 경제력과 군사력을 고려할 때 (이 주장의 정당성 여부와 관계없이) 강요만으로는 성공하기 힘들 것이다. 특히 미국 정부가 외교적, 재정적으로 계속해서 이스라엘을 지원하는 한, 국제 사회의 압력이 커지더라도 이스라엘의 양보를 끌어내지 못할 것으로 보인다. 게다가 국제적 압력이 지나치게 커지면 오히려 이스라엘의 방어 태세를 강화하고 반항심을 부추기는 역효과를 낳을 수도 있다(일부에서는 이미 그렇게 보기도 한다).

따라서 지속 가능하고 영속적인 두 국가 해법을 이룰 수 있는 최선의 방법은 협상을 통한 평화 협정이다. 그러나 지난 30여 년간 진행된 외교와 간헐적인 협상 결과, 오늘날 양측 모두 평화 회담에 대한 동력을 상실했다. 1991년 마드리드 회의를 시초로 미국이 주도하는 평화 프로세스가 시작되었지만 이 역시 광범위한 불신과 비난으로 이어졌고, 그 결과 대부분의 이스라엘인과 팔레스타인인은 미국 주도의 평화 프로세스를 더 이상 믿지 않는다. 캠프 데이비드 정상 회담, 타바 회담, 올메르트-압바스 회담에 이어, 2013년 존 케리 당시 미국 국무장관이 제시하려 한 포괄적 평화 협정마저 실패로 끝나자, 사람들은 평화 프로세스가 교착 상태에 빠졌다는 사실을 다시 한번 확인했다. 당시 케리 국무장관은 양측을 오가며 소위 '셔틀 외교'를 수행하는 등 적극적으로 노력했지만 그가 성공할 것으로 예상한 사람은 거의 없었다. 심지어 그의 상관이었던 버락 오바마 대통령조차 취임 초기에는 양측의 평화가 가능할 것으로 낙관했으나, 이스라엘 우파 총리인 베냐민 네타냐후의 반발에 부딪히면서 곧 좌절하고 말았다. 존 케리 국무장관의 평화 이니셔티브가 실패로 끝난 이후 이스라엘-팔레스타인 평화 회담은 더 이상 열리지 않는다. 그러나 양측 지도자들은 협상을 재개하기보다는 협상 결렬에 대한 비난을 피하는 데 더 신경을 쓰고 있다.

네타냐후 총리는 (2009년 두 번째로 취임한 이후 현재까지) 평화 회담을 재개하는 데 관심이 없다. 팔레스타인에 대한 불신과 팔레스타인 지도부에 대한 경멸이 가득했던 네타냐후는 줄곧 회의적인 태도로 일관했다 (1990년대 초에는 오슬로 협정을 노골적으로 비판했다). 첫 번째 임기(1996~1999) 중에는 마지못해 평화 회담에 참여했지만, 오늘날 그는 이스라엘이 직면한 안보 위협(특히 이란)에 대한 관심을 분산시키는 평화 협상을 재개하기

결론. 평화를 향한 긴 여정

보다는 현 상태를 유지하는 게 낫다고 생각한다. 또한 그는 팔레스타인에 영토와 주권에서 '제한적인 국가state-minus'만을 허용할 생각이기 때문에 평화 협상은 결국 실패로 끝날 것이고 자신이 비난받을 것이라는 사실도 잘 알고 있다. 게다가 네타냐후에게는 평화 회담을 재개할 정치적 동기도 없다. 그는 팔레스타인 국가 설립에 반대하겠다는 공약을 내세워 2015년 재선에 성공한 데다, 여론조사 결과 이스라엘-팔레스타인 분쟁 해결은 우선순위가 낮은 것으로 확인되었기 때문에(이스라엘 국민은 안보와 경제를 더 중요시한다) 평화 회담을 재개해야 한다는 국내적 압박도 받지 않는다. 실제로 네타냐후 총리는 부패 혐의와 그로 인한 형사 기소를 눈앞에 두고 있어서, 공약으로 내걸었던 팔레스타인과의 협상 거부에 자신의 정치 생명이 걸려 있기도 하다. 어쨌든 우파 내각 진영에 속한 대다수의 장관과 리쿠드당 소속 의원들이 두 국가 해법에 반대하는 상황에서 이를 위해 가시적인 노력을 기울인다면, 의회에서 단 1석 차이로 과반수를 차지하고 있는 그의 취약한 연립정부가 불안정해질 뿐만 아니라 네타냐후의 총리직도(심지어 그의 신변마저) 위태로울 수 있다. 한편, 과거에는 팔레스타인과의 평화 회담을 피하면 미국-이스라엘 관계가 손상되고 이스라엘에 대한 미국의 지지가 약화할 우려가 있었지만(클린턴과 오바마 행정부 시절 미국이 주도하는 평화 회담에 마지못해 참여했던 이유다), 도널드 트럼프 대통령과 그의 행정부는 이스라엘과 네타냐후 개인에 대해 강력하고 무조건적인 지지를 보냈기 때문에 이에 대한 부담도 없었다. 트럼프 대통령 임기 동안 네타냐후는 팔레스타인과 협상하거나 팔레스타인에 대폭 양보하라는 미국의 압박을 거의 느끼지 못했다(트럼프가 이스라엘과 팔레스타인 간의 '세기의 협상ultimate deal'을 성사시키겠다고 공언했음에도 불구하고). 오히려 트럼프는 이스라엘이 정착촌 건설을 확대하고, 서안지구 일부에 이스라엘 주권을 적용하려는 입법 노력을 허용했으며, 이로 인해 발생하는 국제적 비판(주로 유럽에서 제기되는)을 무시하도록 용기를 주었다.

네타냐후와 달리 마흐무드 압바스 팔레스타인 자치정부 대통령 (PLO 의장이기도 하다)은 오랫동안 평화 프로세스를 지지하고 두 국가 해법을 협상하는 데 전념해 왔다(그러나 압바스는 2008년 당시 이스라엘 총리 에후드 올메르트의 평화 제안을 받아들이지 않았기 때문에, 일부에서는 압바스의 진정성에 의문을 제기하기도 한다). 하지만 평화 회담에 대한 압바스의 열정은 이제 식어가는 것으로 보인다. 현재 80대 중반의 고령에 건강이 좋지 않은 압바스는 권력을 유지하고 정치적 라이벌을 제거하는 데 몰두하고 있다. 오늘날 대부분의 팔레스타인 사람들은 두 국가 해법을 거부하고 회담을 재개해야 한다는 의지가 없으며, PLO 고위 지도부와 파타 구성원 대부분, 그리고 경쟁자인 하마스마저 이스라엘과의 평화 회담에 반대하기 때문에, 압바스 역시 평화 협상을 재개해야 한다는 정치적 부담에서 자유롭다. 많은 팔레스타인 사람들은 미국이 후원하는 평화 회담이 이스라엘의 서안지구 식민지화를 위한 연막 장치에 불과하다고 생각한다. 게다가 압바스가 협상 테이블로 돌아올 의향이 있다고 해도 그는 평화 협정에 서명할 권한은커녕 협상할 권한도 없다. 대통령 임기가 끝난 지 한참 된 데다가(2005년 4년 임기로 선출되어 2009년 1월 공식적으로 임기가 만료되었다), 최근 여론조사에 의하면 서안지구와 가자지구의 팔레스타인 주민 대다수가 그의 사임을 원하고 있기 때문이다. 압바스의 통치는 점점 더 독재적으로 변해가고 있으며, 그의 정권은 더 이상 팔레스타인을 대표하지 않기 때문에 이스라엘과의 평화 회담에 참여할 정당성과 신뢰성이 부족하다.

이런 점에서 가까운 시일 내에 이스라엘-팔레스타인 평화 회담이 재개될 가능성은 거의 없어 보인다. 회담이 재개되려면 최소한 이스라엘과 팔레스타인의 리더십이 바뀌어야 하겠지만, 만약 그렇다고 해도 양측의 후임자가 평화 회담을 진지하게 받아들일지, 타협할 의지가 있을지도 장담할 수 없다. 이스라엘의 경우 리쿠드당이 중도 및 좌파 정당보다 대중의 지지를 많이 받고 있으므로 다른 우파 정치인이 네타냐후의 후임이 될 것이다. 반면 압바스의 후계자는 대통령 선거가 아닌 막후 권력 투쟁으로 결정될 가능성이 크다. 후계자 경쟁에서 누가 승리하든 간에, 팔레스타인 사람들이 자치정부와 그 지도부가 부패하고 권위주의적이며 정당성이 결여된 것으로 인식한다면 이스라엘과의 평화 협상에 참여할 수 있는 입지를 확보하거나 대중의 지지를 얻지 못할 수도 있다. 게다가 가자지구가 하마스에 의해 통치되고 서안지구와 정치적으로 분리되어 있는 한, 압바스의 후계자는 팔레스타인을 대표하는 권위를 가지거나 협상을 주도하기 힘들 것이다(하마스와 파타를 화해시키고 가자지구와 서안지구를 정치적으로 통일하려는 시도가 있었으나 10년 이상 계속해서 실패한 것을 고려할 때, 단기적으로는 현 상태가 지속될 가능성이 높다).

이스라엘과 팔레스타인에 새로운 지도자가 등장하고 평화 프로세스가 재개된다고 해도, 협상의 결과가 과거와 다를 것이라고 기대할 수도 없다. 양측은 예루살렘의 미래, 팔레스타인 난민의 운명, 국경선 획정, 안보 조치 등 네 가지 핵심 쟁점 중 어느 하나에 대해서도 완전히 합의하지 못했다. 포괄적 평화 협정의 윤곽이 분명해졌고 이전 협상에서 상당한 진전을 이루었음에도, 세부 사항에 대해서는 여전히 의견 차이가 존재하기 때문이다. 난민 문제를 어떻게 해결할 것인지, 예루살렘을 분할할 수 있는지와 같은 일부 핵심 쟁점에 대해서는 양측의 격차가 좁혀졌지만, 이스라엘을 유대 국가로 공식 인정하라는 이스라엘의 요구 등 또 다른 논쟁적 이슈도 발생하고 있다. 따라서 진지한 평화 회담이 재개된다고 해서 최종 지위 문제에 대한 양측의 견해 차이가 마법처럼 사라질 것이라고 기대하는 것은 그저 희망 사항일 뿐이다.

그간의 경험으로 볼 때 양측이 포괄적인 평화 협정을 체결하는 것은 쉽지 않다. 양측 모두 감정적으로 고통스럽고 정치적으로도 반대를 무릅써야 하는 중대한 타협을 해야 하기 때문이다. 이를 위해서는 아마도 미국의 개입이 뒤따라야 할 것이다(이스라엘은 미국 외의 다른 외부 중재자는 받아들이지 않을 것이다). 평화 회담이 교착 상태에 빠질 경우, 미국은 새로운 아이디어를 제시해 양측의 간극을 좁히고 양측이 이를 수용하도록 압력을 가할 수도 있다(1978년 지미 카터 대통령이 캠프 데이비드에서 이집트-이스라엘 평화 회담을 성공적으로 끌어낸 것처럼). 그러나 오늘날 민주당과 공화당 행정부 모두 이러한 능력을 발휘하려 하지 않는다. 이는 이스라엘이 미국 의회와 대중(특히 많은 미국 유대인과 복음주의 기독교인)의 강력한 지지를 받고 있기 때문이다. 그 결과 조지 H. W. 부시 행정부(1989~1993) 이후에는 어떤 정부에서도 이스라엘로부터 양보를 끌어냄으로써 발생할 수 있는 정치적 비용을 감수하려 하지 않았다. 만약 민주당이 백악관을

결론. 평화를 향한 긴 여정

다시 장악한다면 상황이 달라질 수도 있겠지만(민주당 지지층은 이스라엘에 비판적이고 팔레스타인을 동정하는 태도를 보인다), 트럼프 대통령의 재임 기간에는 미국이 이스라엘과 팔레스타인 사이에서 '정직한 중개인' 역할을 하지 않을 것이다. 특히 트럼프 행정부의 '중동 평화팀'이 대통령의 사위인 재러드 쿠슈너와 유대계 인사인 제이슨 그린블랫이라는 사실을 고려하면 더욱 그러하다. 실제로 트럼프 행정부의 지나친 '친 이스라엘' 성향, 특히 예루살렘을 이스라엘의 수도로 인정하고 미 대사관을 텔아비브에서 예루살렘으로 이전한 것, 그리고 트럼프 대통령이 예루살렘 문제를 "안건에서 제외했다"라고 반복해서 주장한 것 등은 팔레스타인을 분노하게 했다. 2018년 2월 20일, 압바스는 유엔 안전보장이사회 연설에서 미국은 '부정직한 중재자'이기 때문에 PLO는 이스라엘과 팔레스타인 간의 평화 협정을 미국이 독점적으로 중재하는 것을 더 이상 받아들이지 않겠다고 공표하며, 사실상 트럼프 행정부에 대한 보이콧을 선언했다.

두 국가 해법을 위한 평화 협정을 체결하는 것도 엄청난 도전이지만, 이를 성공적으로 이행하는 것은 훨씬 더 어려운 일이다. 평화 협정은 양측 국민의 지지를 얻어야 하고, 그 방법은 아마도 국민 투표일 것이다. 그러나 2004년 사이프러스(남북으로 분단된 두 진영이 연합 국가 설립을 위한 국민투표를 실시했으나 부결되었다 – 옮긴이)와 2016년 콜롬비아(오랜 기간 지속된 내전을 끝내기 위한 평화 협정을 놓고 투표를 시행했지만 역시 부결되었다 – 옮긴이)의 경우에서도 알 수 있듯이, 어렵게 체결한 평화 협정이 투표소에서 유권자들의 반대로 부결되는 예도 있다. 대중의 지지를 보장할 수 없다는 의미다. 최근 몇 년 동안 두 국가 해법에 대한 대중의 지지는 계속해서 감소하고 있으며, 최근 여론조사에 따르면 팔레스타인과 이스라엘 유대인 중 소수만이 이 해법을 계속 지지하는 것으로 나타났다(이스라엘에 거주하는 팔레스타인인들은 이를 지지하는 입장이다). 세부 조항에 대한 지지율은 더 낮다. 예를 들어 2018년에 실시한 설문조사 결과, 팔레스타인인의 37%와 이스라엘 유대인의 39%만이 '비무장 팔레스타인 국가, 이스라엘의 그린라인 철수 및 동등한 토지 교환, 가족 재결합 명목으로 팔레스타인 난민 10만 명의 귀환 보장, 서예루살렘을 이스라엘의 수도로, 동예루살렘을 팔레스타인의 수도로 하는 예루살렘 분할(통곡의 벽과 구시가지의 유대인 지구는 이스라엘의 주권하에 두고 이슬람 및 기독교 구역과 하람 알 샤리프는 팔레스타인의 주권하에 두는 것)' 조항을 포함하는 두 국가 해법을 지지한다고 답했다. 그러나 평화 협정에 반대하는 사람 중 상당수는 상대방이 크게 양보한다면 마음을 바꿔 평화 협정을 지지할 것이라고 답했다. 예를 들어 팔레스타인이 이스라엘을 유대 국가로 인정하거나, 이스라엘이 나크바 및 팔레스타인 난민의 고통을 인정하고 이에 대한 보상을 제공한다면 평화 협정을 지지할 수 있다는 뜻이다. 이는 적절한 인센티브와 정치적 분위기가 조성된다면 지도층의 설득에 따라 여론이 바뀔 수 있다는 의미이기도 하다. 따라서 이스라엘과 팔레스타인 주민들이 지도자에게 협상에 대한 압박을 가하는 일은 없겠지만, 지도자들이 어떻게든 평화 협정을 체결한다면 대중이 이를 지지할 가능성은 높다 하겠다.

그러나 양측 모두 영토 타협과 관련된 모든 합의를 절대적으로 거부하는 소수(약 3분의 1)가 있다. 종교적 극단주의자(즉, 강경한 시온주의자와 팔레스타인 이슬람주의자)들은 땅을 신성시하고 배타적 소유권을 주장하며 땅의 일부분이라도 소유권을 양도하는 것은 종교적 금기라고 믿는다. 이 견해에 따르면 토지의 신성함은 거래나 분할이 불가능하다는 것을 의미하므로, 어떤 종류의 두 국가 해법도 불법이며 용인될 수 없다. 모든 시온주의자와 팔레스타인 이슬람주의자가 이러한 견해를 가지고 있는 것은 아니지만, 오슬로 평화 프로세스 당시 이를 방해하며 자신들의 존재를 드러낸 과거의 행적을 고려할 때 이들은 두 국가 해법의 이행을 방해하고자 폭력을 포함한 모든 수단을 동원할 가능성이 크다.

이스라엘에서 가장 강력한 저항은 서안지구 장벽 너머에 살고 있는 소수의 이념적 정착민에서 나올 것이다. 이스라엘 정착민의 대다수(약 85%)는 장벽 뒤쪽의 그린라인 근처에 있는 대규모 정착촌에 집중되어 있다. 평화 협정이 체결되면 이스라엘이 이 대규모 정착촌을 합병할 수 있으므로(동일한 면적의 땅을 교환하는 조건으로) 정착민 대다수는 이곳에 계속 살 수 있다(그러나 이들은 재정적 보상을 받는다면 대부분 기꺼이 이주할 의향이 있다고 답했다). 반면, 서안지구 중심부의 작고 외진 정착촌에 살고 있는 약 10만 명의 정착민(약 2만 7000가구)은 이주해야 할 가능성이 크다. 이들은 대부분 정착민의 자녀와 손자로, 시온주의를 신봉하며 자신을 구원의 대리인으로 여긴다. 젊은이들이 특히 더 광신적인데 이들은 이스라엘 국가의 권위를 거부하고 법을 무시한다. 이 급진적인 정착민들은 이스라엘 정부의 모든 이주 제안을 반대할 것이며, 정착민을 대피시키거나 정착촌을 해체하려는 시도에 폭력적으로 저항할 것이다. 이들은 약 43만 명에 달하는 서안지구 정착민 중 2만 명이 채 되지 않지만, 이들의 폭력적 저항 가능성은 이전부터 이스라엘 정부가 이들에 대해 아무런 조치를 취하지 못하도록 위협해 왔으며, 향후 정부의 강제 이주 시도 역시 억제할 것이다. 이러한 위협을 더욱 가중하는 것은 이스라엘 군인(특히 이스라엘 방위군 전투 부대와 지휘부)이 시온주의자 정착민일 경우(실제로 그 비율이 점점 증가하고 있다), 강제 철거 명령이 내려졌을 때 어떻게 행동할지에 대한 우려다. 과연 이들은 상부의 명령을 따를까, 아니면 그러한 명령을 따르지 말라고 지시하는 일부 극우 랍비들의 지시를 따를까? 이스라엘이 서안지구에서 철수한다고 해서 이스라엘 방위군에서 반란이 일어날 가능성은 희박하지만, 그 가능성도 배제할 수는 없다.

이스라엘은 2005년 8월 17일부터 22일까지 단 5일 만에 8000여 명의 정착민을 가자지구에서 철수시키는 데 성공했다. 대부분의 가자지구 정착민이 철수를 거부하는 바람에 강제로 쫓겨났고, 일부 급진적 성향의 서안지구 정착민들은 가자지구로 달려가 이에 저항했다. 그러나 폭력적 저항 가능성에 대한 우려에도 불구하고 대피는 비교적 순조롭게 진행되었으며, 정착민들이 발을 구르고 비명을 지르며 끌려가는 위태로운 상황이 발생했으나 단 한 발의 총성도 울리지 않았다. 일부 군인들은 명령을 거부하기도 했지만, 우려했던 내전이나 반란은 일어나지 않았다. 가자지구 철수는 정착촌 철수가 가능하다는 것을 보여 주었다. 그러나 여기에는 4만 명 이상의 이스라엘 군인이 투입되었고 약 30억 달러의 비용이 들었다. 이스라엘이 서안지구에서 철수할 경우 최소 10배 이상의 정착민을 이주시켜야 할 것이다. 엄청난 비용과 인력이 필요하겠지만, 이론적으로 불가능한 일은 아니다. 하지만 중도 좌파 정부를 포함한 미래의 모든 이스라엘 정부 중에서 이렇게 거대하고 위험한 작전을 기꺼이 수행할 정부

결론. 평화를 향한 긴 여정

가 있을지는 매우 의문이다.

　이스라엘이 서안지구 깊숙이 자리한 정착촌을 떠나기를 거부하는 종교적 극단주의자들의 반대를 무릅써야 하는 것과 마찬가지로, 팔레스타인 자치정부는 주로 하마스 내 강경파를 중심으로 한 극단주의자들의 더 큰 도전에 직면하게 될 것이다. 앞에서 이야기했듯이 이스라엘 및 서방에서는 하마스를 이스라엘인을 제거하고 유대 국가를 파괴하는 데 전념하는 극단주의 테러 단체로 여기지만, 많은 전문가들은 하마스가 흔히 묘사되는 것만큼 독단적이지 않으며, 수년에 걸쳐 진화한 결과 1988년 창립 헌장에 제시된 것보다는 덜 극단적이라고 주장한다. 하마스 창립 헌장에는 이스라엘-팔레스타인 분쟁을 무슬림과 유대인 간의 종교 전쟁으로 묘사하며, 신성한 이슬람 땅을 점령하고 있는 '시온주의 단체'를 파괴하기 위해 모든 무슬림이 폭력적인 성전을 치르도록 촉구하기 때문이다. 이들의 견해에 따르면, 하마스는 더 이상 이스라엘을 파괴하고 팔레스타인 영토 전체에 이슬람 국가를 건설하는 데 전념하지 않는다(이는 하마스에 실제적인 목표라기보다는 유토피아적 이상으로 남은 듯하다). 하마스는 여전히 오슬로 협정을 거부하고 신학적, 이념적 토대 위에서 이스라엘을 공식적으로 인정하는 것에 완강히 반대하고 있지만, 하마스의 지도자들은 격렬한 대중적 수사와는 별개로 이스라엘과의 장기 '후드나hudna'(특정 기간의 휴전을 뜻하는 이슬람 용어)를 수용할 의사가 있음을 반복해서 표명하고, 심지어 팔레스타인인들의 '국민적 합의'의 일환으로 가자지구와 서안지구만의 팔레스타인 국가(예루살렘을 수도로 하는)를 받아들일 준비가 되어 있다고도 했다. 이러한 입장은 하마스가 4년간의 내부 심의와 토론을 거쳐 2017년에 발표한 새로운 정책 문서, 즉 정치 선언문에 제시되었다.

하마스가 과거에 비해 온건해졌다 하더라도(물론 논란의 여지가 있다), 이들은 여전히 두 국가 해법을 가로막는 큰 걸림돌이다. 그러나 하마스가 두 국가 해법을 지지하지 않을지언정 (이스라엘의 리쿠드당도 공식적으로 두 국가 해법을 반대한다), 평화 협정이 체결된다면 당연히 이를 준수해야 할 것이다. 그렇다면 중요한 질문은 하마스가 두 국가 해법의 이행을 방해할 것인지 여부다. 하마스 지도부는 팔레스타인 주민들이 국민투표에서 지지한다면 따르겠다고 말하지만, 이들은 디아스포라 팔레스타인인을 포함한 모든 팔레스타인 사람이 투표권을 갖기를 원하기 때문에 이 조건을 충족하기는 어려울 것이다. 만약 서안지구, 가자지구, 동예루살렘의 팔레스타인 주민들만 투표하지만 압도적인 지지를 받아 가결된다면, 하마스가 평화 협정을 파기할 경우 대중의 반발에 직면할 위험이 있으므로 어쩔 수 없이 그들의 뜻을 존중할 수도 있다. 그러나 이를 무조건 따를 것인지에 대해서는 논란이 있다. 만약 하마스가 군사 조직을 해체하고 무기를 포기해야 한다면(이스라엘은 하마스가 무기를 보유하도록 허용하는 것은 이스라엘에 큰 위협이 된다고 여기기 때문에 이 조항을 넣으려 할 것이다), 하마스는 분명 이를 거부할 것이다. 하마스 지도부는 무장 해제는 절대 없을 것이라고 여러 차례 밝혀왔기 때문이다. 설령 온건파 지도자들이 무장 해제를 지지한다고 할지라도, 이는 하마스 내부의 분열을 야기하고 향후 더 전투적인 분파의 출현으로 이어질 수 있으므로 수용하기 어렵다. 그렇다고 팔레스타인 자치정부가 강제로 하마스를 무장 해제할 만큼 강력한 것도 아니다. 2007년 '가자 전투'에서 미국의 훈련을 받은 자치정부 보안군을 격파한 이후 하마스의 군사 조직은 더 크고 강해졌으며, 전투적으로도 단련되었다(2008~2009년과 2014년 두 차례의 전쟁에서 이스라엘 방위군에 대항했다). 만약 자치정부가 하마스를 무장 해제하고 두 국가 해법을 실행하려면 미국 또는 나토NATO가 주도하는 대규모 평화 유지군의 지원을 받아야 하겠지만, 이는 레바논 남부 헤즈볼라 무장 해제 실패를 기억하는 이스라엘에서 반대할 가능성이 크다. 결론적으로, 두 국가 해법을 달성하기 위한 다른 여러 조건과 마찬가지로 하마스 무장 해제는 실현 가능성이 매우 낮다. 실제로 하마스 무장 해제보다 가능성이 큰 것은, 하마스가 압바스 정권 이후 서안지구에서도 자치정부를 대신하려는 야망을 실현하는 것이다. 그렇게 되면 두 국가 해법의 가능성은 완전히 사라질 것이다.

한 국가 해법은 가능한가?

두 국가 해법에 대한 기대가 사라지면서 그 대안으로 '한 국가 해법'에 대한 관심이 커지고 있다. 한 국가 해법이라는 아이디어 역시 오래전부터 존재해 왔다. 1920년대 시온주의자와 팔레스타인 민족주의자 간의 갈등이 불거지고 폭력적으로 변해가던 시기에 팔레스타인을 통치하던 영국 행정부는, 당시 전체 인구의 다수를 차지하던 아랍계와 소수의 유대계가 권력을 공유하는 한 국가 해법을 제안했다. 분쟁 초기에 약세였던 시온주의자들도 다양한 형태의 한 국가 해법을 고안했고, 철학자 마르틴 부버를 비롯한 소수의 저명한 유대 지식인들은 브릿 샬롬Brit Shalom('평화를 위한 동맹'이라는 뜻이다)이라는 단체를 결성해 유대인-아랍인 공동 국가를 주장했다. 사회주의 시온주의socialist Zionist 운동인 하쇼메르 하자이르 Hashomer Hatzair('젊은 경비대'라는 뜻이다) 역시 이를 지지했다. 훗날 이스라엘 초대 총리가 된 좌파 시온주의Labor Zionist(노동 시온주의라고도 한다 – 옮긴이) 지도자 다비드 벤구리온도 분쟁의 잠재적 해결 방안으로 이원적 연방국가를 제안한 적이 있고, 1947년 당시 유엔위원회의 소수파에서도 이를 제안했다(대부분은 분할을 권고했지만). 그러나 당시 팔레스타인 지도부는 다수의 아랍인이 소수의 유대인과 권력을 나누는 것을 허용하지 않았기 때문에 결국 이러한 제안 중 실현된 것은 없다. 이스라엘이 건국된

결론. 평화를 향한 긴 여정

1948년 이후에도 공동 국가 및 한 국가 해법을 지지하는 이스라엘인은 소수의 극좌파가 전부였으며, 이는 오늘날에도 마찬가지다.

한편 팔레스타인의 경우, 한 국가 해법에 대한 지지는 1947~1949년 전쟁에서 패배한 이후 70년 동안 오르락내리락했다. 1965년 설립된 PLO의 초기 목표는 역사적인 팔레스타인 전체를 아우르는 민주적이고 세속적인 단일 국가를 건설하는 것이었다. PLO는 1970년대와 1980년대까지 이 목표를 유지했지만, 1988년 한 국가 해법을 공식적으로 포기하고 두 국가 해법으로 전향했다(팔레스타인 해방민주전선과 팔레스타인 해방인민전선이라는 두 개의 소규모 정파는 지금도 이를 지지한다). 오슬로 협정이 체결되어 팔레스타인 국가 수립에 대한 기대감이 높아진 1990년대 초에는 서안지구와 가자지구의 팔레스타인 주민도 두 국가 해법을 수용했다. 그러나 지지부진하던 평화 프로세스가 결렬되고 이스라엘 정착촌이 계속 확장되면서 팔레스타인 지식인, 학자, 활동가, 그리고 (고故 에드워드 사이드를 비롯한) 많은 디아스포라 지식인은 다시 한번 한 국가 해법을 요구하고 있다. 일부 팔레스타인 지지자들은 계속해서 한 국가 해법을 주장해 왔는데, 이는 두 국가 해법이 팔레스타인인에게 정의를 실현하지 못한다고 믿기 때문이다. 이들은 두 국가 해법으로는 모든 팔레스타인 난민의 '귀환권'이나 잃어버린 땅과 재산에 대한 소유권을 되찾을 수 없다고 생각했다. 이스라엘이 절대로 이를 수용하지 않을 것이기 때문이다. 또한 팔레스타인인에 대한 차별을 종식시키지 못할 뿐 아니라, 민족 분리주의를 강화해 상황을 더욱 악화시킬 수도 있다고 여겼다. 반면, 한 국가 해법은 서안지구와 가자지구에 거주하는 팔레스타인인을 포함한 모든 팔레스타인인의 필요와 열망을 잠재적으로 충족시킬 수 있기 때문에 일부에서는 오랫동안 한 국가 해법을 가장 공정한 해결책으로 여겨왔다. 이스라엘과 병립하는 주권 국가 수립에 대한 희망을 잃은 팔레스타인인에게도 한 국가 해법은 남아 있는 유일한 해법이다. 이들은 두 국가 해법이 불가능한 이유는 전적으로 이스라엘 때문이라고 확신하며, 민족 자결권을 향한 헛된 투쟁 대신 시민권과 평등을 위한 투쟁으로 전략적으로 전환해야 한다고 주장한다(일부 좌파 이스라엘-유대인 평화 운동가들도 같은 이유로 이를 옹호한다).

　한 국가 해법은 최근까지만 해도 그다지 환영받지 못했지만 오늘날 훨씬 더 많은 관심을 받으며 진지하게 고려되고 있다. 실제로 PLO는 한 국가 해법을 재고하고 있는데, 이는 이스라엘 정부가 두 국가 해법을 추진하도록 압력을 가하기 위한 전술일 가능성도 있다. 어찌 되었든 한 국가 해법의 가장 큰 매력은 지중해와 요르단강 사이의 전체 영토를 실질적으로 통제하는 국가, 즉 이스라엘이라는 국가가 이미 존재한다는 사실을 인정하는 것이다. 이는 팔레스타인을 위한 또 하나의 국가를 만들어 기존의 '한 국가 현실'을 바꾸려 하는 대신, 사실상 이스라엘의 통치하에 살고 있는 모든 팔레스타인인(특히 서안지구, 동예루살렘, 가자지구 거주자)에게 이스라엘 국민과 동일한 권리(특히 이스라엘 총선 투표권)를 부여하는 것이 훨씬 더 간단하다는 생각에 근거한다. 이스라엘 주권하에 살고 있는 모든 사람에게 시민권, 동등한 권리, 민주적 대표성을 부여하면 평화적으로 한 국가 해법을 이룰 수 있다고 주장하는 이 시나리오에서는 평화 협정도 필요하지 않다. 예루살렘 분할이나 국경 문제 등 지금까지 두 국가 해법을 위한 협상을 어렵게 만들었던 복잡하고 까다로운 문제를 고민할 필요 없이 '1인 1표'라는 민주주의의 기본 원칙만 받아들이면 되는 것이다.

한 국가 해법을 지지하는 사람들은 팔레스타인이 미국의 시민권 운동civil right movement(한 사회에서 특정 집단이 시민권을 얻으려는 정치적 목적을 가지고 벌인 운동. 대표적인 것으로 1960년대 미국의 흑인 인권 운동이 있다 – 옮긴이)을 모델로 삼아 평화적인 시민권 운동을 벌일 것을 제안한다. 이렇게 하면 미국 대중의 지지를 더 많이 얻을 수 있고 미국 정부가 무조건 이스라엘을 지지하기 어려워질 것으로 판단하기 때문이다. 이와 동시에 전세계 팔레스타인 동맹국들은 이스라엘에 압력을 가하기 위해 과거 남아프리카공화국의 아파르트헤이트 정권을 무너뜨리는 데 도움이 된 반反아파르트헤이트 운동에서 사용한 전술(앞에서 말한 BDS, 즉 보이콧, 투자 철회, 제재)을 시도하고자 한다.

이론적으로 한 국가 해법은 두 국가 해법에 비해 비교적 간단하고 달성할 수 있는 것처럼 보이지만, 이 해법의 실현 가능성은 훨씬 낮다. 사실에 대한 냉정한 평가가 아닌 희망적 사고에 기반하고 있는 데다가, 이스라엘의 상황을 남아프리카공화국의 아파르트헤이트에 잘못 비유하고 있기 때문이다. 이 둘은 여러 가지 측면에서 크게 다르다. 남아프리카공화국의 경우 소수의 백인이 인구의 압도적 다수를 차지하는 흑인을 90여 년간 직접 통치했던 반면, 오늘날 직간접으로 이스라엘의 통제하에 있는 유대인과 팔레스타인인의 수는 거의 같다(이스라엘과 서안지구, 가자지구를 포함한 양측 인구는 각각 약 650만 명에 달한다). 또한 이스라엘에 대한 국제적 지지는 이들이 홀로코스트를 겪었다는 이유로 남아프리카공화국의 아파르트헤이트 정권에 비해 훨씬 강하다. 그렇다면 현재 남아프리카공화국의 상황은 어떨까? 넬슨 만델라의 혁신적인 리더십에 힘입어 법적으로 인종 차별 없는 민주적 남아공을 이루기까지 80년이 넘는 세월이 걸렸지만(1912년 아프리카민족회의 창설부터 1994년 첫 자유선거까지), 이러한 기념비적인 성과에도 불구하고 이 나라는 단지 분리되지 않았을 뿐 여전히 인종적으로 깊이 분열되어 있으며, 빈곤한 다수의 흑인과 부유하고 특권을 누리는 소수 백인 간의 불평등이 심각하게 존재한다. 따라서 평등한 시민권이 만병통치약은 아니다.

이스라엘-팔레스타인 분쟁에 대한 한 국가 해법의 가장 큰 문제점은 양쪽 모두 이를 지지하지 않는다는 사실이다. 대부분의 이스라엘인과 팔레스타인인은 단일 국가에서 함께 사는 것을 원하지 않는다. 여론 조사 결과, 양측 대다수가 팔레스타인과 이스라엘 유대인이 동등한 권리를 갖는 한 국가 해법에 일관되게 반대했는데(이스라엘의 팔레스타인 시민 중 극소수만이 이를 지지한다), 이 방식은 서구인들에게는 매력적인 아이디어일 수 있지만, 배타적인 민족 자결권이라는 집단적 욕구를 지닌 팔레스타인과 이스라엘 유대인의 입장에서는 대중적 호소력이 없다. 그럼에도 불구하고 정치적으로 소외되고, 실업이 만연해 경제적·사회적으로 좌절하고, 미래의 팔레스타인 국가 역시 팔레스타인 자치정부처럼 부패하고 권위주의적일 것으로 예상해 팔레스타인 국가라는 개념에 환멸을 느끼는 서안지구와 가자지구의 젊은 세대 사이에서는 한 국가 해법에 대한 지지가 높아지고 있다. 현재 팔레스타인 인구의 약 3분의 1이 15세에서 29세 사이이므로, 이러한 추세가 지속되고 점점 더 많은 팔레스타인 젊은이가 한 국가 해법을 수용한다면 언젠가는 팔레스타인 국민 전체가 이를 지지하게 될 것이다.

그러나 이스라엘 유대인이 한 국가 해법을 지지할 가능성은 극히 낮다. 높은 출산율을 고려할 때 팔레스타인 사람들이 인구의 절대다수를 차지하는 일은 필연적이다. 이 경우 한 국가 해법하의 이스라엘 유대인은 팔레스타인인의 의지에 따라 권리와 안전이 좌우되는 소수가 될 것이다. 수천 년에 걸친 유대인 박해의 역사와, 지난 세기에 벌어진 아랍과 유대인 사이의 분쟁의 역사, 그리고 최근 중동의 역사를 고려할 때 이스라엘 유대인들이 이러한 시나리오를 두려워하는 것은 당연하다. 대다수 유대인이 열광하는 시온주의의 핵심은 유대인이 안전하게 살 수 있는 그들만의 국가를 만드는 것이었다. 이를 위해 엄청난 대가를 치르며 유대인의 주권을 확보한 이스라엘 유대인들이 자발적으로 주권을 포기하고 그들이 두려워하고 불신하는 팔레스타인 사람들의 자비에 자신을 맡기는 일은 없을 것이다. 그들이 생각하기에 민주적 단일 국가를 받아들이는 것은 국가적 자살 행위와 같다. 유대 국가로서의 이스라엘이 종말을 고하고 그들을 취약한 소수민족으로 전락시킬 뿐만 아니라 현재 이스라엘에서 누리고 있는 모든 물질적, 문화적 혜택을 위태롭게 할 것으로 생각하기 때문이다. 바로 이것이 국제 사회의 강력한 압력에도 불구하고 이스라엘 유대인들이 한 국가 해법을 받아들이지 않는 이유다.

미래에도 한 국가 해법에 동의하는 이스라엘 지도자는 나타나지 않을 것이다. 일부 이스라엘 정책 입안자들이 수용할 수 있는 단일 국가는 서안지구 팔레스타인 사람들에게 완전한 시민권(혹은 동등한 권리)을 부여하지 않고, 심지어 이들을 인근 아랍 국가(요르단 등)로 이주시킴으로써 이스라엘의 유대적 특성이 유지되는 형태가 유일하다. 최근 몇 년 사이 이스라엘 우파 정부 일각에서는 다양한 형태의 비민주적 단일 국가 '해결책'이 등장했다. 특히 정착민을 지지하는 극우 성향 정당인 '유대가정당Jewish Home party' 대표 나프탈리 베네트는 이스라엘이 서안지구 대부분을 합병하고 그곳에 거주하는 팔레스타인 사람들에게 시민권을 부여하되 이스라엘 총선에서는 투표를 금지할 것을 제안한 바 있다. 하지만 이스라엘 유대인들이 하마스가 구상하는 무슬림-아랍 통치하의 '대팔레스타인'에 사는 것에 절대 동의하지 않는 것처럼, 서안지구 팔레스타인인들도 영구적으로 선거권을 박탈당하는 '대이스라엘'에 사는 것에 절대 동의하지 않으리라는 것은 말할 필요도 없다.

한 국가 해법이 실현되기 위해서는 인종, 민족, 종교와 관계없이 모든 시민을 동등하게 대우하는 단일 국가이든, 아니면 두 국가 모두 공식적으로 인정하고 권력을 공유하는 이원 국가 형태를 취하든 그 형태와 관계없이 최소한 민주적이어야 한다. 두 가지 국가 형태 모두 실현 가능성은 작지만, 만약 민주적 단일 국가가 수립된다고 하더라도 양측의 갈등을 해결할 수 있을지는 의문이다. 한 세기에 걸친 격렬한 분쟁의 역사와 수십 년 동안 축적된 상호 적대감과 불신이 뿌리 깊게 자리 잡은 상태에서 갑자기 적대감을 극복하고 평화롭게 공존할 수 있을까? 아마도 희망 사항에 불과할 것이다. 최근 종족민족주의ethno-nationalism(문화적, 종교적 동일성을 근거로 집단의 권리를 주장하는 정치 운동 – 옮긴이)의 부활로 서구 자유민주주의 국가도 사회적으로 불안정해졌고, 스페인이나 영국과 같은 다국적 국가 역시 분리독립운동secessionist movement으로 인해 국가적 통합에 위협을 받고 있다(스페인으로부터의 분리 독립을 요구하는 카탈루냐 지역, 영국연방에서 독립을 원하는 스코틀랜드의 독립운동 등을 말한다 – 옮긴이). 한때 사람들은 세계화 시대를 맞아 종족민족주의가 약해질 것으로 기대했으나, 이는 오히려 더욱 강화되고 있다. 종교적 종파주의religious sectarianism도 마찬가지다. 시리아, 이라크, 예멘 등 최근 일어난 사례만 보더라도 국가를 폭력적으로 분열시키는 강력한 파괴력을 지닌다. 이들 역시 한 국가 해법을 (불가능하지는 않더라도) 어렵게 만드는 요인이다. 충분한 논의와 합의 없이 한 국가 해법을 밀어붙인다면, 종족-종교적 폭력은 물론이고 (1990년대 보스니아와 코소보에서 일어난) 종족 청소가 벌어질 가능성도 매우 높다. 가장 희망적으로 생각한다 해도, 현재 이스라엘에서 벌어지고 있는 것처럼 양측 간에 극심한 긴장 상태가 조성될 것이고 정치권력과 국가에 대한 통제권을 두고 끊임없는 경쟁이 벌어질 것이다. 게다가 팔레스타인과 이스라엘의 경제적 격차(이스라엘의 1인당 GDP는 약 3만 7000달러인 반면, 서안지구와 가자지구 팔레스타인의 1인당 GDP는 3000달러 미만이다)를 고려할 때, 부와 자원의 대대적인 재분배가 이루어지지 않는 한 대부분의 팔레스타인인이 유대인보다 훨씬 가난할 것이고, 갈등은 더욱 심해질 것이다.

정리하자면, 한 국가 해법은 이스라엘-팔레스타인 분쟁을 해결하기에 현실적이지 않다. 이 방법은 양측의 종교 및 민족주의 극단주의자들이 바라는 자유주의 유토피아적 꿈일 뿐, 문제의 해결과는 거리가 멀다. 오히려 정치적 마비, 불안정, 억압, 지속적인 분쟁, 그리고 잠재적으로 내전과 종족 청소를 유발할 가능성도 존재한다. 그러나 이러한 위험에도 불구하고, '한 국가화'는 실제로 가능할 수도 있다. 두 국가 해법이 불가능하고 이스라엘이 서안지구를 사실상 합병한 것과 마찬가지인 오늘날(서안지구 합병에 대한 공식 승인 절차에 돌입했다), 현실은 이미 소수의 유대인이 다수의 팔레스타인인을 통치하는 '한 국가'를 향해 가고 있기 때문이다. 이스라엘의 전직 총리이자 실패한 평화주의자인 바락과 올메르트가 공개적으로 경고했듯이, 그리 머지 않은 미래에 남아프리카공화국의 아파르트헤이트와 비슷해질 수도 있다.

결론. 평화를 향한 긴 여정

두 가지 해결책이 모두 불가능하다면,
어떻게 해야 갈등을 해결하거나 줄일 수 있을까?

이스라엘과 팔레스타인 간의 평화 가능성에 대한 비관론이 만연하지만, 나는 시간이 걸릴지언정 이 분쟁이 평화적으로 해결될 수 있을 것으로 생각한다. 최근 몇 년 동안 기존의 두 국가/한 국가 해법에 대한 대안으로 다양한 창의적인 방법이 등장했다. 가장 가능성이 있어 보이는 것은 두 가지 해법을 결합한 것으로, 이스라엘과 팔레스타인이라는 두 주권 국가가 '연합confederation'의 일원이 되는, 마치 유럽연합 회원국을 연상시키는 방안이다. 이를 위해서는 일부 분야(환경 관리 및 물과 같은 천연자원 공유 등)에서 공동 거버넌스를 구축하고, 안보나 경제를 비롯한 상호 관심사에 대해서는 광범위한 협력을 추구해야 한다. 과도기가 지나면 양쪽 국경이 개방되어 직장, 학업, 사교 모임, 쇼핑, 성지 방문 등 다양한 목적으로 자유롭게 왕래할 수 있을 것이다. 또한 예루살렘을 통합 국가의 공동 수도로 삼아 이스라엘-팔레스타인 연합 정부가 공동으로 국정을 운영하고, 종교 당국과 국제기구가 성지를 관리하여 모든 사람이 자유롭게 드나들 방안을 구상한다.

이러한 접근법은 1947년 유엔 분할 계획에서 제시한 두 국가 해법의 업데이트 버전이라 할 수 있다. 당시 유엔은 유대 국가와 아랍 국가가 경제적으로 연합하고 예루살렘(및 성지)은 국제적 관할하에 둘 것을 제안했다. 그러나 연합 국가 방식은 기존에 있었던 두 국가 해법과는 크게 다르다. 연합 국가 방식은 두 국가가 분리하는 것이 아닌 상호 교류와 통합을 추구하지만, 양측이 하나가 되어 권력을 공유하는 한 국가 해법과 달리 상호 합의에 따라 점진적인 개방과 통합을 도모한다. 쉽게 말하면, 기존의 두 국가 해법은 이스라엘과 팔레스타인 사이에 이혼(및 자산 분할)을 제안하고, 한 국가 해법은 중매결혼(또는 강제 결혼)을 말하며, 연합 국가 해법은 파트너십을 중요시하는 동거에 비유할 수 있다. 연합 국가 해법과 나머지 두 방식의 또 다른 중요한 차이점은 시민권과 거주권을 분리한다는 점이다. 즉, 연합 국가에서는 귀환법을 포함해 나라마다 고유한 시민권 정책이 있지만 서로 다른 나라에 거주할 수 있고(EU 회원국처럼), 각 국가는 자국에 거주하는 비시민권자의 수에 제한을 두어 이를 관리한다. 이는 이스라엘 및 팔레스타인 사람들이 원하는 곳에 거주할 수 있다는 의미다. 물론 거주는 가능하지만 그 나라의 시민은 아니다(이스라엘의 팔레스타인 시민은 원할 경우 이중 국적을 가질 수 있다). 시민권과 거주권을 분리하면 두 국가 해법의 합의를 어렵게 했던 가장 큰 두 가지 문제, 즉 팔레스타인 난민의 귀환권 문제와 유대인 정착민 이주 문제를 해결하는 데 도움이 될 수 있다. 만약 팔레스타인 난민이 이스라엘에 거주하기를 원할 경우, 팔레스타인 선거에 투표하는 등 팔레스타인인으로서 완전한 시민권을 행사하면서도 주민으로서 이스라엘에 거주할 수 있는 것이다. 이렇게 하면 이스라엘로 '귀환'하는 팔레스타인 난민 때문에 유대 국가가 소멸할지도 모른다는 유대인들의 두려움을 완화할 수 있다. 마찬가지로 서안지구에 거주하고 싶은 유대인 정착민은 팔레스타인의 법을 준수하는 한 팔레스타인 주민으로 계속 머물 수 있다.

이처럼 연합 국가 해법은 예루살렘 문제, 팔레스타인 난민 문제, 유대인 정착민 문제와 같은 두 국가 해법을 가로막는 주요 장애물을 극복할 방법을 제시하고, 안보 및 경제 개발과 관련해 두 국가 간의 지속적인 협력을 촉진하기 위한 공동 기관을 제안함으로써, 미래의 팔레스타인 국가가 번영하고 안정적으로 유지될 기반을 조성한다. 또한 연합 국가 해법은 한 국가 해법에 따라 만들어진 하나의 국가보다 훨씬 더 공정하고 민주적이다. 이런 점에서, 다소 무리한 결론으로 보일 수도 있지만, 연합 국가 해법이 앞에서 말한 두 가지 해법(두 국가/한 국가 해법)보다 더 현실적인 접근 방식이라 하겠다. 이 방식은 양측이 완전히 분리되기에는 서로 너무 섞여 있고 상호 의존적이라는 사실을 인정한다. 이스라엘과 팔레스타인은 천연자원과 생태계를 공유하고, 경제와 기반 시설이 얽혀 있기 때문이다. 또한 같은 땅에 대한 양측의 국가적·문화적·종교적 애착을 인정하고, 양측 모두에 완전한 접근 권한을 보장한다. 그리고 한 국가 해법과 달리 팔레스타인과 이스라엘 유대인의 민족 자결에 대한 집단적 욕구를 수용하고, 양측 모두 고유한 국가 정체성을 표현할 수 있게 한다.

물론 이 방식에도 몇 가지 큰 문제가 있긴 하다. 예를 들어, 공유 예루살렘은 어떤 식으로 통치할 것이며, 국경이 개방되고 이동의 자유가 보장되면 어떻게 안보를 보장할 수 있을까? 대부분의 팔레스타인인은 국경 개방을 선호하겠지만, 테러에 대한 두려움이 있는 이스라엘 사람들은 이를 경계할 것이다. 팔레스타인 난민이 이스라엘에 들어오는 것도 반대할 것이다. 팔레스타인인 역시 유대인 정착민이 팔레스타인에 머무는 것을 강력하게 거부할 가능성이 높으며, 정착민들은 공격에 취약하거나 반대로 상대를 공격할 수도 있다. 이러한 어려움에도 불구하고 연합 국가 해법은 매력적이고 합리적 근거에 의해 신뢰할 수 있는 비전이지만, 구체적인 청사진이라기보다는 희망 섞인 먼 미래의 일에 가깝다. 대부분의 팔레스타인인과 이스라엘인은 연합 국가에 대해 거의 알지 못한다. 최근 설문 조사에 따르면 연합 국가 해법을 지지하는 인원도 소수에 불과하다(2018년에는 팔레스타인인[이스라엘에 거주하는 팔레스타인 시민 포함]과 이스라엘 유대인의 약 3분의 1만 이 방식을 지지했다). 그러나 '두 개의 국가, 하나의 국토 Two States, One Homeland'라는 풀뿌리 이니셔티브를 비롯해 연합 국가 해법을 옹호하는 현지 활동가(팔레스타인인과 이스라엘인 외에 일부 정착민도 포함되어 있다)들의 노력 덕분에 이 방식은 대중의 관심을 끌며 서서히 주목받기 시작했다. 오랫동안 노골적으로 한 국가 해법을 지지해 온 이스라엘의 레우벤 '루비' 리블린 대통령과, 오슬로 협정의 설계자이자 두 국가 해법을 지지해 온 요시 베이린 전 외무부 차관 겸 법무부 장관을 비롯한 몇몇 유명 인사들도 연합 국가 해법을 지지한다. 팔레스타인의 저명한 정치인 중에서는 아직 공개적으로 연합 국가 해법을 지지한 사람은 없지만, 두 국가 해법에 대한 팔레스타인 대중의 지지가 계속 감소하고 한 국가 해법마저 인기를 얻지 못한다면 이러한 움직임이 나타날 것으로 예상된다.

어떤 해법이든 양측 모두 수용할 수 있고 실제로 평화가 이루어지려면 대중의 태도와 인식이 변해야 하고, 이스라엘과 팔레스타인 사이에 긍정적인 관계가 형성되어야 한다. 현재와 같은 상호 적대와 두려움, 의심, 편견, 그리고 피해 의식으로 점철된 사회 심리적 분위기도 개선되어야 한다. 이러한 변화에는 시간과 노력이 필요할 것이다. 다양한 민간 활동을 포함해 양측의 소통과 협력, 화해를 조성하기 위한 장기적인 '평화 구축' 노력도 있어야 한다. 서로를 불신하고 두려워하는 분위기에서는 평화가 찾아오기 어렵기 때문이다. 장기적인 분쟁일수록 평화를 구축하기 위한 노력이 필요한 이유다. 이러한 노력을 통해 서로에 대한 이해와 공감, 신뢰가 증진하고 의심과 두려움이 줄어들면 양쪽 모두에서 평화를 원하는 지지층이 확대되고 평화 프로세스(또는 평화 협정)가 성공하는 데 도움이 될 수 있다. 예를 들어 북아일랜드의 평화 프로세스가 성공한 원인 중 하나는 1998년 성 금요일 협정이 체결되기 수년 전부터 개신교와 가톨릭 공동체의 구성원을 하나로 모으는 평화 구축 프로젝트에 충분한 노력을 기울였기 때문이다.

2차 인티파다 이후 거의 20년 동안 대부분의 이스라엘인은 서안지구와 가자지구의 팔레스타인인과 교류가 거의 없었고(이스라엘의 팔레스타인 시민들과도 교류가 많지 않았다), 팔레스타인인 대부분은 종종 총구를 들이대는 이스라엘 군인 및 정착민과만 마주쳤다. 이로 인해 서로에 대한 오해와 불신, 공포와 적대감이 커졌다. 이를 바꾸기 위해서는 팔레스타인인과 이스라엘인이 오프라인에서든 온라인에서든 정기적으로 만나 대화하고 서로에 대해 알아가는 시간이 필요하다. 그렇다고 해서 불신과 두려움이 즉시 사라지거나 적대감을 불러일으키는 여러 요인이 마법처럼 개선되지는 않을 것이다. 또한 깊이 뿌리내린 갈등에 대한 상반된 관점과 서사가 뒤집히는 일도 없을 것이다. 그럼에도 불구하고 상호 간의 인간적인 소통은 서로에 대한 이해를 높이고 오해를 줄이는 효과를 낳을 수 있다. 이러한 교류는 현재 이스라엘인과 팔레스타인인이 참여하는 100개 이상의 평화 구축 프로젝트를 통해 소규모로 이미 이루어지고 있다. 대부분 여성과 청소년이 참여하는 대화 및 만남 프로그램이지만, 경제 개발과 환경 보호와 같은 공동의 관심사를 다루는 이니셔티브도 점점 더 늘어나는 추세다. 그러나 이러한 '사람 대 사람' 프로젝트에 관한 관심과 지원은 거의 없다(특히 트럼프 행정부가 이 프로젝트에 대한 미국의 자금 지원을 중단한 이후). 이스라엘과 팔레스타인의 분쟁을 더 이상 제로섬 방식으로 바라보지 않는다면 평화 구축 프로젝트에 참여한 사람들의 삶뿐만 아니라 궁극적으로 이스라엘과 팔레스타인 분쟁 자체에도 변화의 영향을 미칠 수 있을 것이다.

이스라엘과 팔레스타인 간의 '상향식' 평화 구축은 절대적으로 필요하지만 그것으로는 충분하지 않다. 서안지구와 가자지구의 상황을 개선하고 분쟁이 평화적으로 해결되리라는 희망을 품으려면 양측 정치 지도자들의 '하향식' 조치가 수반되어야 한다. 서안지구와 가자지구의 '점령군'이자 강자인 이스라엘은 지금처럼 분쟁을 관리하려고만 할 것이 아니라 분쟁을 줄이고 점령 상태를 되돌리기 위한 조치를 취해야 한다. 이스라엘이 팔레스타인과의 관계를 개선하고, 서안지구에서 유대인과 팔레스타인인 사이의 마찰을 줄이고, 서안지구와 가자지구 팔레스타인인들의 상황을 개선하기 위해 할 수 있는 일은 너무나 많다. 2005년 이스라엘이 가자지구에서 일방적으로 철수하면서 일방주의에 대한 부정적인 인식이 생긴 만큼, 좀 더 건설적인 방식으로 철수할 수도 있을 것이다. 예를 들면, 팔레스타인 자치정부와 협력해 서안지구 일부 지역(서안지구 장벽 너머에 있는 외딴 정착촌)에서 철수하고 이 지역의 정착민들을 다른 곳으로 이주시키는 방법이 있다(이스라엘 중도 및 중도 좌파 정치인들은 이스라엘이 서안지구에 이스라엘 방위군 주둔을 유지하는 조건으로 일부 정착민의 철수를 주장해 왔다). 만약 정착민들이 떠나지 않는다면 정착촌 보조금을 삭감하고, 자발적으로 이주할 경우 금전적 보상을 제공함으로써 점진적으로 이주하도록 유도할 수도 있을 것이다. 더 광범위하게는 이스라엘이 적어도 서안지구에서 정착촌 건설을 동결하는 것도 있다. 이는 이스라엘이 서안지구를 합병할 것이라는 팔레스타인과 국제 사회의 우려를 완화하고 팔레스타인과의 신뢰를 구축하는 데 도움이 될 수 있다. 또한 서안지구의 더 많은 지역을 팔레스타인 자치정부의 통제하에 넘김으로써 이들이 관할하는 영토를 확대하거나, 자치정부를 팔레스타인 국가 정부로 공식 인정함으로써 자치정부의 권한과 정당성을 강화하는 것도 한 방법이 될 수 있다.

가자지구와 관련해서도 이스라엘이 할 수 있는 일은 많다. 이스라엘이 가자지구 봉쇄를 끝내거나 대폭 완화한다면 가자지구 팔레스타인인들의 생활 환경은 크게 개선될 것이다. 가자지구 봉쇄로 인한 직접적인 피해는 하마스보다 200만 명에 달하는 가자지구 주민들에게 더 컸기 때문이다. 이스라엘이 가자지구를 드나드는 사람과 물품의 이동을 허용하면 가자지구 주민들의 빈곤, 비참함, 절망감을 완화하는 데 도움이 되겠지만, 그렇지 않으면 더 많은 불안과 폭력을 초래할 수밖에 없다. 이는 2018년 3월 30일에 시작된 '대행진시위Great March of Return(2018년을 시작으로 매년 봄 팔레스타인이 난민의 귀환을 기원하며 벌이는 평화시위 – 옮긴이)'에서도 입증되었다. 수천 명에서, 많게는 수만 명의 가자지구 주민들이 이스라엘이 세운 장벽 아래에서 벌인 이 시위에서, 이스라엘 군인에 의해 200명 이상의 민간인이 사망하고 1만 9000명이 부상을 입었다(대부분 비무장 상태였다). 이스라엘이 가자지구와의 국경을 개방하고 싶지 않다면, 가자지구에 연안 항구를 만들어 물품을 수출입하고 가자지구 주민들이 페리를 이용해 해외로 여행할 수 있도록 허용하는 방법도 있다(최근에는 일부 우파 이스라엘 정치인들도 이 제안을 지지한다). 가자지구의 노후화된 인프라를 교체하거나 수리하는 프로젝트를 통해 가자지구에 대한 국제 투자를 장려할 수도 있다. 한때 트럼프 행정부의 지원을 받아 담수화 플랜트, 가스 파이프라인 건설, 기타 경제 프로젝트에 관한 국제 자금 조달을 모색하기도 했으나, 국제 사회의 참여 의지가 있었음에도 아직 실현된 것은 없다.

이러한 것들은 이스라엘이 현 상황을 더 나은 방향으로 바꾸기 위해 취할 수 있는 조치 중 일부에 불과하다. 여기서 중요한 것은 이스라엘이 할 수 있는 이런 조치를 팔레스타인에 대한 '양보'로 해석해서는 안 된다는 사실이다. 이러한 조치들은 팔레스타인뿐만 아니라 양측 모두에 이익이 되기 때문이다. 그러나 서안지구와 가자지구의 현재 상태가 양측 모두에 이익이 되지 않음에도 불구하고, 이스라엘인은 팔레스타인인보다 이를 훨씬 더 편안하게 여긴다. 오늘날 많은 이스라엘인은 폭력이 급증하지 않는 한 팔레스타인과의 분쟁에 대해 생각조차 하지 않으며, 분쟁에 대한 평화적 해결 방안을 찾는 것이 예전처럼 국가적 의제에서 중요한 위치를 차지하지도 않는다(실제로 이는 대개의 경우 의제에 포함되지도 않는다). 현 상

　　　　　　　　　　　　　　　　　結論. 평화를 향한 긴 여정

태는 팔레스타인인뿐만 아니라 이스라엘인에게도 좋지 않다. 폭력이 빈번하게 발생하고, 이스라엘의 국제적 위상이 약화되며, 유대 국가로서 이스라엘의 미래가 위협받기 때문이다. 수백만 명에 달하는 팔레스타인인의 시민권을 부정하고 인권을 침해하는 군사 점령을 무기한 유지하는 것은 민주주의 원칙과 가치에 어긋나며, 이스라엘 내부의 반자유주의와 극단적 배타주의, 인종적 우월감을 부채질한다. 따라서 장기적으로 볼 때 현 상황은 이스라엘에 도덕적으로나 정치적으로나 바람직하지 않다.

이스라엘 정부의 직간접적인 통제를 받으며 살고 있는 팔레스타인 사람들의 상황을 개선하고 통제를 중단할 책임은 이스라엘 정부에 있지만, 분열된 팔레스타인 정치 지도부 역시 책임에서 벗어날 수 없다. 우선 파타와 하마스가 화해할 수 있는 방법을 찾아야 한다(아마도 통합 정부를 구성하는 일일 것이다). 두 세력의 끊임없는 권력 투쟁은 서안지구와 가자지구를 분리하고 팔레스타인 주민을 분열시켰으며, 이스라엘 정부가 현상 유지를 더 쉽게 할 수 있도록 만들었다. 서안지구와 가자지구의 팔레스타인인들은 단일 팔레스타인 정부 아래 살기를 원하며, 분쟁 해결을 위해서는 단일 정부가 팔레스타인의 모든 영토와 세력을 통제해야 한다. 팔레스타인 자치정부 역시 자유롭고 공정한 선거를 시행하고, 책임성과 투명성을 높여야 하며, 반대 의견을 용납할 수 있어야 한다(팔레스타인 사람들도 민주주의 국가에서 살고 싶어 한다!). 단기적으로 보면 민주적인 자치정부는 이스라엘과의 안보 협력을 지속하기 힘들 것이고(팔레스타인인들의 지지를 받을 수 없기 때문이다), 이에 따라 긴장이 심화하고 폭력이 증가할 것이다. 하지만 양측이 협력해 폭력을 진정시키고 안정을 찾는 것은 분쟁에 대한 모든 해결책이 지속 가능하기 위해 필요한 과정이다. 정리하자면, 팔레스타인 자치정부는 분쟁이 해결되기 전일지라도 내부의 문제를 먼저 해결함으로써 팔레스타인 사람들이 더 많은 자유와 번영을 누릴 수 있도록, 그리하여 평화의 대의를 진전시킬 수 있도록 해야 한다.

나는 이 모든 것이 가능하다고 확신하지만, 가까운 미래에 이런 일이 일어날 거라고 낙관하지는 않는다. 안타깝게도 분쟁과 점령, 폭력은 계속될 것 같고, 평화는 먼 미래의 일처럼 보일 뿐이다.

색인

결론. 평화를 향한 긴 여정

결론. 평화를 향한 긴 여정

우리가 알아야 할 이스라엘-팔레스타인 분쟁의 모든 것

초판 1쇄 발행 2024년 5월 24일
초판 2쇄 발행 2024년 10월 30일

지은이 도브 왁스만
옮긴이 장정문
디자인 정은경디자인
펴낸이 김성현
펴낸곳 소우주출판사
등록 2016년 12월 27일 제563-2016-000092호
주소 경기도 용인시 기흥구 보정로 30
전화 010-2508-1532
이메일 sowoojoopub@naver.com

ISBN 979-11-89895-13-6 (03910)
값 20,000원